ULRIKE BARTHOLOMÄUS

Die Kunst, gute Gespräche zu führen

GOLDMANN

Buch

Ein gutes Gespräch zu führen, ist in unserer hektischen Zeit leider selten geworden, und doch ist es eine Wohltat und Bereicherung. Welchen Wert es haben kann, wirklich miteinander zu reden, und wie man sich im verbalen und nicht-verbalen Bereich verhalten sollte, erklärt die Wissenschaftsjournalistin Ulrike Bartholomäus auf fundierte und unterhaltende Weise. Denn damit es gelingt, braucht man eine gute Balance aus Erfahrung, Körpergefühl, Wertschätzung und Empathie.

Autorin

Ulrike Bartholomäus, geboren 1965, ist Wissenschaftsjournalistin und schreibt über die Themen Medizin, Politik und Kommunikation. Sie war 17 Jahre als Redakteurin für »Focus« im Ressort Forschung tätig und arbeitet heute als Autorin für verschiedene Medien. Sie ist verheiratet und lebt mit ihrer Familie in Berlin.

Ulrike Bartholomäus

Die Kunst, **gute Gespräche** zu führen

Kommunikation ist mehr als Sprache

Mit Illustrationen
von Michel Streich

GOLDMANN

Dieses Buch ist bereits 2016 im Mosaik Verlag erschienen.

6. Auflage
Vollständige Taschenbuchausgabe Juni 2018
Wilhelm Goldmann Verlag, München,
in der Penguin Random House Verlagsgruppe GmbH,
Neumarkter Straße 28, D-81673 München
produktsicherheit@penguinrandomhouse.de

Illustrationen: Michel Streich
Umschlag: Uno Werbeagentur, München
Umschlagmotiv: shutterstock/Wisiel, shutterstock/Jill pk,
shutterstock/Photo smile
Satz: Buch-Werkstatt GmbH, Bad Aibling
Druck: GGP Media GmbH, Pößneck
Printed in Germany
JE · Herstellung: IH
ISBN 978-3-442-17742-4

www.goldmann-verlag.de

Inhaltsverzeichnis

für Kayhan

Einleitung

Immer auf Sendung – aber auch im Gespräch?

Unsere Art und Weise zu kommunizieren, verändert sich schneller als jemals zuvor. Wir mailen, posten, twittern und skypen um die Wette, und doch bleibt der Austausch mit Freunden, Familie und Kollegen dabei oft oberflächlich. Dadurch entwickeln wir beim digitalen Kommunizieren rund um den Globus eine Sehnsucht nach etwas, das schon von einigen totgesagt wurde: dem persönlichen Gespräch. Denn wenn wir einer Person gegenübersitzen und es schaffen, uns mit ihr tiefgehend und aufrichtig zu unterhalten, erhalten wir viel mehr Informationen, Eindrücke, Verständnis und Nähe, als wir bekommen würden, wenn wir uns auf Bildschirmen träfen. Die Nuancen einer Botschaft stecken häufig im Ungesagten, in einem flüchtigen Gesichtsausdruck, einem Blick, einer Geste.

Gespräche sind die Grundlage von Beziehungen. Ein Beispiel: Meistens hören wir die wirklich wichtigen Dinge auf einer Konferenz nachts an der Bar, wenn das Meeting lange vorbei ist und die Laptops zugeklappt im Hotelzimmer liegen. Erst wenn wir stundenlang mit anderen konferiert, zu Abend gegessen und auch einige private Information ausgetauscht haben, erwächst das Vertrauen, auf dem dann die wirklich wichtigen Informationen zutage befördert werden.

Gespräche sind die Grundlage von Beziehungen. Worte haben eine sehr mächtige Wirkung auf uns. Positive Botschaften beeinflussen die Biochemie unseres Körpers. Flüstert uns ein geliebter Mensch »Ich liebe dich« ins Ohr, durchströmen uns warme Gefühle. Dieser Rausch kann mehrere Monate anhalten. Oder er wird jäh beendet durch verletzende Äußerungen. Statt »Ich liebe dich« hören wir plötzlich »Ich brauche eine Auszeit, ich liebe dich nicht mehr«. Die Sätze schlagen dann wie Tornados in unser Denken,

Fühlen und Handeln ein. Worte können auch Waffen sein. Sie können uns treffen, verletzen und vernichten.

Ähnlich ergeht es Mitarbeitern, wenn sie in einem Gespräch mit dem Chef und der Personalleitung hören: »Wir möchten Ihnen einen Auflösungsvertrag anbieten.« Es gibt Menschen, die sich von so einem kommunikativen GAU jahrelang nicht erholen. Verletzende Worte habe eine ebenso mächtige Wirkung wie Lob und Dank. Wenn in Streitgesprächen Paare die Grenze des gegenseitigen Respekts sprengen und sich mit verachtenden Worten beschimpfen, sieht es düster aus mit der Langzeitprognose ihrer Ehe. Denn wo Verachtung im Spiel ist, kann eine Beziehung, ob privat oder beruflich, sehr schnell am Ende sein. Worte kann man nicht zurücknehmen. Man kann sich für etwas entschuldigen, das man im Anflug von Wut und Streit gesagt hat, aber Ausdrücke der Verachtung wirken auch langfristig wie Gift in uns.

Für Gespräche müssen bestimmte Grundlagen gegeben sein wie Vertrauen, Empathie, Wertschätzung und Aufmerksamkeit. Wenn die Chemie zwischen zwei Menschen stimmt und sie gut ins Gespräch kommen, dann sind diese Grundlagen gegeben. Empathie spielt dabei eine ganz besondere Rolle. Sie ist der Nährboden für gute Beziehungen. Die Kunst, gute Gespräche zu führen, kommt nie ohne Empathie aus. Die Fähigkeit, eine Situation mit den Augen eines anderen zu sehen, erlernen wir als Kinder und Jugendliche. Dies passiert aber nicht automatisch, sondern nur, wenn wir mit sicheren Bindungen aufwachsen können.

Die Fähigkeit, die Gedanken und Gefühle des anderen zu verstehen, ist so wichtig wie die Nahrungsaufnahme. Als soziale Wesen ist unser gesellschaftlicher Erfolg abhängig von der Kooperation. Kein Mensch kann für sich alleine überleben. Deswegen fragen wir uns, was im Kopf unseres Gegenübers, des Ehepartners, von Familienmitgliedern, Kollegen, Vorgesetzten und Freunden vorgeht. Denn dies erlaubt uns, ihre nächsten Handlungen vorauszusehen, bevor sie selbst eine Entscheidung getroffen haben. So gelingt es Menschen, auch die nächsten Schritte eines Gegenspielers strategisch durchzuspielen, und sich entsprechend zu wappnen.

Mal ehrlich, wie oft treffen wir auf Menschen, die fest davon überzeugt sind, nur ihre Sichtweise sei die einzig wahre? Leute, die im Gespräch nicht zuhören, sondern einfach ihre Meinung durchdrücken wollen. Diesen Menschen sollten Sie einmal von der Sankt-Ignatius-Kirche in Rom erzählen: Wer diese Jesuiten-Kirche in Rom betritt und den Blick auf die Kuppel nach oben richtet, wird erst einmal von herabstürzenden Steinquadern attackiert. Durch eine optische Täuschung lösen sich schwere Elemente aus der Decke und donnern scheinbar mit voller Wucht auf den Betrachter. Erst wenn man sich reflexartig geduckt hat, und kein Stein auf dem Boden aufprallt, bemerkt man den Trick der Maler. Die schiefen Stuckelemente der Decke, die auf den Betrachter herabzufallen scheinen, sind nämlich bloß aufgemalt und Teil eines großen Gemäldes. Der italienische Barockkünstler Andrea Pozzo (*1642, †1709), der durch seine so genannten Trompe-l'Œil-Kuppelfresken landesweit bekannt wurde, hat das Gebäude ausgemalt. Um dem Betrachter etwas Wichtiges zu vermitteln, verwendete er einen Trick: Nur von einer einzigen Stelle aus, einer Kachel in der Mitte unter der Kuppel, wirkt das Deckengemälde richtig. Einzig aus dieser Perspektive stimmt die Welt in Sankt Ignatius. Hier wirkte das göttliche Licht auf den Betrachter ein, hier wurde er erleuchtet.

Pozzo war modern. Er thematisierte den Perspektivwechsel, eine für Gespräche wesentliche Fähigkeit. Als Laienjesuit war er mit den großen Denkern seiner Zeit vertraut. Diese machten sich damals Gedanken über die Blickwinkel, aus dem die Menschen Gott und die Welt betrachteten. Fragen, die sie sich stellten, waren: Richtet sich alles Augenmerk auf den Himmel, auf Gott? Ist er der Größte? Oder sind es die Kräfte und Gesetze der Natur, der Astronomie, die das Geschehen bestimmen? Aus welcher Perspektive soll der Mensch die Welt betrachten?

Kampf in der Kirche um die Weltsicht des Menschen

Einem ähnlichen Thema widmete sich zuvor Galileo Galilei, der 1642 in Pozzos Geburtsjahr in Florenz starb. Er hatte die bisherige mittelalterliche Weltsicht der Menschheit kurz zuvor auf den Kopf gestellt. Für seine Behauptung, die Erde drehe sich um die Sonne, und nicht die Sonne um die Erde, büßte er mit lebenslangem Hausarrest. Die römische Inquisition verbot ihm, seine Gedanken zu veröffentlichen. Das damals gängige geozentrische Weltbild sah die von Gott geschaffene Erde als Zentrum des Universums. Erst Papst Johannes Paul II. rehabilitierte Galileo im Jahr 1992.

Zu Pozzos Zeit war jede Kirche natürlich so ausgeschmückt, dass der Betrachter von jedem Punkt im Gebäude aus die prächtigen Deckengemälde bewundern konnte, die von der Größe Gottes und seiner Werke zeugten. Alles stimmte überein, egal wo man sich befand. Der Standpunkt, von dem der Betrachter die Kunst betrachtete, spielte keine Rolle.

Dass die Welt aus verschiedenen Perspektiven wahrgenommen werden kann, war ein revolutionärer Gedanke Pozzos. Seine stimmige Perspektive war jedoch unter der Kuppel, an einem zentralen, magischen Ort in der Kirche. Dass die spätere »Generation iPhone« die Welt hauptsächlich aus der Ich-Perspektive wahrnehmen werden, statt auf Erleuchtung zu hoffen, hätte Pozzo wohl nicht verstanden.

Heute, wo quasi jeder Mensch ein Künstler, Fotograf und Kommentator seiner eigenen Wirklichkeit ist, wo jeder dank seines Smartphones binnen Sekunden ein Video von jeder erdenklichen Situation herstellen kann, erscheint uns diese Ich-Perspektive, durch die wir das Leben betrachten, völlig selbstverständlich. Ich fotografiere, also bin ich. Es ist heute weit verbreitet, dass gar nicht mehr das Gegenüber oder eine Landschaft gefilmt wird. Auf vielen Fotos, die die Leute posten, sind nur noch sie selbst drauf.

Kein Selfie mit Gott

Das Ich wird zum ultimativen Standpunkt einer engen Weltsicht. Selfie vor dem Reichstag, Selfie am Flughafen, Selfie vor einer Reisekulisse, Selfie im Restaurant mit einer Freundin, Selfie mit dem Papst. Ich als Zentrum des Universums. Wurden früher Herrscher, Götter und Gelehrte in der bildenden Kunst dargestellt oder perfekte Körper von Athleten wie bei den alten Griechen, ist nun der Otto Normalverbraucher mit oder ohne Wampe in seiner Unvollkommenheit Darstellungsobjekt Nummer 1. Bereits der Begriff »Selfie« sagt viel über unsere Ich-verliebte Gesellschaft aus.

Dass diese Sichtweise einer narzisstischen, Ich-zentrierten Gesellschaft einen Einfluss auf die Gesprächskultur hat, leuchtet ein.

Denn die Sichtweise des anderen zu verstehen, muss trainiert werden wie ein Muskel. Auf das Gegenüber einzugehen, verlangt, ihn zu kennen, zu verstehen und andere Perspektiven zu tolerieren.

Ein Beispiel aus der Typologie illustriert, wie entscheidend diese Fähigkeit für alle Gespräche ist. Jeder kennt die Gewohnheiten seiner Kollegen, wenn sie morgens ins Büro kommen. Der eine arbeitet gerne ab sieben Uhr in der Früh und hat seine Ruhe, bevor sich alle in der Kaffeeküche versammeln und die News austauschen. Andere kommen später, steuern direkt auf die sich austauschenden Kollegen zu. Mein ehemaliger Vorgesetzter gehörte zu den Frühaufstehern. Sein Tag war perfekt, wenn er um sieben bereits gelaufen war und dann im Büro in Ruhe ab halb acht oder acht (Wann genau, weiß ich nicht, um die Zeit war ich nie da.) lesen konnte. Eines Tages bekamen wir einen neuen Kollegen im Team. Wann immer er kam, war sein Mitarbeiter schon da. Wann immer er ging, der Kollege saß noch immer dort. Mein Chef wurde um eines seiner liebsten Rituale beraubt: alleine im Büro sich einen Kaffee zu kochen, noch bevor seine Sekretärin und später alle Kollegen kamen und in Ruhe den Tag angingen. Ich bin überzeugt, dass der neue Kollege damit Eindruck schinden wollte und er gleichzeitig keinerlei Ahnung hatte, wie sehr die permanente Anwesenheit den Chef störte. Es kommt eben stets darauf an, aus welcher Perspektive man eine Sache beurteilt.

Sie werden sich vielleicht gefragt haben, warum ich das Wort »Kunst« im Titel verwende. Gespräche führen könne doch wohl jeder. Das ist natürlich zutreffend. Die Kunst jedoch, ein Gespräch gelingen zu lassen, beherrschen wir *nicht* automatisch. Hier spielen unterschiedliche Aspekte eine Rolle, die zusammengenommen ein *Kunstwerk* ergeben, wenn auch ein flüchtiges. Denn beide können sie eine große Wirkung hinterlassen.

Mein Metier als Journalistin erlaubt es mir, täglich mit Sprache umzugehen. Die Macht der Worte, die Einflussmöglichkeiten, die wir mit Sprache auf die Wahrnehmung und die Weltsicht von Menschen nehmen, hat mich schon immer fasziniert. Meine Diplomarbeit an der Universität Heidelberg, die ich 1990 im Fach Linguistik geschrieben habe, befasste sich bereits mit der Analyse politischer Reden des konservativen französischen Politikers Jacques Chirac. Der Kampf um Worte, den er sich mit dem damaligen sozialistischen Präsidenten Mitterand um zentrale Begriffe wie Freiheit, Gleichheit, Nation, Solidarität und Familie lieferte, war erbittert.

Die Macht der Sprache kann politische Stimmungen kippen und Wahlen entscheiden. Ein falsches Wort, und ein Politiker sieht sich großen Protesten gegenüberstehen, wie damals Guido Westerwelle mit seinem Begriff der »spätrömischen Dekadenz«. Ob eine *Welle von Flüchtlingen* das Land *überflutet* oder nur einzelne Gruppen von Migranten zu uns kommen, wird sehr unterschiedlich wahrgenommen. Was zeichnet Begriffe wie *Gastarbeiter, Ausländer, Flüchtling, Migrant* aus? Wann stellen wir uns hinter eine Sache, wann gegen sie? Begriffe können uns lenken, denn sie bezeichnen unsere Wirklichkeit. Wie wir denken, was wir fühlen, wird von Worten beeinflusst. Ein Stichwort kann Türen öffnen, ohne dass wir es vorher wissen.

Bei mir lösen die Worte »Südfrankreich«, »Toscana«, »Starnberger See« und »Ammersee« wohlige Gefühle aus, und ich kann Ihnen auf Anhieb diejenigen in meinem Freundes- und Bekanntenkreis aufzählen, denen es genauso geht. Bei aller Begeisterung für meine Heimatstadt Berlin frage ich mich oft, wenn ich in einem der wunderschönen, verträumten brandenburgischen Seen im Sommer schwimme: Und wo sind jetzt die Berge? Wieso haben sie hier keinen Steg hingebaut, und wo bitte schön geht's hier zum Biergarten?

Ob für den einen die Berge am Horizont fehlen oder andere das flache Land schön findet, ist eine Frage der Perspektive, der Gefühle, die sich im Laufe der Zeit einprägen. Diese Gefühle färben Begriffe mit Emotionen ein, sodass die Worte wiederum diese Gefühle in uns auslösen können. Ein hochkomplexer Kreislauf aus Begriffen, Gefühlen und Gedanken, über den Sie etwas mehr erfahren, wenn Sie die folgenden Seiten gelesen haben.

Sprache und Gespräche in der Evolution

Die Urvölker versammelten sich um das Feuer, teilten ihre Nahrung und erzählten sich Geschichten. Sie suchten das Gespräch, um zu überleben. Wo lauern die Feinde, wie gefährlich ist der Säbelzahntiger, wo finden wir die Beute, wer darf mit wem eine Familie gründen, wer ist der Chef?

Erste Zeichnungen aus der Höhle von Lascaux in der französischen Dordogne, die zu den ältesten Kunstwerken der Menschheitsgeschichte zählen, zeigen hauptsächlich Tiere. Die Zeichnungen entstanden vermutlich 15 000 bis 17 000 Jahre vor unserer Zeitrechnung. Die Malerei zeigt Hirsche, Stiere (beides Beute), Bären, Raubkatzen (beides Feinde) und Wildpferde (Nutztiere). Worüber sich die Menschen früher unterhalten haben, welche Informationen für sie überlebenswichtig waren, zeigen die Zeichnungen von Lascaux auf eindrucksvolle Art und Weise.

Darwinismus am Konferenztisch

Diese Fragen unserer Vorfahren haben sich im Laufe der Jahrtausende nicht inhaltlich, sondern höchstens in der Form verändert. Jeder Angestellte im mittleren Management stellt sie sich heute noch, um in einem Konzern zu überleben. Wer ist mein Feind? Wie kann ich ihn am besten bekämpfen? Konkurrenz in Unternehmen statt Kooperation – ganze Heerscharen an Beratern verdienen Geld damit, zerstrittene Teams wieder zusammenzubringen oder neu zu organisieren. Der Begriff »Beute« aus dem Urzeit-Szenario lässt sich mit »die besten Projekte«, »die besten Aufstiegschancen«, »die nächste Gehaltserhöhung« auf die Jetztzeit übertragen. Die Angestellten sitzen dabei aber nicht am Feuer und bilden eine einheitliche Gruppe, die gemeinsam ums Überleben kämpft. Vielmehr sitzen alle an Konferenztischen mit Besprechungskeksen und belauern sich gegenseitig. In der Politik finden die Kämpfe oft über die Medien statt. Ein Interview zur Nachrichtenprimetime oder eine Zeile bei Twitter kann den Gegner, gern auch aus der eigenen Partei, abkanzeln und bloßstellen. Doch erst die Kooperation macht Gruppen erfolgreich.

Mangelnde Kommunikation im Beruf

Viele Menschen wissen zwar genau, wie sie den nächsten Konflikt vom Zaun brechen können, aber nicht, wie sie ihn wieder beheben. Mangelnde Wertschätzung, Herabwürdigung, Überforderung, fehlende Information über die Lage im Job schüren die Unzufriedenheit von Mitarbeitern und machen für Burnout anfällig. Die Zahlen für Krankschreibungen und Ausfallzeiten im Job haben sich in den letzten zehn Jahren vervielfacht. Dies gilt für alle Branchen. Eine neue Kommunikationskultur in Firmen ist hier vonnöten. Vorgesetzte, die Gespräche führen können, die Konflikte entschärfen und ein gute Kultur des Austausches herbeiführen, sind eine absolute Seltenheit. Wir haben nicht nur das Interesse am Gegenüber verloren. Kommunikation findet heute oft nicht mehr mit einem realen Gegenüber statt, sondern am Telefon, per Mail, oder in sozialen Netzwerken.

Bis im 19. Jahrhundert das Morsen und das Telefon erfunden wurden, gehörte zu einem Gespräch immer ein anwesendes Gegenüber, dessen Gestalt, Gesicht und Stimme präsent waren. Mit der Erfindung des Telefons konnten wir erstmals miteinander sprechen, ohne Augenkontakt zum Gegenüber herzustellen, ohne die Gestik und Mimik des anderen zu sehen. Und auch, ohne ihn berühren zu können, und sei es nur kurz zur Begrüßung.

Empathie, das Mitfühlen und Mitschwingen mit einer anderen Person, hat eine andere Intensität, wenn wir jemandem persönlich gegenübersitzen. Empathie können wir auch am Telefon erfahren oder jemand anderem zeigen. Der Unterschied ist in etwa so, als würde jemand Spaghetti Bolognese frisch zubereiten oder eine Tütenbolognese anrühren.

Social Media: ohne Stimme auf die Stimmung schließen

In Zeiten von Social Media fällt für einen Informationsaustausch oder Chat auch noch die Stimme weg, die uns etwas über die Gestimmtheit des Gegenübers verraten könnte. Facebook, Snapchat, Twitter oder WhatsApp sind kein Gespräch im klassischen Sinne. Welche Bedeutung dies langfristig für unser Zusammenleben hat, weiß niemand. Vielleicht sind wir uns alle näher, oder wir sind uns ferner. Oder beides zur gleichen Zeit.

Eine Freundin, die eine Praxis für Schüler-Coaching betreibt und am Gymnasium Kunst unterrichtet, berichtete mir, dass Schüler ihr oft erzählen, ihre Eltern hätten keine Zeit, sich mit ihnen zu unterhalten. Abends säßen sie mit gezücktem Smartphone am Tisch, beschäftigt mit ihrer Arbeit oder anderen privaten Kontakten. Jedoch ohne Aufmerksamkeit für die Familie. Kleine Kinder mögen noch bereitwillig erzählen, wie es in der Schule war. Mit Kummer rücken sie schon oft viel zögerlicher heraus. Wer halbwüchsige Teenager im Haus hat, weiß, dass man manchmal tagelang wartet, um ins Gespräch zu kommen. Nur mit viel Geduld erfährt man, was das Teenagerherz erfreut und was es bedrückt. Zurückhaltende Präsenz, Empathie, Aufmerksamkeit, Vertrauen in ihre Fähigkeiten, ein erster Eindruck von ihren Freunden und Zeit sind Faktoren, die in dieser Phase wichtig sind.

Manchmal gehe ich mit meinem Mann zwei Stunden im Wald oder am Strand spazieren, bevor wir uns etwas sagen können, was uns auf der Seele brennt. Es sind diese Gespräche, die uns eng verbinden und unsere Liebe lebendig halten. Hier treffen wir weitreichende Entscheidungen, schmieden Pläne, besprechen, was uns beschäftigt. Wir entwirren Probleme und entwickeln Perspektiven. Genau hier wächst eine große Gemeinsamkeit.

Kapitel I

Grundlagen – Was wir für ein gutes Gespräch brauchen

1. Vertrauen

Das Fundament unserer Beziehungen

Die Grundvoraussetzung dafür, dass sich jemand einem anderen Menschen öffnet, ist gegenseitiges Vertrauen. Dies gilt für berufliche wie private Situationen. Ein Gespräch, das zu einem guten Ergebnis führen soll, basiert auf der Erfahrung oder dem Gefühl der Gesprächsteilnehmer, dass das Gegenüber vertrauenswürdig ist. Was ist der Stoff, aus dem Vertrauen entsteht?

Vertrauen lässt sich nicht einfordern, es wird einem geschenkt. Ob jemand vertrauenswürdig ist oder nicht, entscheidet das Gegenüber aus den gemachten Erfahrungen und seinem Instinkt. Der Verstand entscheidet maßgeblich mit und überprüft, wie hoch die Vertrauenswürdigkeit einer Person einzuschätzen ist. Dabei spielt eine Rolle, wie sich jemand in der Vergangenheit etwa geschäftlich verhalten hat, wie seine Kontakte und Geschäftsbeziehungen sich entwickelt haben. Vertrauensvolle Beziehungen können über Jahre wachsen. Wer das Glück hat, zu einem alten Schulfreund aus Kindertagen Kontakt zu haben, weiß, wie wertvoll und belastbar so eine Beziehung ist. Man kennt sich ein

Leben lang, ist verbunden, und hat oft einige Härtetests überstanden.

Eine Gruppe von Freundinnen, die in einer Stadt studiert hat, verbindet bereits eine 20-jährige Freundschaft. Die Frauen wohnen inzwischen in verschiedenen Städten, einige haben geheiratet und Familien gegründet, andere leben alleine. Die Wege der Freundinnen könnten nicht unterschiedlicher verlaufen, dennoch verbindet sie jahrelanges Vertrauen. Es schafft Wohlwollen für die jeweilige Lebenssituation und lässt auch über so manche Macke hinwegsehen. Bei allen Meinungsverschiedenheiten finden sie immer wieder zu einer Basis zurück, die unerschütterlich ihre Freundschaft zusammenhält.

Wenn die Chemie stimmt

Manchmal entsteht Vertrauen auch aus dem Moment heraus. Viele kennen die Situation, dass wir auch mit einer fremden Person ins Gespräch kommen und über persönliche Themen sprechen, wenn die Chemie stimmt. In so einem Augenblick kann der Blitz zwischen zwei Menschen einschlagen. Diese Momente sind kostbar und rar.

Gute Bindungen entstehen im Kindesalter

Vertrauen gedeiht nicht im luftleeren Raum. Vielmehr gibt es Menschen, die eher die Gabe haben zu vertrauen, als andere. Florian Holsboer, der ehemalige Direktor des Max-Planck-Instituts für Psychiatrie in München und Vorsitzender der Geschäftsführung der

Holsboer-Maschmeyer Neurochemie, hat herausgearbeitet, dass die Fähigkeit zu vertrauen, maßgeblich von der genetischen Prägung und von biografischen Erlebnissen abhinge, also davon, ob wir in den ersten Lebensjahren gute, sichere Bindungen aufbauen konnten. Daraus lässt sich ableiten, dass jemand, der früh gute Bindungserfahrungen gemacht hat, ein Leben lang besser vertrauen kann als jemand, dem dies fehlt.

Prägung für gute Bindungen

Dieser Prozess ist jedoch keine Einbahnstraße, wie Bindungsforscher herausgefunden haben. Ob ein Mensch überhaupt dazu fähig ist, Liebe und Mitgefühl zu empfinden, entscheidet sich zum großen Teil früh im Leben, davon ist etwa der Hirnforscher Gerhard Roth überzeugt. Der Neurobiologe von der Universität Bremen hat jahrelang erforscht, wie menschliche Bindungen entstehen, wie sich Persönlichkeitsmerkmale wie etwa Vertrauen ausprägen und sich in Kindheit, Jugend und der weiteren Biografie verfestigen.

Bereits im Mutterleib, in den ersten Monaten bis etwa zum dritten Lebensjahr wird im Gehirn des Säuglings ein vorläufiges Bindungsmuster programmiert. Durch die Nähe und den feinfühligen Umgang, zum Beispiel durch eine rasche Befriedigung der Bedürfnisse des Säuglings durch die Bezugsperson, entsteht die Urbindung: das Urvertrauen. Auf neurobiologischer Ebene wird dabei auch die Ausbildung von Oxytocin-Rezeptoren gesteuert, den Andockstellen für das Kuschelhormon. Ist das Grundvertrauen einmal da, kann das Kind auch mit kleinen Enttäuschungen umgehen. Zum Beispiel, dass die Mutter nicht jede Sekunde verfügbar sein kann. Die frühen Bindungserfahrungen spiegeln sich neurobiologisch in den Oxytocin-Schaltkreisen wider. Wer viel Vertrauen erfährt, bildet mehr Oxytocin-Rezeptoren, als derjenige, der wenig vertrauensvolle Zuwendung und Berechenbarkeit erfährt.

Resilienz entsteht

Dieses früh erlangte Urvertrauen verleiht der kindlichen Persönlichkeit eine Widerstandskraft (Resilienz), die ihm in der Regel zeit seines Lebens erhalten bleibt. Bindungsverhalten ändert sich je nach Erfahrung im Verlauf der Kindheit und Jugend. Obwohl mit der Elternbindung schon die Weichen gestellt sind, ist im weiteren Verlauf der Kindheit noch Raum für Gestaltungsspielraum: Gute Bezugspersonen in Kindergarten, beim Sport, im Chor, der Nachbarschaft oder in der Schule können das Vertrauen in die Welt beim Kind fördern, auch wenn das Elternhaus nicht optimal auf die Bedürfnisse des Kindes eingeht. Traumatische Erlebnisse wie Todesfälle, Enttäuschungen oder gebrochene Herzen bergen aber auch ein Risiko. Das Bindungsverhalten kann durch solche negativen biografischen Brüche nachhaltig gestört werden, sind sich Psychologen einig.

Genetische Prägung eines Traumas

Dabei spielt bei der Verarbeitung von solchen Stresssituationen auch die genetische Ausstattung eine Rolle. Ein frühkindliches Trauma beispielsweise kann dauerhafte Spuren in den Genen hinterlassen. Aber nur, wenn die Betroffenen eine bestimmte genetische Veranlagung dafür haben. Ob jemand also eine Anfälligkeit für Stress hat, bestimmen maßgebliche seine genetischen Anlagen. Erst durch das Zusammenwirken von Genen und Umwelt werden bestimmte Schalter in unserer Erbsubstanz umgelegt. Ein Stress-Gen, das der Psychiater Florian Holsboer in diesem Zusammenhang untersucht hat, ist das FKBP5-Gen. Veränderungen auf diesem Abschnitt des Erbguts können die Wirkung solcher Traumata negativ beeinflussen. Die Konsequenz ist eine Fehlsteuerung der Stresshormone – möglicherweise ein Leben lang. Die Traumatisierung in früher Kindheit kann zum Beispiel durch Missbrauch, Isolierung, Misshandlung, einen Unfall oder psychische Gewalt passieren. Durch das Trauma entstehen psychische Narben, aber eben nur, wenn man diese bestimmte genetische Variante hat, die einen dafür anfällig macht.

Als Resultat gerät das Stresshormonsystem durcheinander, es reagiert über. Das Trauma bewirkt, dass sich kleine Moleküle auf der Erbsubstanz festsetzen. Sie verändern die Aktivierbarkeit von Genen und dramatischerweise auch die Art, wie wir auf Stress reagieren. Statt gelassen, reagieren wir auf psychischen Stress, Druck oder bedrohliche Situationen besonders stark, etwa mit Wutausbrüchen oder Aggressionen. Dies verändert das Verhalten der Betroffenen in Beruf und Familie. Früher Stress kann Auswirkungen auf all unsere Gespräche haben, und dazu führen, dass wir später unter Anspannung die Fassung verlieren und nur noch rotsehen. Solch ein Wutausbruch am Arbeitsplatz kann äußerst karriereschädigend sein. Wer sich nicht im Griff hat, hat in den Augen der Kollegen auch die geschäftliche Situation nicht gut unter Kontrolle.

Die Wutprobe

Dies lässt sich gut an einem Beispiel verdeutlichen: Ein Manager in einer hohen Position galt als strategisches Führungsgenie. Eine Firma berief ihn in den Vorstand eines international agierenden Unternehmens. Von Anfang an war der Finanzvorstand für ihn ein rotes Tuch. Bereits sein Anblick löste bei dem Manager Aggressionen aus, die er nicht einzuordnen vermochte. Wie kein anderer konnte der Finanzvorstand bei ihm Knöpfe drücken, die ihn an den Rand der Selbstkontrolle brachten – und darüber hinaus. Immer wieder gerieten die beiden Streithähne aneinander. Der Manager, der schon viele schwierige Entscheidungen getroffen hatte und dessen Weg stets nach oben zeigte, geriet unter Stress wie nie zuvor. Erst mit Hilfe eines Freundes konnte er ergründen, warum ihn der Mann so auf die Palme brachte. Der Gegenspieler versuchte ständig, ihn bloßzustellen und vor den anderen zu erniedrigen. Darauf reagierte er mit unkontrollierbarer Wut. Als ihm dies klar wurde, war er für die nächsten Sitzungen gewappnet. Er übte Selbstkontrolle und versuchte, seine überkochenden Emotionen zu regulieren. Um kurz- und mittelfristig Aggressionen abzubauen, ging er einmal pro Woche zum Boxtraining und regelmäßig Laufen. Das Ausdauertraining beruhigte seine Nerven, er wurde ausgeglichener.

Stress, Bindung und Empathie

Frühe Traumata, wissen Mediziner heute, erschweren eine sichere Bindung, sie können verhindern, dass sich das Gefühl von Urvertrauen im Kind wie ein warmer, wohliger Teppich ausbreitet, auf dem man stets weich landet. Forscher haben herausgefunden, dass eine sichere Bindung dabei hilft, Empathie aufzubauen, über Emotionen zu sprechen und etwa negative emotionale Situationen in dem Leben anderer Menschen zu verstehen.

Studien haben ergeben, dass eine einzige sichere Bindungsperson ausreicht, um es einem Menschen zu ermöglichen, ein sicheres Bindungssystem aufzubauen und später flexibel auf verschiedene soziale und emotionale Herausforderungen zu reagieren. Diese Bindungsperson schafft über einen Kreislauf an Hormonen, das Gehirn auf kommende Herausforderungen wie Stress gut vorzubereiten. Wer allerdings permanent in seiner frühen Kindheit Stress ausgesetzt ist, wie beispielsweise viele der Flüchtlingskinder, die zu uns gekommen sind, wird in Zukunft auch intensiver auf Stress von außen reagieren.

Die Neurobiologie des Vertrauens

Eine gute Beziehung, enge Bindungen und hormonelle Wirkzusammenhänge, die unser Denken und Fühlen beeinflussen, spielen bei der Bildung von Vertrauen eine entscheidende Rolle. Doch woraus besteht der Stoff, der Vertrauen schafft? Das Freiburger Forschungsteam des Psychologen Markus Heinrichs, einem der führenden Oxytocin-Forscher Deutschlands, fand heraus, dass der Botenstoff Oxytocin, das Bindungs-, Treue-, Kuschelhormon, uns vertrauensselig macht. Botenstoffe sind chemische Substanzen im Körper, mit denen unsere Zellen kommunizieren. Sie regulieren die Körperfunktionen wie den Blutdruck, steuern unser Denken, Fühlen und Handeln. Heinrichs zeigte 2005 in einer Publikation im Fachblatt *Nature* erstmals, dass Probanden, denen ein Nasenspray mit Oxytocin verabreicht wurde, eher Vertrauen fassten als Menschen, die ein Placebo, also eine Scheinsubstanz, bekamen. In dem Experiment sollten die Versuchspersonen anderen Menschen einen Kredit zubilligen oder ihnen den Kredit verweigern. Probanden, die unter Oxytocin-Einfluss standen, vertrauten den potenziellen Kreditnehmern eher.

Dieses Forschungsergebnis löste damals eine Welle der Begeisterung in der wissenschaftlichen Community aus. Nie zuvor war es gelungen, Vertrauen per Medikation zu erzeugen. Plötzlich wollte jeder das Hormon erforschen. Der Körper schüttet in verschiedenen Momenten Oxytocin im Gehirn aus, etwa bei einer kurzen Berührung, einer Umarmung oder beim Orgasmus. Die Nervenzellen signalisieren Glück bis hin zur Ekstase. Mütter werden beispielsweise von dem Botenstoff durchflutet, wenn sie ihren Säugling stillen. Die Natur hat diesen Bindungsbooster offenbar erfunden, um Menschen, die sich nah sind, chemisch aneinanderzukoppeln, damit sie sich vertrauen.

Treue entsteht, wenn die Chemie stimmt

2013 veröffentlichte der Wissenschaftler René Hurlemann von der Universität Bonn eine Studie, nach der Männer, denen das Oxytocin-Nasenspray verabreicht wurde, treuer sind. Ihr Belohnungszentrum leuchtete bei einer Testreihe mehr auf, wenn sie ihre eigene Partnerin sahen. Die Zweierbindung und Monogamie wird durch das Hormon gestützt. Viel zärtliche Berührung und Sex stärkt demnach die Beziehung und das Vertrauen in den Partner und schützt so vor dem Treuebruch. Was Sexexperten lange schon wussten, konnte nun auch neurobiologisch untermauert werden.

Berührungen schaffen Gleichklang

Diese Art von Forschung ermöglichte Kommunikationsexperten folgende Erkenntnisse: Vertrauen etabliert sich unter anderem durch neurobiologische Schaltkreise bei Menschen, die sich körperlich nahe sind. Bei funktionierenden Eltern-Kind-Beziehungen und bei Liebespaaren schafft der Botenstoff Oxytocin die Vertrauensbasis. Vorausgesetzt, die Beziehung zwischen diesen Personen ist gut, sind Gespräche zwischen ihnen von Vertrauen geprägt.

Wahlverwandtschaften – enge Bande im Freundeskreis

Eine enge Beziehung und Nähe unter Freunden entsteht ebenfalls unter dem Einfluss des Wohlfühlhormons Oxytocin. Gute und langjährige Freunde schätzen wir dann als vertrauenswürdig ein, wenn sie uns über die Jahre zur Seite gestanden haben. Selbst kleinere Enttäuschungen können überwunden werden und das Vertrauen weiter wachsen. Wenn Teenager dauernd Messages über Snapchat, Instagram oder WhatsApp austauschen, werden ihre Gehirne ebenfalls mit Oxytocin überflutet. Dieser Wohlfühleffekt erklärt auch, warum ihnen das Smartphone so wichtig ist. Es ist nicht anders als in den 1980ern, als die Mädchen, kaum aus der Schule gekommen, sofort ihre Freundinnen anriefen, um stundenlang mit ihnen am Telefon zu sprechen. Oder als die Jungs sofort auf die Straße rannten, um mit den Nachbarjungs Fußball zu spielen. Heranwachsende wollen immer noch mehr Kommunikation, denn sie sind erst dabei, diese guten Gefühle außerhalb der Familie zu entdecken. Dies bildet die Grundlagen für Vertrauen in späteren Erwachsenenbeziehungen. Mit den Gleichaltrigen zu kommunizieren versetzt ihre Gehirne in einen rauschhaften Glückszustand. Dabei fluten ähnliche Botenstoffe die Nervenzellen, wie bei einem Drogenrausch. Sie zu ermahnen, sie sollten weniger Messages schicken und ihre Nasen mehr in die Chemie- oder Mathebücher stecken, wäre womöglich ebenso wenig erfolgreich, wie einem männlichen Kaninchen zu erklären, es solle weniger Sex haben. Hier spielen tief verankerte Instinkte eine Rolle und weniger die Ratio.

Vertrauen ist also keine reine Angelegenheit der Denkfähigkeit, sondern entsteht automatisch im Laufe der Zeit. Jedoch nur, wenn die richtigen Außenbedingungen bestehen.

Türöffner beim Gegenüber

Ob jemand eher einem anderen Menschen vertraut oder nicht, beeinflusst ein Gespräch maßgeblich. Wer misstrauisch ist, im Kontakt nichts von sich preisgibt, erzeugt beim Gegenüber instinktiv das Gefühl, dass hier Vorsicht geboten ist. Wer eher vertraut, findet leichter Zugang und Kontakt zu seinem Gegenüber. Dies verdeutlicht auch das folgende Beispiel.

Zwei langjährige Kollegen, die bei einem Elektrounternehmen arbeiteten, verstanden sich blendend. Sie reisten viel geschäftlich zusammen ins Ausland und bildeten mit anderen Kollegen ein erfolgreiches Team. Darüber hinaus tauschten sie sich auch über ihr Privatleben aus. Nach vielen Jahren kündigte der eine. Doch auch nach dem Wechsel telefonierten sie regelmäßig und trafen sich weiter. So erfuhr der im Unternehmen verbliebene Kollege frühzeitig vom Ausscheiden eines hochrangigen Managers, und konnte dieses Wissen für sich nutzen. Er bewarb sich auf die Stelle.

Ohne Vertrauen ist der Austausch unter Kollegen nicht denkbar. Es war in diesem Sinne die Währung, die beide für ihre Netzwerke nutzten. Sie basierte auf der langjährigen Offenheit und dem Austausch von privaten Informationen. Ein misstrauischer Mensch hätte den Kontakt zu seinem ehemaligen Kollegen auslaufen lassen. Er hätte dann womöglich nicht so frühzeitig von dem Wechsel im Management erfahren.

Verloren gegangenes Vertrauen wiederherstellen

Die meisten Menschen wissen, wie sie Vertrauen auf- und ausbauen können, ohne darüber nachzudenken. Die Fähigkeit, zu vertrauen, ist angeboren und verfestigt sich in den ersten Lebensjahren. Regelmäßige Treffen, gute Gespräche, eine kleine Aufmerksamkeit oder einen Anruf zum Geburtstag vertiefen die Beziehung. Nur wenige wissen jedoch, wie sie verloren gegangenes Vertrauen wieder aufbauen können. Ein Bruch in der Beziehung, der entsteht, wenn wir getäuscht oder betrogen werden, stellt uns auf die Probe. Entweder ziehen wir uns aus dieser Beziehung emotional zurück oder wir versuchen, sie wieder zu kitten. Dabei spielt das Gespräch über den Vertrauensbruch eine wesentliche Rolle, wie das folgende Beispiel zeigt.

Kalt erwischt

Ein Kollege plante hinter dem Rücken seines Stellvertreters, in ein anderes Unternehmen zu wechseln. Wochenlange Gespräche über die Bedingungen seines neuen Arbeitsvertrags gingen dem Wechsel voraus. In dieser Zeit hoffte der Stellvertreter selbst, befördert zu werden. Doch sein Ansinnen stieß bei seinem Vorgesetzten auf taube Ohren. Er wusste nur nicht, warum. Während dieser damit beschäftigt war, selbst in eine bessere Funktion bei einer anderen Firma zu kommen, ließ er das Anliegen seines Stellvertreters auf Eis liegen, ohne ihn davon in Kenntnis zu setzen. Erst als der Chef schließlich kündigte, realisierte der Kollege, warum in seiner Angelegenheit nichts vorangegangen war. Er war tief enttäuscht. Nach einiger Zeit konnten beide jedoch vertrauensvoll darüber sprechen. Der einstige Chef warb um Verständnis dafür, dass er den Wechsel in eine andere Firma für sich behalten hatte, solange der Vertrag noch nicht geschlossen war.

Vertrauensvolle Bindungen machen glücklich

Vertrauen aufzubauen und zu erhalten ist eines unserer großen Lebensziele. Denn Bindungen schaffen Glück. Gute Beziehungen beruhen auf dem gegenseitigen Interesse aneinander, auf Toleranz, auf gemeinsamen Erfahrungen, und Zugewandtheit. Sie existieren nicht automatisch für immer, sondern müssen gepflegt werden. Gemeinsame Treffen, Austausch, Fairness sowie das Interesse und die Teilnahme am Leben des Gegenübers sind eine Voraussetzung.

Als störend empfinden wir Misstrauen, Neid, Lügen, Einseitigkeit in der Beziehung, wenn einer stets mehr gibt als der andere. Hinderlich ist ebenfalls, wenn einer übermäßig die Kontrolle über die Beziehung haben möchte oder für sich beansprucht, überlegen zu sein.

Bindungen die Vertrauen schaffen

Wenn die Wellenlänge zwischen Menschen stimmt, bilden sich unter Einfluss des Botenstoffs Oxytocin Vertrauensverbindungen im Gehirn. Diese schaffen ein gutes Grundgefühl der Übereinstimmung mit dem Gegenüber. Auf dieser Basis können Gespräche bei familiären Konflikten, Scheidung, Erbangelegenheiten oder einer Problematik im Beruf gelingen. Auch im Geschäftsleben können die Gesprächspartner, die ein Vertrauensverhältnis aufgebaut haben, schnell Einigkeit über einen Sachverhalt erzielen, da sie ein gemeinsames Interesse und Fairness voraussetzen.

2. Empathie

Auf einer Wellenlänge mit unserem Gegenüber

Neben dem Vertrauen in andere Menschen ist die Fähigkeit, sich in die Gefühle, Gedanken und Sorgen eines anderen hineinversetzen zu können, eine wesentliche Voraussetzung für gute Kommunikation und Beziehungen. Der Unternehmer Henry Ford vertrat die Auffassung, dass hier der Schlüssel für jegliches berufliches Vorankommen liegt: »Wenn es überhaupt ein Geheimnis des Erfolgs gibt, besteht es in der Fähigkeit, sich auf den Standpunkt des anderen zu stellen und die Dinge ebenso von seiner Warte aus zu betrachten wie von unserer.«

In Zeiten von weit verbreiteter Egozentrik ist diese Qualifikation jedoch in den Hintergrund geraten, sind sich Experten einig. Wir brauchen mehr Empathie, um die immer komplexer werdende Umwelt zu verstehen und miteinander sinnvoll kommunizieren zu können. Auch aus diesem Grund gibt es in der internationalen Forschung eine Flut von Veröffentlichungen zum Thema Empathie.

Sich in die Haut des anderen versetzen

Der Begriff Empathie stammt aus dem Griechischen: »empatheia« und bedeutet »Einfühlung«. Aufgrund bestimmter Nervenzellen im Gehirn, den Spiegelneuronen, vermögen wir nachzuvollziehen, was im Kopf und in der Gefühlswelt des anderen vor sich geht. Diese Neuronen spiegeln das Denken und die Emotionen der anderen. Statt einen Umstand rein mit unseren Augen zu betrachten, versuchen wir uns auf den Stuhl des anderen zu setzen und die Situation aus seinem Blickwinkel zu stehen.

Ein Beispiel zeigt, was dies konkret bedeutet: Der 45-jährige Heiner aus Essen war seit einiger Zeit in verschiedene juristische Prozesse verwickelt. Eine Scheidung, ein Autounfall sowie ein ärgerliches Verfahren mit dem Vermieter über defekte Holzböden verkomplizierten sein ohnehin nicht unbeschwertes Leben. Heiner war arbeitslos geworden und verfügte über wenig Geld. Er sah seine Kinder immer seltener und fühlte sich seit Wochen niedergeschlagen. Seine langjährige Bekannte Britta bemerkte dies und lud ihn zum Abendessen ein, um sich einen Überblick über die Situation zu machen. Regelmäßig sprach sie mit Heiner über den Fortgang der Prozesse. Allein die Tatsache, dass er ihr immer wieder seine Schriftsätze schicken konnte, half ihm sehr, da er sich mit dem verklausulierten Juristendeutsch nicht gut auskannte.

Britta reagierte empathisch auf die Überforderung ihres Bekannten. Sie versetzte sich in seine Lebenslage und verstand, dass die verschiedenen Prozesse ihn über die Maßen in Stress versetzen. Statt sich auf den Standpunkt zu stellen, dass die juristischen Angelegenheiten nur ihn allein etwas angingen, kümmerte sie sich um ihn und griff ihm mit ihren Einschätzungen unter die Arme. Er war mit seiner Situation nicht alleine.

Empathie wirkt lebendig und menschlich

Gilt jemand als empathisch, so wirkt dies sympathisch. Fehlende Empathie wird im Allgemeinen als Mangel an Menschlichkeit wahrgenommen. Mitgefühl bedeutet, dass wir uns freuen, wenn sich jemand anders freut. Wir spüren in uns genau das Gefühl, als hätte uns jemand einen Anlass zur Freude gegeben. Deswegen macht es zum Beispiel Spaß, jemandem etwas zu schenken und zu sehen, wie er oder sie sich freut. Enttäuschend ist, wenn diese Person uns nicht an der Freude teilhaben lässt. Zu sehen, wie jemand ein Päckchen auswickelt und sagt, »Was soll denn dieser Mist?«, verletzt uns zutiefst, da wir ja mit Freude und nicht mit dem Ärger des Beschenkten gerechnet haben. Wer ein Geschenk besorgt, hat zum einen das Bedürfnis, dem anderen eine Freude zu bereiten, aber meist auch, an dieser Freude teilzuhaben.

Angeborene Fähigkeit

Bereits Säuglinge verfügen über eine Vorstufe von Empathie, sie werden emotional »angesteckt«. Wenn etwa die Mutter oder der Vater traurig sind und weinen, beobachtet das Baby ihre Trauer, imitiert ihre Mimik und empfindet die Stimmung der Eltern instinktiv nach. Genauso reagiert der Säugling auf die fröhliche Stimmung der Mutter oder des Vaters. Wer ein wenige Wochen altes Baby anlächelt, erntet als Antwort garantiert ein Lächeln. Denn ein Säugling unterscheidet noch nicht zwischen sich selbst und der Mutter. Neun Monate lang wuchs er im Bauch der Mutter und lebte eng mit ihr verbunden, ganz auf sie und ihre Welt bezogen.

Mit dem Tag der Geburt öffnet sich ihm zwar die äußere Welt, aber das enge emotionale Band bleibt bestehen. Für Säuglinge ist es sinnvoll, die Stimmung der Mutter genauestens zu kennen. Denn sie ist in den ersten Monaten die Quelle für Nahrung, Beruhigung, Schutz, Aufmerksamkeit und Nähe. Deswegen ist die Fähigkeit des Säuglings, empathisch auf die Mutter zu reagieren, angeboren. Anders hätte die Menschheit im Laufe der Evolution nicht überleben können.

Enge Bezugspersonen

Das oben genannte gilt auch für Väter oder andere, enge Bezugspersonen, wenn sie sich an der frühen Versorgung des Säuglings beteiligen, ähnlich wie die Urbindungspersonen, die Vertrauen in uns entstehen lassen. Gibt es Nahrung, Schutz, Nähe, Aufmerksamkeit, Versorgung und Spaß auch vom Vater, einer Tante, der Oma oder einer Kinderfrau, werden diese in der kindlichen Gefühlswelt zu Beginn des Lebens als Einheit wahrgenommen.

Schlaue Babys

Das bedeutet: Lange bevor ein Säugling sprechen lernt, kann er bereits Gemütslagen von anderen, ihm eng verbundenen Personen identifizieren und empathisch reagieren: Er kann mit ihnen *mitschwingen.*

Erst mit der Zeit lernt das Kind, die Gefühle der anderen von seinen eigenen abzugrenzen. Kinder müssen also erst noch lernen, was ihre eigenen Gefühle sind, wie sie sich von denen der Mutter, des Vaters oder der Bezugspersonen unterscheiden. Sie lernen, wer sie sind im Verhältnis zur Welt. Die Entwicklung eines gesunden Selbst kann nur erfolgen, wenn wir mit Empathie und Liebe aufwachsen.

Der schrittweise Ablösungsprozess ist jedoch kein automatischer Vorgang, sondern ein kompliziertes Geschehen, das auch misslingen kann, wenn schlechte Bindungsbedingungen herrschen. So gibt es Erwachsene, die nicht wissen, wer sie sind, die ihre eigenen Gefühle von denen der Ursprungsfamilie, von Vater und Mutter, nur schwer oder gar nicht trennen können. Nur sicher gebundene Babys und Kinder erkunden die Welt mit der Neugier und dem Selbstbewusstsein, im Zweifelsfall sicher aufgefangen zu werden.

Mangel an Empathie mindert soziale Fähigkeiten

Forschungsergebnisse deuten darauf hin, dass fehlende Bindung ganze Empfindungsbereiche auf der Klaviatur der innigen Beziehungsfähigkeit eliminieren. Die Defizite bewirken einen Empathiemangel sowie eine schlechte Ausprägung weiterer wichtiger Fähigkeiten des Sozialverhaltens. Speziell Vernachlässigung kann zu Entwicklungsdefiziten, mangelnder Selbstregulation und mangelnden sozialen Fähigkeiten führen, wie die Berliner Psychologin Annette Streeck-Fischer argumentiert.

Strategische Planung

Unter solche sozialen Fähigkeiten fallen Kompetenzen wie das Setzen eigener Ziele. Menschen mit diesen sozialen Kompetenzen können sich Fragen stellen wie: Ist das Ziel realistisch, zu niedrig oder zu hoch gesetzt? Kann ich schon alles, was ich benötige, um das Ziel zu erreichen? Wenn nicht, welche Ressourcen benötige ich, und wie kann ich mir die Fähigkeiten aneignen? Ebenfalls gehört es zum sozialen Rüstzeug, Hindernisse auf dem Weg zum Ziel einzukalkulieren und dabei Prioritäten zu setzen. Das Wichtigste zuerst, das Unwichtige kann warten.

Wichtige Selbstregulation

Während der Ausübung von Aufgaben gilt es darüber hinaus, seine Impulse zu kontrollieren und seine Emotionen zu beherrschen. Auch gehört es dazu, seine Aufmerksamkeit bewusst zu steuern und sich nicht leicht ablenken zu lassen. Handlungen, die nicht aus einer Aufgabe, sondern aus mehreren, aufeinanderfolgenden Aufgaben bestehen, zum Beispiel die Führerscheinprüfung mit Theorie und Praxis ablegen, einen Schulabschluss machen, einen Job oder eine Wohnung suchen, eine große Geburtstagsfeier planen, müssen angegangen, koordiniert und abgeschlossen werden. Dabei gehört es ebenfalls dazu, die Zwischenergebnisse realistisch zu bewerten und bei auftretenden Fehlern gegebenenfalls das Handeln zu korrigieren.

All diese Fähigkeiten sind nach Streeck-Fischer wie die Fähigkeit zur Empathie mit einer normalen emotionalen Entwicklung verknüpft. Das heißt, die eigene, strategische Handlungsplanung sowie das empathische Verständnis dafür, aus welchen Motiven das Gegenüber denkt und handelt, sind miteinander verknüpft.

Mitgefühl als Persönlichkeitsmerkmal

Wie bereits erklärt, bedeutet Empathie, den anderen in einer Situation nicht aus der eigenen Perspektive, sondern aus dem Blickwinkel der anderen Person zu verstehen und ein Gespür für seine Situation zu entwickeln. Worüber denkt der andere nach? Was möchte er erreichen? Was ist gerade für ihn wichtig? Wie geht es ihm?

Wen solche Fragen umtreiben, ist mit großer Wahrscheinlichkeit ein empathischer Mensch. Wer feststellt, dass ihn diese Fragen eigentlich nie oder nur peripher interessieren, hat einen Mangel an Empathie.

Eine gründliche, mitfühlende Analyse der Situation des Gegenübers ermöglicht es, seine Grundsituation nachzuvollziehen. Vorausgesetzt, der Gesprächspartner verheimlicht keine wesentlichen Punkte und lässt uns im Nebel stochern. Der folgende Fall illustriert, wie Empathie helfen kann, im geschäftlichen Kontext Probleme zu lösen.

Leistungsabfall der Mitarbeiterin

Das Beispiel illustriert, wie Empathie helfen kann, im geschäftlichen Kontext Probleme zu lösen: Der Leiter der Rechtsabteilung einer großen Firma beobachtete, dass seine beste Mitarbeiterin, eine 44-jährige Juristin, in letzter Zeit unkonzentriert wirkte. Beantwortete sie seine Anfragen sonst immer umgehend, musste er plötzlich auf ihre Reaktion tagelang warten. Bei Besprechungen schien sie fahrig und manchmal abwesend. Der Abteilungsleiter ahnte, dass sie etwas umtrieb, weil dieses Verhalten fremd an ihr war. Er vereinbarte einen Termin. Im Gespräch tastete er sich langsam an das Problem heran, lobte ihre gute Arbeit in der Vergangenheit und hakte nach, was sich denn verändert habe. Er machte ihr keine Vorwürfe, sondern zeigte echtes Interesse an ihrer Situation.

Stress durch ein Betreuungsproblem

Es stellte sich heraus, dass sie seit einiger Zeit ein Betreuungsproblem für ihr kleines Kind hatte. Kümmerte sich vorher der Vater nachmittags und abends um das Kleinkind, musste dieser seit Neuestem beruflich viel verreisen. Die Kinderfrau, die sie sich für die Situation ausgesucht hatten, entpuppte sich allerdings als Reinfall. Innerhalb von drei Wochen war sie bereits an zwei Tagen unentschuldigt nicht erschienen. Nun fühlte sich die Mitarbeiterin unter Druck. Private und berufliche Aufgaben kollidierten, ihr Mann konnte ihr Zeitproblem nicht mehr ausgleichen.

Konkretes Hilfsangebot

Der Abteilungsleiter machte ihr das konkrete Angebot, an drei Tagen so lange früher zu gehen, bis sie eine neue Kinderfrau gefunden hatte. An den anderen beiden Tagen bat er sie, eine Zwischenlösung zu finden. Hätte die Schwiegermutter vielleicht drei bis vier Wochen Zeit? In dieser Übergangsphase könne sie an den drei Nachmittagen auch von zu Hause die wichtigsten beruflichen Dinge erledigen. Aber er rechnete damit, dass sich die Situation ja bald wieder einspielen würde.

Schon nach einer Woche kamen die Antworten wieder prompt. Der Druck war von der Mitarbeiterin abgefallen. Sie hatte wieder Zeit und Energie, da sie nicht mehr zwischen Job und Privatleben hin- und hergerissen war.

Auf den anderen eingehen

Empathie im Gespräch bedeutet, auch für Unzulänglichkeiten des Gegenübers Verständnis zu haben, ohne sie dabei gleichzeitig gutzuheißen. Ist der andere zum Beispiel überheblich oder geltungssüchtig, ordnet ein empathischer Zuhörer diese Eigenschaften des Gesprächspartners ein, ohne sie gleich abzuwerten. Er versteht aus der Sichtweise des anderen, wie diese Schwächen entstanden sind. Für den empathischen Zuhörer ist es wichtig, wie jemand geprägt wurde, was er erlebt hat, wie bestimmte Werte und Vorstellungen in ihm gereift sind.

Die ungleiche Verteilung von Mitgefühl

Nicht jeder Mensch hat gleichermaßen die Fähigkeit, Mitgefühl zu empfinden oder zu zeigen. Es ist weniger eine Frage des Intellekts oder des angeboren Temperaments als der Persönlichkeit. Ähnlich wie Machtstreben, Dominanz, die zielstrebige Verfolgung von Zielen oder die Kommunikationsbereitschaft, ist Empathie im Gehirn im Gefühlszentrum als sozial relevantes Persönlichkeitsmerkmal festgelegt.

Temperament unveränderbar, Persönlichkeitsmerkmale wandelbar

Grundlegende Persönlichkeitsmerkmale lassen sich im Gegensatz zum Temperament eines Menschen verändern. Letzteres ist vererbt und unveränderbar. Das Temperament, also die Frage, ob jemand eher extrovertiert, introvertiert, gewissenhaft, offen und wie verträglich er oder sie im Umgang mit anderen jemand ist, liegt genetisch fest. Dass ein Mensch sein grundsätzliches Temperament ändert, also vom introvertierten Nachdenker zur Rampensau mutiert, ist eher selten. Eine individuelle Anpassung an die jeweilige Umwelt ist dennoch möglich.

Persönlichkeitsmerkmale, also auch die Fähigkeit zur Empathie, sind wandelbar. Die soziale Fertigkeit, sich in einen anderen hineinzudenken und mitzufühlen, erlernen wir in der späteren Kindheit und Jugend, sagt der Bremer Hirnforscher Gerhard Roth. Spielt Empathie in der Familie eine wichtige Rolle, gewinnt dies eine Bedeutung. Die Kinder und Jugendlichen lernen beim Zuhören und Beobachten, dass andere und ihre Lebenssituation wichtig sind.

Eine gute Gelegenheit, diese Fähigkeit bei älteren Jugendlichen zu fördern, ist sie in einem Gespräch zu bitten, den Standpunkt eines anderen einzunehmen. Angenommen, in den Nachrichten kursiert die Geschichte eines Jungen, der sich einen Tag im Urlaub verirrt hat, bevor er von seinen Eltern wiedergefunden wurde, könnte man fragen: Wie hat sich wohl der Junge gefühlt, als er alleine im Urlaubsort nach den Eltern suchte? Dann sollen die Kinder nachdenken und erzählen. Dieser Perspektivenwechsel lässt sich erlernen. Es braucht allerdings ein bisschen Übung.

Denn wie ein Muskel, der trainiert werden muss, baut sich die Fähigkeit, die Perspektive des anderen mitfühlend einzunehmen, dann auf oder ab.

Gefühlssimulation im Gehirn

Neurobiologisch ist das Mitschwingen dank einer Besonderheit im Gehirn, den sogenannten Spiegelneuronen, möglich. Dies sind spezialisierte Nervenzellen, welche die Gefühle des Gegenübers spiegeln und in unserem Körper spürbar machen. Wenn wir beobachten, dass sich jemand anderes in den Finger sticht, aktiviert sich automatisch eine Region in unserem eigenen Gehirn, die für Schmerz zuständig ist.

Eine wichtige Untersuchung, um das Erleben anderer zu verstehen, wurde erstmals im Labor des italienischen Neurophysiologen Giacomo Rizolatti von der Universität Parma entdeckt. Sein Team beobachtete das Verhalten von Makaken. Diese Affen saßen neben den Wissenschaftlern und sahen zu, was diese machten. Währenddessen untersuchten die Forscher die Gehirne der Affen. Sie stellten fest, dass dort Nervenzellen der Tiere feuerten, die für das Greifen von Gegenständen zuständig sind, obwohl sie lediglich regungslos neben einem Wissenschaftler hockten. Sie beobachteten aber aufmerksam, wie ein Forscher Nüsse mit den Fingern ergriff. Die Nervenzellen imitierten also die Handbewegung der Forscher. Diese Neuronen werden seither als Spiegelneuronen bezeichnet. Die Experimente, bei denen die aktivierten Spiegelneuronen untersucht wurden, haben Wissenschaftler immer weiter entwickelt. Wie Mitgefühl entsteht, warum einige Menschen so viel und andere so wenig davon haben und die Frage, ob man es trainieren kann, sind Schwerpunkte der Forschung.

Der Stresstest von Beobachtern

Im Labor von Tanja Singer, Direktorin des Max-Planck-Instituts für Kognitions- und Neurowissenschaften in Leipzig, beobachtete ein Forschungsteam, wie wir auf Stress anderer Menschen reagieren. Die Wissenschaftler kamen zu dem überraschenden Schluss, dass Stress ansteckend ist. Unser Mitgefühl ist derart ausgeprägt, dass wir uns von anderen Personen, deren Stress wir beobachten, selbst stressen lassen. Empathie macht uns also anfällig für Psychostress, messbar an einem gestiegenen Cortisolspiegel im Blut des Beobachters, erhöhter Herzfrequenz, erhöhtem Blutdruck, Anspannung und flacherer Atmung. Das Leid anderer Menschen lässt uns nicht kalt.

Dabei spielt eine entscheidende Rolle, wie wir zu der gestressten Person stehen. Ist dieser Mensch, den wir in einer Stresssituation beobachten, unser Partner, dann zeigten 40 Prozent der Probanden einen erhöhten Cortisollevel. Wurden vollkommen Fremde beobachtet, gerieten immerhin noch 10 Prozent der Probanden in physiologischen Stress.

Weniger Stress in der Virtualität

Singer und ihre Kollegen untersuchten aber nicht nur, wie sehr Partner auf den Stress ihres geliebten Menschen reagieren und wie wir auf die Not völlig Fremder reagieren. Sie wollten ebenfalls herausfinden, ob wir nur dann in Stress geraten, wenn wir »live«

dabei sind. In dem Fall war die Live-Situation das Beobachten des Experiments durch eine einseitig verspiegelte Scheibe. Im Vergleich dazu untersuchten sie virtuell erlebten Stress, also eine Situation, in der die Probanden das Experiment auf Video ansahen. Das Resultat überraschte die Forscher: bei Live-Beobachtungen stieg bei insgesamt 30 Prozent der Probanden der Level des Stresshormons. Aber immerhin 24 Prozent reagierten auch auf Stress, wenn sie ihn lediglich in Videos beobachteten. Die Forscher kamen in ihrer Auswertung zu dem Schluss, dass für die Entwicklung von stressbedingten Erkrankungen wie Depressionen oder Burnout gerade die Daten entscheidend sein könnten, die hier überraschen. Dass nämlich 10 Prozent aller Menschen auf das Leid völlig Fremder mit eigenem Stress reagieren. Und dass das Ansehen von virtuellem Stress aus Bewegtbildern, bei 24 Prozent der Probanden voll ausgebildete Stressreaktionen auszulösen vermochte.

Empathie, so scheint es, kann uns je nach unserer Persönlichkeitsausstattung, psychisch und physisch mitnehmen. Dies erklärt auch, warum gerade Menschen in sozialen Berufen wie Pfleger, Krankenschwestern, Sozialarbeiter, Entwicklungshelfer oder Lehrer, die viele belastende Gespräche führen, von Burnout stark bedroht sind.

Ärzte agieren mit einem kühlen Kopf

Ebenfalls erklärt dies, warum zahlreiche Ärzte zwar rational nachvollziehen können, wie sich Schmerz anfühlt, aber nicht körperlich mit ihren Patienten mitleiden. Zu dieser Erkenntnis gelangte ein US-amerikanisches Forscherteam. Wie alle Menschen gewöhnen sich auch Ärzte an ihre wiederholten Erfahrungen, schrieb der Verhaltensforscher Nicholas Epley in seinem Buch »Machen wir uns nichts vor«.

So werden die Ärzte zwangsläufig unempfindlicher gegenüber dem Leid und den Sorgen ihrer Patienten, können dies aber sehr wohl rational nachvollziehen. Diese typische ärztliche Eigenschaft trainieren sie sich im Laufe ihres Berufslebens an. Nicht-Mediziner bringen es nur mit viel Überwindung über sich, sich selbst oder anderen eine Spritze zu verabreichen, da wir den Schmerz des Einstichs fühlen, egal ob wir ihn selbst bekommen oder ob wir ihn jemand anders beibringen. Die Spiegelneuronen sorgen dafür, dass beides zur Qual wird.

Wissen, ohne zu leiden

Ärzte können jedoch den Schmerz rational nachvollziehen, ohne ihn zu spüren. Sie haben sich das körperliche Mitleiden abtrainiert. Das bedeutet, es gibt zwei Wege im Gehirn, die Gefühle des anderen zu verstehen. Den direkten, bei dem wir mitfühlen, sowie einen indirekten, kühleren, bei dem die Emotionen nicht mitschwingen und wir einen kühlen Kopf bewahren. Wissenschaftler konnten diese inzwischen auch in einem Experiment nachweisen. Dafür legten sie Laien in einen Tomographen und spielten ihnen ein Video vor, auf dem jemand Akupunkturnadeln in die Füße, die Hände oder Lippen gesetzt bekam. Wer zuckt beim Lesen dieser Zeilen nicht zusammen?

Solche Bilder anzuschauen ist für den Laien quälend, schreibt Epley. Dabei werden Hirnareale aktiviert, die für das Ansehen von

Schmerzen und die Schmerzverarbeitung selbst verantwortlich sind. Es tut tatsächlich weh zuzusehen, wie anderen Schmerzen zugefügt werden, ebenso wie in dem Stress-Experiment von Tanja Singer.

Ich weiß, wie du fühlst, aber ich fühle es nicht

Bei den Ärzten aktivierten sich das Areal für die Schmerzverarbeitung jedoch nicht im Geringsten. Sie empfanden keine körperlichen Schmerzen, als sie das Akupunkturvideo betrachteten. Stattdessen wurde bei ihnen ein anderer Part des Gehirns aktiviert, nämlich ein relativ kleiner Teil des medialen präfrontalen Cortex. Dieses Areal befindet sich hinter den Augenbrauen und ist für unsere soziale Intelligenz zuständig. Es hilft uns, darauf zu schließen, was in anderen vorgeht.

Blick in das Gehirn des anderen

Wenn wir uns fragen, welches Geschenk jemandem Freude bereiten könnte, wird dieser Part aktiviert. Jedoch geschieht dies ohne körperlich emotionale Beteiligung, sondern neutral, mit einer gewissen inneren Distanz, die für die Profession der Ärzte wichtig ist.

Denn nur mit kühlem Kopf können sie in Notsituationen in Sekundenschnelle die richtigen Schlüsse ziehen, Spritzen verabreichen, Zugänge legen oder einem Neugeborenen einen Beatmungsschlauch in die Luftröhre schieben. Emotionen oder Schmerzempfinden ständen hier dem beherzten, raschen Handeln womöglich im Weg. Dass dies auch auf die Persönlichkeit abfärbt, leuchtet ein.

»Auch Deutsche unter den Opfern«

Problematisch wird der Mangel an Mitgefühl, wenn nicht einmal der Teil des Gehirns aktiviert wird, über den wir die Gefühle anderer rational nachvollziehen können. Denn dann fehlt nicht nur das Mitgefühl (der Schmerz wird nachempfunden), und das Wissen um den Schmerz (soziale Fähigkeit, sich in den andern hineinzuversetzen), sondern der andere wird auf diese Weise zum Objekt.

Je weiter andere Menschen entfernt sind, je weniger Zugehörigkeit wir mit ihnen empfinden, desto weniger berührt uns deren Schicksal. Gegenüber Kriegsopfern in fernen Ländern, die wir nicht kennen, mit denen uns nichts verbindet, sind die meisten unter uns gleichgültig. Als im November 2015 eine Terrorwelle durch Paris brandete und mehr als 130 Menschen ums Leben kamen, erlebten die Bewohner der französischen Hauptstadt sowie alle Franzosen eine bislang nicht gekannte Anteilnahme aus den europäischen Nachbarstaaten. Dass gleichzeitig Menschen in fernen Ländern ebenfalls durch einen Akt des Terrors starben, wurde nur am Rande registriert. Opfer, mit denen uns ein Zugehörigkeitsgefühl verbindet, also zum Beispiel die Nationalität, tauchen auf unserem inneren Radar auf. Es könnte die Nachbarin der Mutter sein, die Bekannte eines Studienfreunds. »Auch Deutsche unter den Opfern« bringt eine Katastrophe nicht nur als kalte Nachricht in unser Wohnzimmer, sondern als potenziell bedrohliche, emotionale Nachricht, die uns berührt, uns erschreckt und uns Angst macht. Für Gespräche bedeutet das, dass ein Inhalt, der mit dem Interesse eines Gegenübers verknüpft wird, automatisch auf seinem inneren Radar auftaucht.

Unseren Gefühlsmuskel im Kopf trainieren

Tanja Singer hat in Studien nachgewiesen, dass man Mitgefühl trainieren kann wie einen Muskel. Unter Mitgefühl versteht Singer eine Fähigkeit des Herzens, sich für andere Menschen, Tiere oder die Natur zu öffnen, sich anrühren zu lassen. Eine einfache Übung für Mitgefühl ist etwa eine auch im Buddhismus bekannte »Herzübung«. Wir konzentrieren uns auf unser Herz und denken an etwas, das uns sehr lieb ist. Für den einen ist es die Mutter oder der Vater, für den anderen der Partner. Liebevolle Gedanken können aber auch der Hund oder die Katze auslösen. Dann sollen wir spüren, wie uns warm ums Herz wird, wie wir ganz von Liebe durchströmt werden. Als nächsten Schritt verteilen wir dieses Gefühl auf unsere Umgebung, wünschen uns, dass dieses wohlige Gefühl der großen Liebe auf andere Menschen übergeht, auf die Natur um uns herum. Diese klassische Meditationsübung hilft, das Mitgefühl zu stärken.

Ausgleich zu Härte im Alltag

Im Alltag benötigen wir viele andere Fähigkeiten, wir müssen uns durchsetzen, unnachgiebig, hartnäckig sein. Doch wie der Begriff »hartnäckig« schon besagt, verspannen wir uns vor lauter Stress im Nacken. Wenn wir nur noch hartnäckig sind, und unsere Arbeit wie eine Last auf uns liegt, bekommen wir oft Rückenprobleme. Der am häufigsten gegoogelte medizinische Begriff ist nicht umsonst »Tennisarm«, den es streng medizinisch gesehen gar nicht gibt. Der Begriff bezeichnet peinigende Schmerzen der Schulter, die von den Halswirbeln über die Schulter in den Arm strahlen bis hin zu Lähmungserscheinungen. Was ein harter Nacken ist, wissen diese Patienten alle sehr genau. Dass Geist und Körper zusammenhängen und Stress die Muskeln verkrampft und Schmerzen erzeugt, ist zwar bekannt. Dennoch gelten Schmerzmittel medizinischen Therapien als Mittel erster Wahl. Die Ursachen der Stressbelastung zu beseitigen, darauf kommen nur wenige Ärzte.

Mitgefühl gegen Schmerz

Dem Mangel an Mitgefühl möchte Singer durch ihre Arbeit etwas entgegensetzen. Ihr Anliegen ist es, mehr Fokus auf das Mitgefühl zu legen. Mitgefühlstraining kann helfen, Schmerzen zu reduzieren und den Cortisolspiegel zu senken. Die positiven Emotionen können gestärkt und soziale Nähe gefördert werden. Wer mehr soziale Nähe spürt, ist wiederum widerstandsfähiger und gesünder. All diese Erkenntnisse der Psychologie, Psychoneuroimmunolgie und der Hirnforschung spielen in Gesprächen eine entscheidende Rolle. Denn schon ein einzelnes Gespräch kann Nähe und Verbundenheit vermitteln, der Stoff, aus dem Beziehungen entstehen.

Wer seinem Gesprächspartner Nähe entgegenbringt, kann in einen intensiven, vertrauensvollen Kontakt zu dem anderen treten. Das Geheimnis erfolgreicher Menschen ist, dass sie in kurzer Zeit große Nähe zu ihren Gesprächspartnern aufbauen können. Ob ein Deal mit dem einen oder anderen Geschäftspartner abgeschlossen wird, hängt letztendlich von den ausgehandelten Konditionen ab. Das Zünglein an der Waage kann aber definitiv das Gefühl sein, dass ein Gegenüber ein tiefes Verständnis für die geschäftlichen Belange hat und weiß, wie einzelne Menschen behandelt werden möchten. Dabei kann es sehr hilfreich sein, wenn wir in so einem

Gespräch auch etwas von uns selbst preisgeben. Gemeinsamkeiten erzeugen Vertrauen. Fährt ein Fremder wie wir gerne nach Südfrankreich in den Urlaub, bringt uns das ein großes Stück näher. Wir suchen Anknüpfungspunkte, um den andern einzuordnen, seine Gedanken vor dem Hintergrund eines Bildes zu verstehen, ohne ihn in eine Schublade zu stecken.

Treue Kunden schätzen Einfühlungsvermögen

Empathie ist auch das Mittel der Wahl für eine dauerhafte Kundenbindung. Der geborene Vertriebsmann oder die geborene Vertriebsfrau kann im Gespräch leicht Kontakte aufbauen und entwickeln, hat ein genuines Interesse an Menschen und ihren Angelegenheiten. Ob Banker, Versicherungsmakler, Restaurantbesitzer oder Ladeninhaber: Wer auf Interesse und Mitgefühl stößt, wendet sich immer wieder an diese Menschen, kauft ihre Dienstleistungen, Produkte oder Waren. Empathie ist ähnlich wie Vertrauen der Schlüssel zum anderen Menschen. Ohne sie können wir im Gespräch zwar Fakten austauschen, Erfolg jedoch setzt voraus, die nächsten Schritte des anderen zu kennen und auf seine Situation einzugehen.

Unseren Gesprächspartner lesen lernen

Bei Autisten ist das Einfühlungsvermögen gestört. Sie verstehen nicht, was in ihrem Gegenüber vorgeht, können keine Schlüsse daraus ziehen. Auch Menschen mit Asperger-Syndrom, einer abgeschwächten Form des Autismus, haben große Schwierigkeiten, sich in andere hineinzuversetzen. Die Krankheit ist erblich. Einige der Betroffenen haben gleichzeitig eine Inselbegabung, das heißt, sie können eine ganz bestimmte Sache besonders gut, zum Beispiel sich endlose Zahlenreihen merken. Einige erinnern sich wohl noch an den Film »Rain Man« mit Tom Cruise und Dustin Hoffman in der Rolle eines Autisten, der das Thema der Menschen, denen das Einfühlungsvermögen fehlt, Ende der 1980er Jahre aus der Versenkung holte und in die Mitte der Gesellschaft brachte.

Der Autohändler Charly (Tom Cruise) findet seinen bislang unbekannten Bruder Raymond (Dustin Hoffmann) wieder, weil diesem das gesamte Erbe der Eltern vermacht wurde. Er entführt ihn aus dem Heim und schließt ihn im Laufe des Roadmovies ins Herz. Niemals zuvor zeigte ein Film, wie liebenswürdig Autisten zu sein vermögen. Die Geschichte der ungleichen Brüder, die trotz der Behinderung des autistischen Raymond zueinanderfinden, brachte Autismus und den Mangel an Einfühlungsvermögen anderer ins allgemeine Bewusstsein.

Blick in die Black Box

Die Studentin Nicole Schuster, die am Asperger-Syndrom leidet, hat ein Buch über ihr Leben geschrieben. Deswegen wissen wir heute viel über das Innenleben der menschenscheuen Autisten. Schon als Kind zeigte Nicole kein Interesse an anderen Kindern. Wenn sie Mitschüler zu sich nach Hause einlud, durften diese nichts in ihrem Zimmer anfassen, keine Sachen aus dem Regal ziehen, um damit zu spielen. Schnell verloren die Kinder das Interesse an Nicole. Wenn ihre Großeltern zu Besuch kamen, weigerte sich Nicole, ihnen die Hand zu geben, denn Berührungen sind Asperger-Betroffenen zuwider. Selbst heute dürfen die Eltern sie nicht umarmen. Dass ein Mann sie jemals küssen wird, kann sich die junge Frau nicht vorstellen.

Erst mit 20 Jahren erhielt sie die Diagnose Asperger-Syndrom. Sie begann, Bücher über Psychologie zu lesen, um zu verstehen, welche Bedeutung Mimik und Gestik für andere haben, wie nonverbale Kommunikation in der Regel abläuft. Andere Kinder machten automatisch ein ernstes Gesicht, wenn sie etwas Trauriges erzählen. Sie imitieren die Mimik und Gestik der Eltern und verbinden sie mit den dazupassenden Gefühlen. Nicole musste dies alles erst lernen. Eine automatische, neuronale Verbindung zwischen der Mimik und dem passenden Gefühl kennt sie nicht. In der Regel fühlen wir uns zum Beispiel fröhlicher, wenn wir die Mundwinkel zu einem Lächeln nach oben ziehen.

Andere Menschen sind für Autisten wie Nicole wie Gegenstände. Was sie fühlen und denken bleibt ihnen verschlossen. Was sich hinter einer versteckten Bemerkung verbergen könnte, worauf sie deswegen hinauswollen, welche Strategie hinter einem leicht dahingeworfenen Satz steckt, bewirkt bei ihnen keinen Aha-Effekt. Ihnen fehlt der feine Sinn dafür, aus der nonverbalen Kommunikation ihre Schlüsse zu ziehen. Mit Empathie gelänge dies ganz automatisch.

3. Aufmerksamkeit

Wir sehen nur das, was wir erwarten

Ist es möglich, dass ein Gorilla durch einen Raum voller Menschen geht und man ihn nicht bemerkt? Natürlich nicht, würde jeder sagen. Doch die richtige Antwort lautet: Ja, man kann einen Gorilla übersehen. Die Art, wie die menschliche Wahrnehmung funktioniert, macht das scheinbar Unmögliche möglich. Die Augen sehen nur, worauf unser Verstand vorbereitet ist. Das bedeutet, wenn unsere Ratio und Aufmerksamkeit eine Sache nicht erwarten, können wir sie übersehen. Doch nun näher zu den Gorillas, die im Nebel unserer Wahrnehmung auftauchen oder untergehen, je nachdem, auf was wir unser Augenmerk legen.

Tomaten vor den Augen

Der Gorilla ist Teil einer berühmten Reihe von Aufmerksamkeitstests, die ein Forscherteam der Universität von Illinois 1999 entwickelt hat. Der Test besteht aus einem 75 Sekunden dauernden Video, in dem sich Basketballspieler in rascher Folge einen Ball zuwerfen. Manche der Leser kennen dieses Video vielleicht, denn es wird auf wissenschaftlichen Tagungen von Neuroforschern manchmal als Beispiel für unsere sprichwörtlichen Tomaten vor den Augen präsentiert.

Die Aufgabe der Test-Beobachter, die das Video zu sehen bekamen, bestand darin, die Anzahl der Pässe zu zählen. Diese Aufgabe verlangte den Teilnehmern viel Konzentration ab, denn der Ball flog schnell von einem Spieler zum anderen. Nach dem Film fragten die Forscher die Zuschauer, wie oft sich die Spieler den Ball zugeworfen haben. So weit, so klar. Sie fragten die Testpersonen jedoch auch, ob sie einen Gorilla gesehen haben, der während des Spiels durch das Basketballspielfeld läuft.

Chabris und Simons fanden heraus, dass etwa nur die Hälfte der Betrachter das Tier entdeckten, die andere Hälfte nicht. Erst als die Forscher den verblüfften Betrachtern das Video ein zweites Mal vorspielten, bemerkten alle das Tier. Die Wissenschaftler bewiesen mit ihrem Experiment, dass unser Gehirn nur bedingt Reize aufnehmen kann und gegenüber anderen, unerwarteten Signalen, blind ist. Dieses Phänomen nennen Forscher *Unaufmerksamkeitsblindheit.* Die Wahrnehmung ist wie eine Festplatte mit einer festgelegten Anzahl an Gigabyte. Wenn zu viele Programme gleichzeitig laufen, wird das System fehleranfällig, langsamer und bestimmte Programme schalten sich ab. Unsere Wahrnehmung hat viele Filter. Erwarten wir Sportler und konzentrieren uns auf schnelle Ballpässe, entgeht dem Auge eine wesentliche Information, selbst so etwas Offensichtliches wie ein Gorilla. Unser Gehirn ist damit beschäftigt, die schnellen, visuellen Reize auszuwerten.

So ist es in vielen Situationen. Wir sehen und hören das, worauf unser Gehirn vorbereitet ist (»Zählen Sie die Pässe.«). Zaubertricks nutzen dieses Phänomen. Der Zauberer lenkt unsere Aufmerksamkeit ab, und schon kann er unbemerkt das Kaninchen aus dem Hut zaubern. Wir können ebenfalls nur bedingt viele Reize verarbeiten. Ist unser Gehirn von Daten überladen, bekommen wir wesentliche Dinge nicht mit.

100 Prozent Aufmerksamkeit

Der Manager Tachi Yamada, ehemaliger Medizinischer Leiter der Bill-&-Melinda-Gates-Stiftung und derzeit Forschungschef der Pharmafirma Takeda, wurde 2010 von einem Journalisten der New York Times gefragt*, worin seine wichtigsten Führungsprinzipien bestünden. Er nannte als einen der ersten Punkte, dass er jedem Gegenüber die 100-prozentige Aufmerksamkeit schenke.

»Ich möchte nicht, das die äußere Welt in unser Gespräch hineinreicht«, sagte Yamada. Von einem Arzt habe er gelernt, dass es wichtig sei, jeden Menschen so zu behandeln, als sei er der wichtigste auf der ganzen Welt. Seine Gesprächspartner erleben ihn in voller Konzentration mit größtmöglichem Interesse für ihre Angelegenheit. »Jeder Moment zählt«, berichtete Yamada. »Ich möchte hier nicht sitzen und denken, dass ich eine E-Mail schreiben muss.« Yamada brachte die Bill-&-Melinda-Gates-Stiftung zu großem Erfolg. Als er ging, hinterließ er eine der schlagkräftigsten Organisationen, die sich mit dem Thema Weltgesundheit beschäftigen.

---

* Adam Bryant, Tachi Yamada: Talk to Me. I'll Turn Off My Phone. Abrufbar unter: http://www.nytimes.com/2010/02/28/business/28corner.html?_r=0 (zuletzt am 14. 06. 2016).

Ablenkung schwächt unser Gedächtnis

Neuere Studien des Neurologen Adam Gazzaley von der Universität von Kalifornien in San Francisco belegen, dass unsere Aufmerksamkeit durch Multitasking geschwächt wird. Die Wissenschaftler identifizierten sogar eine spezifische Region im Gehirn, die besonders aktiv ist, wenn die Probanden zwei Aufgaben gleichzeitig bewältigen sollten. In einem Experiment untersuchte das Forschungsteam um Gazzaly, wie Testpersonen ein Videospiel spielten, bei dem sie Auto fahren und dabei bestimmte Verkehrsschilder beachten und andere ausblenden sollten. Die Forscher beobachteten dabei die Gehirnaktivität der Probanden im Tomographen. Sie fanden heraus, dass bei denjenigen, die die Multitasking-Aufgabe am besten meisterten, eine Gehirnregion besonders aktiv war. Gleichzeitig stellten sie fest, was schon durch zahlreiche Studien bestätigt wurde, dass nämlich das gleichzeitige Absolvieren von zwei Aufgaben unsere Aufmerksamkeit auf zwei Arten beeinträchtigt. Zum einen werden wir langsamer, zum anderen unterlaufen uns mehr Fehler.

In neueren Experimenten wollte Gazzally herausfinden, ob sich die mit dem Alter nachlassende Konzentration durch Mentaltraining wieder steigern lässt. Zu diesem Zweck konzipierte sein Team gemeinsam mit dem Spieleentwickler von Star Wars ein Videospiel mit Namen »Projekt: Evo«. Das Spiel testeten sie auf einem iPad. Die Spieler mussten auf einem virtuellen Surfbrett einen Fluss hinunterfahren und dabei Aufgaben absolvieren. Eine Aufgabe bestand darin, mit dem Finger das iPad zu berühren, wann immer ein roter Fisch aus dem Wasser sprang. Die Aufgabe wurde mit zunehmender Spieldauer komplexer. Probanden mussten sich beispielsweise daran erinnern, wie sie sich durch einen schwierigen Abschnitt des Flusses manövriert hatten. Bei dieser Aufgabe mussten sie ihre Gedächtnisfunktion einsetzen.

Blaue Vögel, grüne Fische – Grüne Vögel, blaue Fische

Auf einem höheren Level sollten die Testspieler blaue Vögel und grüne Fische fangen. Die Spieleentwickler mischten aber zur Ablenkung der Probanden auch grüne Vögel und blaue Fische unter die Tiere. Bei dieser Aufgabe ging es darum, die selektive Aufmerksamkeit zu trainieren. Sich auf blaue Vögel und grüne Fische zu fokussieren oder Fische und Vögel in der falschen Farbe zu ignorieren trainierte die Fähigkeit, die Konzentration auf bestimmte Reize zu lenken und andere auszublenden. Der sogenannte Tunnelblick auf einen Sachverhalt ermöglicht es, alle Aufmerksamkeit auf das Ziel zu richten und alle Störfaktoren zu ignorieren.

Ablenkung schwächt das Gedächtnis

In der Regel machen Probanden nach zwei Minuten zahlreiche Fehler, da ihre Aufmerksamkeit immer wieder durch falsche Farben abgelenkt wurde. Tatsächlich spielte das Alter der Spieler eine wesentliche Rolle, denn unser Arbeitsgedächtnis lässt im Durchschnitt ab dem Alter von 40 bis 50 Jahren nach. Hier kommt das biologische Alter ins Spiel. Wer sich auch jenseits der Altersgrenze von 40 bis 50 Jahren mit neuen, anspruchsvollen Inhalten beschäftigt, kann ein junges Gehirn behalten. Dafür ist es erforderlich, die grauen Zellen anzustrengen und auf Trab zu halten. Ab diesem Alter, so die Forscher, sei es schwieriger, Ablenkungen auszublenden. Der Klassiker: Man geht in den Supermarkt, um Eier zu kaufen und kommt mit 20 Dingen wieder – außer den Eiern. Anders die Menschen mit Tunnelblick, die sich voll und ganz auf eine Aufgabe konzentrieren und in der Lage sind, alles andere auszublenden. Die volle Konzentration auf eine Aufgabe zu lenken ist eine bewährte Erfolgsstrategie von Spitzensportlern, Musikern oder Topmanagern.

Mein Vater, ein Anwalt, beherrschte diese Fähigkeit ebenfalls bis ins hohe Alter. Hörte er Musik oder las er ein Buch, konnte man neben ihm stehen und lange warten, bis er einen ansah. Er nahm in diesen Momenten die Außenwelt einfach nicht wahr. Er versank vollkommen in seiner Tätigkeit im Hier und Jetzt. Er war so entspannt, dass er wie in einen höheren mentalen Zustand geriet. Manche hingegen erreichen diesen Flow nur durch Meditation.

Jungbrunnen Videospiel

Die gute Nachricht: Wir können auch im Alter Konzentration, Aufmerksamkeit und unser Gedächtnis trainieren. Gazzaleys Experiment, bei dem 46 Prozent aller Teilnehmer zwischen 60 und 85 Jahr alt waren, ergab, dass diejenigen Älteren, die die schwierige Version des Spiels sehr gut meisterten, genauso gut waren wie 20-Jährige, die das Spiel zum ersten Mal spielten. Ihre im Spiel trainierten Fähigkeiten gingen ebenfalls auf andere kognitive Funktionen über, wie zum Beispiel ein verbessertes Arbeitsgedächtnis oder eine bessere gelenkte Aufmerksamkeit. Am erstaunlichsten war, so die Forscher, dass diese einmal antrainierten Fähigkeiten lange aktiv blieben. Als Gazzaley die Probanden nach sechs Monaten, in denen sie nicht gespielt hatten, erneut testete, war ihre

Performance immer noch besser als die derjenigen, die nicht mit dem Spiel trainiert hatten. Inzwischen erforscht Gazzaley ein neues Spiel, »Body Brain Trainer«, bei dem der Proband sich vor einem Bildschirm bewegen muss und gleichzeitig mentale Aufgaben absolviert. So muss in einer Version eine Testperson etwa mit dem Körper Hindernissen ausweichen und parallel Gegenstände mit bestimmten Farben erkennen. Gazzaleys Hoffnung ist, dass dieses Training, bei dem Körper und Geist gemeinsam trainiert werden, ein im Körper verankertes, verbessertes Denken (embodied cognition) schult.

Jahrtausendealtes Wissen

Dass regelmäßiger Sport einen positiven Einfluss auf das Denken, die Stimmung, die Konzentrationsfähigkeit und Gedächtnisleistung hat, ist vielfach bewiesen. »Mens sana in corpore sano«, ein gesunder Geist lebt in einem gesunden Körper, wussten bereits die alten Römer. Eine verbesserte Durchblutung des Gehirns, der Abbau von Stress durch Ausdauer und Entspannung, die belebende Wirkung von Wasser auf Körper, Geist und Stimmung sind gut erforschte Parameter in der Sportmedizin. Die Kombination aus Mentaltraining mit Körperertüchtigung ist jedoch neu.

Weitwinkel oder Teleobjektiv?

Unsere Aufmerksamkeit ist nach allem, was Gazzaley und andere Wissenschaftler herausgefunden haben, keine unveränderbare Größe. Sie ist weder immer gleichbleibend groß noch gleichbleibend gering. Sie kann gezielt geschult und beeinflusst werden. Wir können wie das Objektiv einer Kamera die Aufmerksamkeit auf

»Weitwinkel« stellen und Dinge an der Peripherie wahrnehmen oder einen kleinen einzelnen Punkt, ein Detail mit dem Teleobjektiv fokussieren (Tunnelblick). Was bedeutet das Wissen um unsere Aufmerksamkeit für eine Gesprächssituation? Gute Vorbereitung und Fokussierung auf das Gesprächsziel kann die Konzentration in einem Treffen steigern. Wenn wir den möglichen Gesprächs- oder Verhandlungsverlauf vorher durchspielen, sind wir auf blaue Fische und grüne Vögel besser vorbereitet und reagieren schneller. Wenn wir wissen, dass ein Gorilla durchs Bild läuft, werden wir ihn nie wieder übersehen.

Mit einer kleinen Enttäuschung muss der Leser leider an dieser Stelle leben. Das Video mit dem Gorilla wird durch das hier vermittelte Vorwissen nur noch für den Freundes- und Bekanntenkreis eine Überraschung darstellen. Die neuronalen Geflechte im Gehirn speichern ab dem Zeitpunkt der Informationsaufnahme diese Information über den Gorilla ab und erweitern die Wahrnehmung für immer. Wer dies gelesen hat, wird den Gorilla immer erkennen.

Das bedeutet, übertragen auf Gespräche: Je mehr ich über einen potenziellen Gesprächspartner weiß, desto eher kann ich Fakten einordnen, die mir sonst entgangen wären oder denen ich keine Aufmerksamkeit geschenkt hätte. Ich muss auf den »Gorilla« vorbereitet sein, um ihn zu sehen.

Das Wesentliche ist für das Auge unsichtbar

Um zu verdeutlichen, wie wichtig winzige Details für das Verständnis eines Gesprächs sein können, hier ein ausführliches Beispiel: Vor neun Jahren rief mich mein ehemaliger Lebensgefährte, ich nenne ihn mal Tim, an, ein ehemaliger Biotechmanager bei Amgen. Er wollte sich mit mir in München treffen. Viele Jahre zuvor hatten wir eine Zeit lang zusammengelebt. Dann trennten sich unsere Wege: Er konvertierte zum Islam, heiratete eine türkische Frau und führte ein gänzlich anderes Leben. Wir sahen uns nicht mehr wieder.

Erst Jahre nach der Trennung begann wieder ein sehr loser Kontakt. Wir trafen uns vielleicht ein- bis zweimal im Jahr. Tim hatte zu diesem Zeitpunkt große berufliche Probleme und war arbeitslos geworden. Für mich war er ein Fremder geworden.

Am Telefon sagte Tim, er habe ein paar Ideen für journalistische Artikel und wolle mit mir darüber sprechen. Wir verabredeten uns auf der Terrasse eines italienischen Restaurants. Es war mitten in der Woche, ich war guter Dinge und ging zu dem vereinbarten Zeitpunkt zu dem Restaurant. Es war Sommer, und Tim saß bereits beim Italiener. Er trug eine weiße Baseballkappe. Ich erinnere mich noch, dass ich dies seltsam fand. Der Kappe schenkte ich weiter keine Aufmerksamkeit, wir bestellten und unterhielten uns. Mir kam er fröhlich vor, voller Elan für die Idee, wieder journalistisch arbeiten zu wollen. Zu Beginn seiner Berufstätigkeit arbeitete er wie ich als Wissenschaftsjournalist. Wir hatten uns am Krebsforschungszentrum in Heidelberg kennengelernt, wo wir zeitgleich ein Praktikum absolvierten. Wie falsch ich mit meinem Eindruck lag, sollte sich erst Wochen später klären. Beim Italiener sprachen wir über konkrete Artikelideen. Am Ende des Essens verabredeten wir, dass ich mich um einen Kontakt zu einem Magazin für Bildung kümmern würde, um seine Ideen dort vorzustellen. Doch dazu kam es nicht mehr. Ein Freund aus Hamburg von der ZEIT rief mich kurze Zeit später an, und sagte mir, er müsse mir etwas sehr Trauriges mitteilen. Tim habe einen unheilbaren Hirntumor, ein sogenanntes Glioblastom. Er sei bereits einmal im Frühjahr operiert worden. Man habe den Tumor aus dem Schädel entfernt, doch nun sei er weiter gewachsen, man könne nichts mehr machen. Er fände, ich solle das wissen.

Es traf mich wie ein Schlag. Ein Glioblastom gleicht einem Todesurteil. Während viele Krebsarten inzwischen heilbar oder gut behandelbar waren, ist es dieser bösartige Hirntumor nicht.

Ein Mittagessen zum Abschied

Tim hatte mich getäuscht. Er hatte die Aufmerksamkeit des Treffens auf seine Artikelideen gerichtet, und ich glaubte, dies wäre auch der Anlass für das Gespräch gewesen. Mein Verstand war nicht auf einen Todgeweihten vorbereitetet gewesen, und so entging mir, wie es Tim, der damals 41 Jahre alt war, wirklich ging. Wer rechnet schon mit dem bevorstehenden Tod eines Anfang 40-Jährigen, wenn dieser recht lebendig vor einem sitzt? Er war weder gelassen noch konnte er eine berufliche Zukunft planen. Er wollte mich vor seiner Phase als Pflegefall offenbar noch einmal zum Mittagessen treffen. Die Kappe trug er, um die Stelle zu verdecken, an dem die Ärzte seinen Schädel rasiert und aufgesägt hatten. Eineinhalb Jahre später starb er im Alter von 43 Jahren. Sein Besuch und die Bitte um ein Gespräch waren ein letztes Stück Normalität, der Abschied eines Mannes von seiner Welt, in der ich früher einmal eine Rolle gespielt hatte.

Versteckte Signale wahrnehmen

Was bedeutet das Gorillaexperiment für andere Situationen? Ich habe diese Schlüsselszene aus einem wichtigen Grund so ausführlich beschrieben, denn Gorillas können überall sitzen. Die Grundlage für einen Austausch zwischen Menschen ist die ungeteilte Aufmerksamkeit. Die Antennen müssen ausgefahren sein. Treten wir jemandem gegenüber, sollten wir uns auf seine Person konzentrieren und uns folgende Fragen stellen:

Wie sieht jemand aus?
Hat er oder sie sich verändert?
Ist die Kleidung stimmig?
Gepflegt, ungepflegt?
Wie wirkt das Gesicht, die Mimik, die Körpersprache?
Geht es der Person gut?
Zeugen Augenringe von schlaflosen Nächten?
Was ist das Anliegen, das jemand äußert?
Ist der Gesprächspartner gut inhaltlich vorbereitet?
Hat er Bedingungen geschaffen, die das Gespräch zum Erfolg führen können? (ausreichend Zeit, Konzentration, Wahl des Ortes, störungsfreier Ablauf garantiert oder Störungen eingeplant)
Dient das Treffen nur als Vorwand oder gibt es eine »hidden agenda«?

Im professionellen Leben bereiten viele Menschen ihre Termine so vor. Richter denken darüber nach, welche Anträge in einem komplexen Verfahren von den Parteien kommen könnten und haben einen Ausweg parat. Anwälte bei großen Deals haben einen Plan B, wenn ein Deal zu scheitern droht. Sie beurteilen ständig, ob eine Verhandlungspartei nur pokert oder Ernst macht. In privaten Gesprächen können solche Überlegungen ebenfalls hilfreich sein, wenn es um Grundsätzliches geht.

Durch die oben genannten Fragen aktivieren wir unsere Filter, bereiten uns auf das Unerwartete vor. Wir lenken unsere Aufmerksamkeit. Dies können wir jedoch nur bis zu einem gewissen Grad. Denn in bestimmten Situationen, zum Beispiel wenn wir Angst haben oder frisch verliebt sind, übernimmt unser Kleinhirn die Kontrolle. Dann schaltet sich der Verstand aus, unsere Wahrnehmung wird durch Panik oder Verliebtheit vernebelt.

Was unsere Aufmerksamkeit auf sich zieht

Das Gehirn mit seinen Netzwerken hat eine begrenzte Speicherkapazität, um Informationen zu verarbeiten und geht daher ökonomisch vor. Die als wichtig eingestuften Eindrücke haben Vorfahrt, unwichtigere müssen warten oder werden ganz ausgeblendet. Ein Schild, das an einer Straße steht und für eine Autoversicherung wirbt, übersehen wir im Vorbeifahren, wenn wir nicht gerade nach einer Autoversicherung suchen. Ein Versicherungsmakler wird es bemerken, da seine inneren Filter alle Informationen zu Versicherungen mit dem Label »wichtig« versehen. Eine am Boden liegende oder kriechende Schlange übersehen wir hingegen nie, denn sie stellt eine potenzielle Gefahr dar. Wir sind instinktiv darauf trainiert, in Millisekunden Gefahren zu erkennen und auszuweichen. Es liegt also zum großen Teil biologisch fest, was das Gehirn als wichtig oder unwichtig einordnet. Welche Reize unsere Aufmerksamkeit auf sich ziehen, unterliegt bestimmten Kriterien. Angst, gute Gefühle und unser persönliches Interesse bestimmen, ob wir die Aufmerksamkeit auf einen bestimmten Sachverhalt richten oder nicht.

Gefühle geben Dingen eine Bedeutung

Je emotionaler ein Inhalt abgespeichert wurde, desto mehr Aufmerksamkeit schenken wir ihm. Was unseren Interessen entspricht, unsere Bedürfnisse befriedigt, unsere Einstellungen und Motive spiegelt, erfährt mehr Aufmerksamkeit als Dinge, die uns nicht interessieren, die wir nicht brauchen, die nicht in unser Weltbild passen.

»Emotional« bedeutet allerdings für jeden etwas anderes. Der eine entwickelt leidenschaftliche Gefühle für Babykatzen und schmilzt dahin, der andere findet komplexe Sachverhalte der Außenpolitik mitreißend und fiebert mit jedem Konfliktherd in der Welt mit. Interessant ist ebenfalls, dass auch unsere Stimmungen darüber entscheiden, wie viel Aufmerksamkeit für eine Aufgabe zur Verfügung steht. Bei vielen Alltagsproblemen ist es entscheidend, die verfügbaren Informationen möglichst effizient zu nutzen.

Bei mehreren, wegweisenden Experimenten untersuchten Forscher, wie Probanden die Entscheidung für den Kauf eines Autos vorantreiben. Hierfür beeinflussten die Wissenschaftler den Stimmungszustand der Testpersonen im Vorfeld der Kaufentscheidung. Sie stellten ihnen zu Beginn des Experiments eine Aufgabe und gaben einer Gruppe positive Rückmeldungen, der anderen Gruppe von Probanden aber gar keine Rückmeldung, wie die Aufgabe gelöst wurde. Letztere war deswegen frustriert und schlecht gelaunt. Die positiv gestimmten Testpersonen, so zeigte das Experiment weiter, entschieden sich erheblich schneller für ein Auto als die negativ gestimmten, da sie weniger Informationen für den Kauf abrufen wollten. Das Forscherteam bewies mit weiteren Experimenten, dass Menschen mit einer guten Grundstimmung Informationen effizienter nutzen. Des Weiteren untersuchten Forscher, ob die Stimmung auch für kreative Ansätze ausschlaggebend ist, also ob positiv gestimmte Personen kreativere Lösungen finden als negativ gestimmte. Die Antwort ist wenig überraschend …

Ein typisches Beispiel für kreatives Problemlösen in der Psychologieforschung ist die sogenannte »Duncker'sche Kerzenaufgabe«. Probanden erhielten die Aufgabe, mit einer Schachtel Streichhölzer und einer Schachtel Heftzwecken eine Kerze so an einer Wand anzubringen, dass kein Wachs auf den Boden tropfen kann.

Viele Versuchspersonen kommen nicht auf die Lösung, nämlich eine der Schachteln zweckzuentfremden und daraus einen Kerzenhalter zu bauen. Gut gelaunte Teilnehmer kamen öfter auf die Lösung als schlecht gelaunte. Daraus lässt sich ableiten, dass eine positive Stimmung sich sehr günstig auf die Fähigkeit auswirkt, Probleme zu lösen.

Wer Spaß an einer Sache findet, macht sie gut, da er die Aufmerksamkeit auf sie richtet. Negative Gedanken, Grübeln und Ärger binden Ressourcen, die dann an anderer Stelle fehlen. Wer einmal in einem Unternehmen gearbeitet hat, das mehrere Wellen von

Spardiktaten, Abfindungen und Entlassungen erlebt hat, weiß, worum es hier geht. Die Mitarbeiter verwenden gefühlte 50 Prozent ihrer Energie darauf, ihren Job zu retten. Für die eigentlichen Geschäftsaufgaben bleiben ihnen weniger Ressourcen als nötig. Der Teufelskreis schließt sich, denn die Leistung des Unternehmens wird dadurch noch mehr geschwächt.

Persönliche Interessen steuern die Werteskala

Lateinvokabeln standen auf der Liste mit Dingen, die mich als Kind interessierten, ganz unten auf der emotionalen Werteskala – Chormusik hingegen ganz weit oben. Als Mitglied des Osnabrücker Jugendchors probte ich meine gesamte Kindheit über oft bis zu drei- oder viermal die Woche, sang Konzerte und reiste um die Welt zu den Chorfestivals. Die Erinnerungen an diese Reisen nach Südamerika, Japan und Israel tragen alle bis zum heutigen Tag ein hochemotionales »Siegel«. So bin ich sicher, dass sich alle Mitglieder der Japan-Fahrt noch daran erinnern können, was passierte, als wir kurz nach der Ankunft im Hotel Okura in Tokio unsere Koffer öffneten: Als Geschenk für unsere japanische Gastfamilien hatten wir Pralinen vorgesehen, die »Himmlischen« von Leysieffer. Die Familie Leysieffer stammt ja aus Osnabrück, damit hatte das Geschenk auch den für solche Situationen erwünschten Regionalbezug. Wie wollten damals einfach keine Wappenteller verschenken. Doch in Tokio mussten wir zu unserem Entsetzen feststellen: Ein Großteil der Pralinen waren im Flugzeug geschmolzen und nicht mehr präsentabel. Notgedrungen verspeisten wir die meisten Packungen selbst. Ein himmlisches Vergnügen. Diese Panne war für uns mit großen Emotionen beladen, hatten wir im Vorbereitungskurs auf die Reise doch gelernt, dass es für Japaner eine schreckliche Beleidigung sei, wenn sie als Gasteltern kein Geschenk erhalten. Unsere Aufmerksamkeit lag in den ersten Tagen also auf den »Himmlischen« und der Ersatzbeschaffung von Gastgeschenken. Wappenteller wären nicht geschmolzen …

Interesse erweckt Gefühle und schafft Aufmerksamkeit

Wofür steht die Geschichte mit den »Himmlischen« im Kontext der Aufmerksamkeitsforschung? Was uns interessiert, berührt uns emotional. Für den einen ist es der Chor, für andere der Ruderclub, Tennisverein, Autorennen oder womit man sonst noch seine Zeit verbringt. Anders als die Angst, deren Ursachen universell sind (Schlange) sowie individuell ausgeprägt sein können (Prüfungsangst), unterscheidet sich das Interesse der Menschen immer individuell voneinander. Im Zusammenhang mit Gesprächen ist dies wichtig. Denn man sollte beispielsweise nie einen wichtigen abendlichen Geschäftstermin mit einem bekennenden Fußball-Begeisterten anberaumen, wenn ein wichtiges Champions-League-Spiel gerade im Fernsehen läuft. Egal, wie der Deal verlaufen soll, an dem Abend hätte der Mann schlechte Laune. Und schlechte Stimmung, wie oben beschrieben, raubt ihm einen Teil seiner Aufmerksamkeit.

Interessen entstehen aus unterschiedlichen Motiven

Dinge, die an unsere Interessen und an unsere Motive geknüpft sind, unterscheiden sich also stark voneinander. Hier ist die Aufmerksamkeit äußerst unterschiedlich gesteuert. Wer vom Typus ein sozialer Mensch ist, richtet seine Aufmerksamkeit auf die Not anderer und verbringt zum Beispiel viel Zeit damit, benachteiligten Jugendlichen auf die Beine zu helfen, damit sie einen Schulabschluss oder eine Stelle bekommen. Andere investieren Zeit im Tennisverein, organisieren Turniere, Mannschaften, planen Wochenendreisen mit dem Club oder managen die Finanzen. Für wen das Motiv Bildung eine wesentliche Rolle spielt, der besucht Kurse zur Weiterbildung, lernt eine neue Sprache, liest Fachbücher, besucht Vorträge und umgibt sich mit Menschen, die ihn in dieser Hinsicht anregen. Alle Informationen, die zu diesem Motiv passen, werden mit großer Aufmerksamkeit bedacht. Ein grundsätzliches Verständnis von der Verteilung von Aufmerksamkeit ist also entscheidend für ein gelingendes Gespräch.

Die Bedeutung von Blickkontakt

Bei all der geteilten Aufmerksamkeit zwischen den Aufgaben, die uns brennend interessieren und denen, die wir zwangsläufig erledigen müssen, ist ein entscheidender Punkt, wohin wir unser Augen richten, wenn wir zwei Dinge gleichzeitig machen.

Wir können nicht gleichzeitig Augenkontakt zu unserem Gegenüber halten und auf einen Handybildschirm schauen. Der Blick auf das Smartphone unterbricht den Draht zueinander, denn Augenkontakt verlangt volle Konzentration. Nur, wenn wir uns direkt in die Augen sehen, werden in unserem Gehirn Areale aktiviert, die uns erkennen lassen, was das Gegenüber denkt und fühlt, bestätigt der Psychologe Peter Hills von der Anglia-Ruskin-Universität in Cambridge in einem Artikel in der *New York Times**. Blicke auf das Kinn, die Lippen oder Wangen hätten nicht denselben Effekt auf das Gehirn, um beispielsweise zu erkennen, ob wir jemanden schon einmal getroffen haben.

Das Verschicken sogenannter Emoticons, also Smileys, die etwa lachen oder weinen, »könnte unbewusst der Wunsch sein, Augenkontakt herzustellen«, argumentiert Atsushi Senju, Neurowissenschaftler an dem berühmten Birbeck-Zentrum für die Entwicklung von Gehirn und Denkvermögen der Universität London im selben Artikel.

Augenkontakt, Aufmerksamkeit und die volle Konzentration auf das Gegenüber verbessern den Ablauf eines Gesprächs maßgeblich. Wer keine Zeit für ein wichtiges Treffen hat und heimlich auf einen dringenden Anruf wartet, kann sich die Zeit auch sparen, denn die Ablenkung durch das bevorstehende Telefonat stört die Aufmerksamkeit. So wie ein guter Mürbeteig nur gelingt, wenn die Grundkomponenten Mehl, Eier, Butter und Zucker und eine Prise Salz in der richtigen Mischung vermengt werden, so ist es auch mit den Grundlagen für Gespräche. Alle Bestandteile, die in diesem Kapitel erläutert werden, müssen vorhanden sein.

So darf auch in einem Gespräch eine weitere wichtige Grundlage nicht fehlen, die Wertschätzung. Was sie für die Kommunikation bedeutet, darum soll es in dem nächsten Kapitel gehen.

---

* Kate Murphy, Peter Hills: Psst. Look Over Here. Abrufbar unter: http://www.nytimes.com/2014/05/17/sunday-review/the-eyes-have-it.html (zuletzt am 14.06.2016).

4. Wertschätzung

Wertschätzung schafft Werte

Respektvoller Umgang miteinander ist eine Grundvoraussetzung für gute Kommunikation. Achtung vor dem anderen gehört ebenso zu einer wertschätzenden Kommunikationskultur wie Verbindlichkeit, Kooperationsbereitschaft und Aufrichtigkeit. Es mag banal klingen, aber in Arbeitszusammenhängen, haben zahlreiche Forscherteams herausgefunden, läuft vieles besser, wenn Chefs und Kollegen Lob und Dank aussprechen. Falsche Kommunikation wird dabei oft nicht bewusst angewandt, um den anderen zu verletzen. Vielmehr fehlen diesen Menschen die Fähigkeiten zur wertschätzenden Kommunikation, fehlt das Wissen über die Bedeutung von Feedback, um Konflikte zu deeskalieren.

Größerer Unternehmenserfolg

Eine wertschätzende Kommunikationskultur wirkt sich positiv auf das Unternehmensergebnis aus. Zu diesem Schluss kam die Direktorin des Instituts für Führung und Personalmanagement an der Universität von St. Gallen, Heike Bruch.

Der Top-Job-Studie zufolge, einer Untersuchung im Mittelstand zur Unternehmenskultur, welche Heike Bruch leitet, verbessert eine wertschätzende Kommunikation unter anderem das Engagement der Mitarbeiter. Die positive Energie einer Firma, der »work spirit«, hängt maßgeblich davon ab, dass Führungskräfte und Kollegen sich vertrauen und gut miteinander kommunizieren. Dafür ist es notwendig, dass Mitarbeiter für sehr gute Leistungen gelobt werden. So können sie ihr Selbstvertrauen aufbauen und ihre Selbstkompetenzen verbessern. Ein häufiger Fehler der Unternehmensführung ist es, Fehler zu kritisieren, aber gute Arbeit als selbstverständlich hinzunehmen. Dies frustriert die Mitarbeiter und erzeugt schlechte Stimmung.

Destruktive Prozesse stoppen

Das ist insofern wichtig, als dass Heike Bruch in ihrer Studie beobachtet hat, dass in Unternehmen mit ungelösten Konflikten eine *korrosive Energie* herrscht. Mitarbeiter verspürten intensive negative Gefühle wie Furcht, Ärger, Wut oder Aggression. In solchen Firmen richteten Mitarbeiter ihre Energie nicht auf das gemeinsame Unternehmensziel, sondern waren in hohem Maße destruktiv, bekämpften sich gegenseitig oder sabotierten bewusst Veränderungsprozesse. Korrosive Energie ist für Unternehmen eine ernstzunehmende innere Gefahrenquelle. Die Grundregeln für wertschätzenden Umgang im geschäftlichen Gespräch lassen sich auf wenige Punkte herunterbrechen. Regelmäßige Rückmeldung für die geleistete Arbeit, Lob und Dank für gute Leistungen, keine falschen Versprechungen sowie Verlässlichkeit bei Terminen.

Talente anlocken

Wer seinen Untergebenen ohne Wertschätzung begegnet, vergisst, dass in den Augen von Geschäftsführung und Vorstand nicht nur er in einer gehobenen Position wertvoll für das Unternehmen ist, sondern im »War for Talent« auch seine Untergebenen. Dies trifft insbesondere zu, wenn diese in Schlüsselabteilungen arbeiten und zum Beispiel über besonderes technisches Knowhow verfügen, das schwer zu bekommen ist.

Wertschätzende Führung

Eine Studie an der Universität von Alberta im kanadischen Edmonton belegt, dass wertschätzende Führung sich für das Unternehmen auszahlt. Dies berichtet der Besteller-Autor Daniel Goleman, bekannt für seine Publikation über emotionale Intelligenz. In einem Krankenhaus, das von Stellenstreichungen betroffen war, verglich die Studie Abteilungen mit Chefs, die einen wertschätzenden Führungsstil pflegten mit denen, die negative Führungsstile ausübten, also anhand von Anweisungen und oder einer Taktvorgabe ihre Ziele durchsetzen wollten. Wertschätzende Führungsstile beinhalteten die Elemente, eine Vision vorzuleben, Führung anhand von Coaching im Zweiergespräch auszuüben, menschlich verbindlich zu sein und bei Entscheidungen demokratisch vorzugehen und die Mitarbeiter in die Entscheidungen einzubinden. Wenig überraschend berichteten die Krankenschwestern, die einen Chef mit wertschätzender Führung hatten, von weniger Stress als die anderen Schwestern. Letztere meldeten dreimal so häufig, dass sie den pflegerischen Notwendigkeiten ihres Berufsalltags nicht nachkommen könnten.

Streit im Liebeslabor

Im privaten Umgang sind Wertschätzung und Respekt die Grundlage für eine gute Kommunikation und eine lange, glückliche Partnerschaft. Der amerikanische Paartherapeut John Gottman von der Universität Washington in Seattle hat dies in seinem berühmten Liebeslabor bewiesen. Gottman beobachtete und filmte Paare, wie sie miteinander streiten. In bestimmten Abständen erkundigte er sich, ob sich das Paar getrennt hatte oder noch zusammenlebte. Das Ergebnis dieser Langzeitstudie war verblüffend: Paare, die schon zuvor beim Streiten zerstörerische Verhaltensweisen hatten, waren auch nach Jahren unglücklich miteinander – oder längst geschieden. Die wichtigsten Beziehungskiller nannte Gottman »apokalyptische Reiter«. Es gelang ihm, nachdem er ein Paar nur 15 Minuten beim Streiten beobachtet hatte, mit einer Trefferquote von 83 Prozent vorherzusagen, ob sie in etwa sieben Jahren noch zusammenleben würden oder getrennt waren.

Einer von Gottmans ermittelten Beziehungskillern war Verachtung, das Gegenteil von Wertschätzung. Wenn wir den anderen herabwürdigen und der Respekt fehlt, hinterlässt dies tiefe Narben, die eine Beziehung langfristig nicht übersteht. Fehlende Wertschätzung im Gespräch ist ein Gift, das stetig wirkt und schließlich die Beziehung tötet.

Umgang mit Respektlosigkeit

Was tun, wenn ein Gesprächspartner keinen Respekt zeigt. In Konzernen, die von Hierarchien geprägt sind, haben sich oft Umgangsweisen eingeschlichen, die nicht mehr viel mit gegenseitigem Respekt zu tun haben.

Alte Rollenmuster in Familien

Ebenso gibt es in Familien Konstellationen, in denen bestimmte Familienmitglieder mit weniger Respekt behandelt werden als andere, in denen die Augenhöhe fehlt. Hier wird es schwierig sein, eine gute Kommunikation herzustellen. Denn wer sich von einem Vorgesetzten oder Familienmitglied respektlos behandelt fühlt, baut mitunter enorme Widerstände auf. Ganze Meetings und Projekte können daran scheitern, weil der Respekt für das Gegenüber nicht gewahrt bleibt.

So berichtete eine Freundin, dass ihre Mutter immer wieder den nötigen Respekt vor ihr fehlen ließe. Bei Geburtstagen bekam ihr Kind nur selten ein Geschenk. Die Kinder der Geschwister erhielten hingegen immer eine Aufmerksamkeit. Kein Zeugnis verging, in der nicht ein Umschlag mit einem kleinen Obolus ins Haus ihrer Geschwister flatterte. An Zeugnistagen in ihrem Haus lag nur die Zeitung im Briefkasten. Keine Spur von Zeugnisgeld. Zu Weihnachten wurden die Geschwister auch mal großzügig bedacht. Die eine Schwester erhielt seit ihrer Scheidung regelmäßige monatliche Zuwendungen. Sie selbst allerdings schaute stets in die Röhre.

Wie verhält man sich, wenn das Gegenüber es an Respekt mangeln lässt? Wenn jemand aggressiv, manipulativ und einschüchternd oder wie im obigen Fall auch ungerecht auftritt? Nicht jeder Mensch, nicht jeder Kollege ist von vornherein kooperativ.

Ein Charakteristikum manipulativer Menschen ist, dass sie einen absichtlich brüskieren wollen, dass sie einen Knopf drücken wollen, der einen auf 180 bringt. Sie hoffen, sich dadurch einen Vorteil verschaffen und die Schwäche des Gegenübers ausnutzen zu können. »Die erste Daumenregel in diesem Fall ist es, ruhig zu bleiben«, sagt der Kommunikationstrainer Preston Ni.* Je weniger man auf die Provokationen eingeht, desto besser hat man sein eigenes Verhalten unter Kontrolle.

Wichtig ist in einem zweiten Schritt, Zeit zu gewinnen. Statt gleich auf das Anliegen oder die Provokation einzugehen, kann ein einfaches »Ich denke darüber nach« den Konflikt vertagen. Manipulative, kontrollierende Menschen wollen ihr Gegenüber in die Ecke treiben und Entscheidungen zu ihren Gunsten herbeiführen, zum Beispiel durch Zusagen, die auf Kosten des anderen gehen. Ein Nein akzeptieren sie dabei nicht. Respekt vor dem anderen ist für diese Menschen kein Wert, vielmehr brauchen sie das Gefühl, den anderen herablassend zu behandeln, um sich selbst stärker zu fühlen. Wer auf dieses Verhalten eingeht, wird immer weiter in der schwächeren Position bleiben. Es hilft nur, das Muster zu durchbrechen. Entscheidend ist, solche Menschen möglichst auf Distanz zu halten und möglichst nur dann mit ihnen in Kontakt zu treten, wenn es absolut nötig ist. Wer seine eigenen Optionen offenhält, kann dem Druck, den diese Menschen aufbauen, besser standhalten.

* Preston Ni in Psychology Today, zuletzt abgefragt am 25. Mai 2016, www.psychologytoday.com/blog/communication-success/201407/how-recognize-and-handle-manipulative-relationships.

Wer Nein sagen kann, ist König. Diesen Satz habe ich von meinem Onkel gelernt. Er hilft im Umgang mit allen Menschen, besonders aber mit manipulativen Menschen. Sie wissen genau, wo die Schwachpunkte ihrer Mitmenschen liegen und nutzen diese schamlos aus. Wenn bei der Arbeit, im sozialen Kontext oder in der Familie einem Manipulator gelungen ist, die Kontrolle zu übernehmen, wird er auf Kosten des anderen handeln.

Gut ist auch, Dinge schriftlich zu klären statt mündlich. Wer neutral festhält, welche Regelung in Zukunft zu treffen ist, muss sich nicht im Kontakt aufregen. Das funktioniert nicht immer, aber es stellt eine weitere Möglichkeit dar, Dinge mit Menschen zu regeln, die respektlos sind. Eine kurze Karte an die Tante, die neulich beleidigend gesagt hat, man sei ja wohl zu dick und solle mehr Sport machen, und das unangenehme Telefonat, um die Luft vor dem runden Geburtstag der Mutter zu klären ist umschifft.

Ehrlichkeit ist wichtig – wohl dosiert

Was hat jemand von der totalen Ehrlichkeit, wenn ihn die Worte treffen und niedermachen? Wenn man von der Wucht, die die Wahrheit manchmal mit sich bringt, gelähmt wird?

Wie wichtig es ist, mit der Wahrheit vorsichtig umzugehen, zeigt ein Beispiel aus meiner Kindheit. Ich muss etwa zehn Jahre gewesen sein, als eines Tages mein Kater Flauschi nicht nach Hause kam. Das wunderschöne schwarze Tier war mir besonders ans Herz gewachsen. Stundenlang lag ich neben ihm und erzählte ihm von meinen Kindersorgen. Eines Tages war er fort. Jeden Abend lief ich nun die Straßen ab, in unserem Stadtteil, rief immer wieder »Flauschi!« und klapperte mit seinem Fressnapf. Das Schlagen mit dem Fressnapf auf die Sandsteinplatten unserer Terrasse war für den Kater immer das Signal, dass es etwas zu fressen gab, wenn er nicht sowieso schon da war. Meine Geschwister und meine Eltern beobachteten mein verzweifeltes Suchen mit starrer Miene und hofften, ich würde schon irgendwann aufgeben. Mir fiel als Kind nicht auf, dass niemand behauptete, er würde schon wieder zurückkommen. Er sei wohl bei anderen Leuten untergekrochen oder in den Wald gelaufen. Ich hatte einen Tunnelblick, ich wollte den Kater wiederfinden und zog weiter umher: »Flauschi, Flauschi, Flauschi,« rief ich, bis mein kleiner Bruder nicht mehr konnte. Völlig verzweifelt rief er: »Der ist tot, der ist vor der Tür überfahren worden, aber keiner traut sich, es dir zu sagen.« Wie vom Donner gerührt, erkannte ich sofort, dass der damals achtjährige Peter die Wahrheit gesprochen hatte. Und sie traf mich wie ein Schlag. Ich aß nicht mehr, ich sprach nicht mehr, ich war nicht mehr da. Ich konnte nur noch an Flauschi denken. Noch heute, wenn ich darüber schreibe, sehe ich vor meinem inneren Auge die Stelle auf der Straße, an der er überfahren wurde und wie er dort lag, obwohl mir niemand gesagt hat, wo es war und ich ihn auch nie tot gesehen habe. Ich schuf einen Film in meinem Kopf, in dem der Kater starb, und weiß bis heute nicht, ob er begraben wurde – und wenn ja, wo. Ich nehme an, mein Vater hat ihm im Garten ein Plätzchen zugewiesen.

Etwa eine Woche nach meinem Schock kam mein Bruder mit einer braunen Einkaufstasche ins Esszimmer und hielt sie mir hin. »Hier, Uli«, sagte er mit recht niedergeschlagener Stimme. Ihm war nicht klar, ob der Inhalt der Einkaufstasche meinen Seelenzustand aufheitern könnte. Ich schaute hinein, und sah ein winziges getigertes Katzenbaby, acht Wochen alt. Ich sehe das Plastik der Tasche noch vor mir, dieses billige Material. Es war die Tasche, mit der wir sonst Brot holen geschickt wurden. Die Tasche hatte einen verstärkten Boden, auf dem der winzige Kater sitzen konnte. Ich erholte mich langsam von dem Schock und nannte den kleinen Kerl Otto. Im Nu eroberte er mein Herz und lebte 18 Jahre bei mir. Er war nie länger weg als einen, höchstens zwei Nächte und hatte nie einen schweren Unfall.

Ein ehrlicher Moment

Worte können treffen. Worte können Waffen sein. Die Wahrheit ist ein hohes Gut, aber sie kann, je nachdem, wie sie vermittelt wird, so vernichtend sein, dass eine wohl überlegte Abschwächung, weniger Unheil anrichtet. Meinem Bruder bin ich dankbar, dass er mich erlöste, auch wenn es wehtat. So machte seine Ehrlichkeit meinem Suchen und der Ungewissheit ein Ende. Wie sollte er mit acht Jahren wissen, das Worte so treffen können?

Man kann ein Stück Torte vorsichtig auf einen Teller platzieren oder es mit Wucht draufknallen, sodass es als Brei auf dem Teller endet. So ist es auch mit Worten: Respekt, Vorsicht, Umsicht und Fingerspitzengefühl sind gefragt.

Unser Gehirn ist durch die Evolution so angelegt, dass wir auf einen Angriff mit Abwehr reagieren. Kampf oder Flucht sind die Handlungsmöglichkeiten, durch die unsere Vorfahren in der Steppe überlebt haben. Entweder sie stellten sich dem Angreifer, wenn er ihrer Erfahrung nach bezwingbar war, oder sie ergriffen das Weite. Durch die Weitergabe der entsprechenden Gene überlebten diejenigen die ein angemessenes Verhalten hervorbrachten. Dieses evolutionäre Muster ist tief verdrahtet. Es gilt auch heute, wenn verbale Angriffe uns erreichen. Selbst bei Angriffen, die in Wahrheit keine sind, sondern dem Zuhörer nur als solche erscheinen, wehrt er oder sie instinktiv ab. Dies sollte uns bewusst sein, wenn wir jemanden mit einer unangenehmen Wahrheit konfrontieren wollen. Die Fähigkeit zur Selbstreflexion ist gemeinhin nicht jedem gegeben. Abwehr ist viel einfacher, als sich mit einer unangenehmen Wahrheit auseinanderzusetzen. Für ein Gespräch sollten wir daher von vornherein überlegen, wie es wohl ankommen wird, was wir zu sagen haben. Ob wir einen wunden Punkt treffen, eine Wahrheit, vor der der betroffene Gesprächspartner die Augen verschließt.

Manchmal bleibt es aber nicht aus, dass wir jemandem etwas sehr Unangenehmes sagen müssen – die ungeschminkte Wahrheit –, zum Beispiel, wenn sich jemand getrennt hat, eine unheilbare Krankheit hat, oder jemand gestorben ist. Die Abstufungen zwischen Wahrheit und ihren Verwandten, der Notlüge und der echten Lüge, sind fließend. Viele Menschen spüren sehr genau, wenn sie belogen werden, selbst wenn sie es bewusst erst nicht merken. Aber eine Notlüge könnte angebracht sein, wenn die volle Wahrheit jemanden sehr verletzen könnte. Sie sollte immer die Ausnahme sein, nicht die Regel. Erfindet jemand häufig Ausreden und Varianten der Wahrheit, fällt dies auch bald auf und bringt ein Störgefühl in die Beziehung.

Einweihen oder verbergen

Auf die Frage, was Mitarbeiter ihren Vorgesetzten anvertrauen, reagieren die Menschen sehr unterschiedlich. Zwischen Kollegen herrscht Vorsicht, manchmal sogar Misstrauen. Der Vorgesetzte soll nur das wissen, was unbedingt nötig ist. Die Krankheit der Ehefrau, die finanziellen Belastungen einer Scheidung, das Schulproblem eines Kindes werden fein säuberlich vor dem Vorgesetzten verborgen, weil es als Schwäche gewertet werden könnte. Und Schwäche zeigen ist out.

Dabei wäre es manchmal so einfach, Erleichterung zu erfahren. So zog ein 44-jähriger Mann meines Bekanntenkreises aus dem Mittelmanagement seinen Vorgesetzten ins Vertrauen, als seine Ehe auf dramatische Art und Weise den Bach runterging. Er war ausgezogen und musste nun oft die Kinder nachmittags betreuen, da seine getrennte Frau häufig krank war. Unübersichtlichkeit, so weit das Auge sehen konnte. Sein Chef, mit 37 Jahren bereits auch in einer wackeligen Ehe lebend, reagierte überraschend. »Du brauchst einen Nachmittag pro Woche frei, um dich um deine Kinder zu kümmern – und eine Gehaltserhöhung«, subsumierte er die Lage in zwei Sätzen. Die Ehrlichkeit seines Untergebenen war großzügig belohnt worden. Der Chef selbst erntete mit diesem Schritt die lebenslange Loyalität und den Respekt seines Gegenübers, eine Win-win-Situation für beide. Der belohnte Mitarbeiter, der seinen Chef in seiner schwierigen Lebenslage hinter sich wusste, drehte zu Höchstleistungen auf. Jedes Jahr fädelte er fortan einen internationalen Deal ein, glänzte bei den jährlichen Mitarbeiterevents mit witzigen Vorträgen, gewann spielend das Vertrauen des Unternehmenseigners und trat an allen Fronten souverän auf. Seine familiären Wirren legten sich allmählich, finanziell brachte ihm das den Spielraum ein, mit dem er einige private Klippen umschiffen konnte.

Fazit: Wertschätzung ist der Weg in die Herzen der Menschen. Wer seine Mitmenschen ohne Wertschätzung behandelt, zieht Abwehr und Wut auf sich und wird möglicherweise das Gegenteil von dem bewirken, was er erreichen wollte. Seinen Mitarbeitern zu danken, seine Kollegen zu loben gehört leider nicht zur Kultur der meisten Unternehmen. Wo dies geschieht, gedeiht der Erfolg.

Das Gleiche gilt für das Privatleben. Wer seinen Partner lobt und ihm dankt, wird dafür belohnt werden. Versuchen Sie es gleich mal heute Abend oder morgen. Danken Sie jemandem und loben Sie jemand anderen. Regelmäßig. Beobachten Sie, was in diesen Beziehungen passiert.

5. Checkliste Gesprächsvorbereitung

Zur rechten Zeit …

Das Datum und die Uhrzeit eines Termins sind weniger entscheidend als der Ort. Pünktlichkeit gehört zu den Erfolgsfaktoren im Gespräch. Wenn Sie einen frühen Termin am Morgen in einer fremden Stadt haben, überlegen Sie, ob es Sie weniger stresst, am Vorabend anzureisen. Je nach Biorhythmus haben einige Menschen ihre produktivste Zeit am Vormittag, andere erst am späten Nachmittag. Ob jemand ein Frühaufsteher oder ein Langschläfer ist, ist biologisch festgelegt.

Für Menschen, die morgens nur langsam in die Gänge kommen, kann es eine Qual sein, sich um acht Uhr zu treffen oder schon früher. Frühaufsteher hingegen empfinden es als quälend, wenn sie abends lange aufbleiben müssen, etwa zu einem nie enden wollenden Geschäftsessen. Wenn die Langschläfer richtig aufdrehen und noch eine Runde an die Bar gehen, um ihre Geschäftspartner besser kennenzulernen, können sie die Augen kaum noch aufhalten. Achten Sie bei der Auswahl eines Zeitpunkts darauf, dass er für alle Beteiligte in dieser Hinsicht passt.

… am rechten Ort

Szenario a)
Sie suchen den Ort eines Gesprächs selbst aus

Die Wahl des Orts kann auf anspruchsvolle Gespräche einen großen Einfluss haben. Sie stimmen auf den Inhalt ein. Wenn Sie den Ort selbst wählen, sagt dies etwas über Sie aus, ob Sie wollen oder nicht. Ob Sie jemanden oder eine kleine Gruppe in Ihrem repräsentativen Chefbüro, in dem Büro des Gesprächspartners, ihrem Lieblingslokal, seinem Lieblingslokal, in einem Café am Flughafen, in einem beeindruckenden Gebäude oder zu Hause treffen, sollte wohl überlegt sein.

Sie benötigen die Hilfe ihres Gesprächspartners

Wenn Sie einen Kunden gewinnen wollen oder Informationen von einer Person benötigen, dann sollten Sie zu ihrem Gesprächspartner hinfahren. Wenn der Gesprächspartner höflicherweise anbietet, zu Ihnen zu kommen, bieten Sie trotzdem an, selbst den Weg auf sich zu nehmen. Dann sind Sie nicht darauf angewiesen, dass der Gesprächspartner auch wirklich kommt. Ausnahme: Sie wohnen in einer sehr attraktiven Stadt und der Gesprächspartner nicht. Denken Sie daran, dass ein Besuch bei Ihnen vor Ort eine willkommene Dienstreise für Ihr Gegenüber darstellen könnte. Der CEO einer großen Biotechfirma, dessen Kalender mit internationalen

Terminen gespickt war, wollte mich einmal in Berlin treffen. Zunächst war das Meeting in einer Hotellobby am Potsdamer Platz vorgesehen. Erst kurzfristig rief die Sekretärin an und fragte mich, ob es mir auch recht sei, mit dem Herrn und seiner PR-Chefin zum Lunch zu gehen. Eine Stunde später saßen wir uns zum Mittagessen in einem Sternerestaurant gegenüber. Es war dort schon lange reserviert. Der CEO wollte an dem Tag einfach noch etwas anderes sehen als die Lobby.

Finden Sie heraus, welche Orte Ihrem Gesprächspartner gefallen. Möchte er oder sie den Termin schnell und effizient hinter sich bringen? Wählen Sie sein oder Ihr Büro oder einen neutralen Ort wie zum Beispiel eine Hotellobby. Liebt Ihr Gesprächspartner Kunst? Ein Café in einem Museum mit einer interessanten Ausstellung ist die richtige Wahl. Ist er oder sie der klassische Mensch für ein gutes Mittagessen? Verbinden Sie bei einem Business-Lunch Angenehmes mit Nützlichem und suchen Sie eine ausgefallene Adresse aus, angesagt, aber nicht zu laut.

Wenn Ihr Gegenüber sehr selten eine angenehme Umgebung um sich hat, zum Beispiel Chefärzte, die zehn oder zwölf Stunden am Tag in der Klinik verbringen, wählen Sie einen Ort, an dem Ihr Gesprächspartner etwas erleben kann, was ihn oder sie anregt. Den Innenhof eines schönen Literaturcafés, das vertrauliche Ambiente eines kleinen Geheimtipp-Lokals mit besonders aufmerksamer Bedienung, ein Lokal mit einer spektakulären, unvergesslichen Aussicht.

Ich selbst achte darauf, dass es die Gesprächspartner nicht zu weit von ihrem Hotel zu der Adresse des Restaurants haben. Kein In-

Lokal kann wettmachen, wenn Ihr Gesprächspartner dafür elend lange durch Staus fahren muss.

Treffen Sie sich nicht in einem Restaurant, das Sie nicht kennen. Ein Flop ist eben ein Flop und bleibt in Erinnerung.

Szenario b)
Ihr Gegenüber wählt den Ort aus

Wo auch immer Ihr Ansprechpartner, von dem Sie etwas wollen, Sie treffen möchte, gehen Sie darauf ein. Selbst wenn es der entlegenste Ort der Welt ist, Sie sind pünktlich dort und sehen sich, wenn es die Zeit zulässt, am besten schon einmal eine halbe Stunde vorher um. Der Ort sagt etwas über Ihren Gesprächspartner aus. Ihre Aufgabe ist es herauszufinden, was das wohl sein könnte.

Wenn der Gesprächspartner Sie an den Arbeitsplatz einlädt, fragen Sie sich: Geht es im Sekretariat hektisch zu und herrscht dicke Luft, oder begrüßt sie eine entspannte, selbstbewusste Sekretärin mit einem Lächeln und einer guten Tasse Tee oder Kaffee? Wie sieht der Konferenzraum aus, oder findet das Meeting in dem Büro des Ansprechpartners statt? Wie sieht das Büro aus, was sagen die Einrichtungsgegenstände, die Bilder an den Wänden über jemanden aus?

Kleine Typologie der Büros

Folgende Typologie versteht sich mit einem Augenzwinkern, denn jeder Mensch ist anders und alle in eine Schublade zu stecken haut in der Regel nicht hin. Die kleine Typologie soll trotzdem sensibilisieren für Eindrücke aus dem Büro eines anderen Menschen und die möglichen Rückschlüsse.

Leerer Schreibtisch

Ist der Ansprechpartner ein sachlicher Mensch, dessen Schreibtisch komplett leer ist und auf dem keine Unterlagen liegen? Dieser Mensch geht rational vor, hat ein hohes ästhetisches Bewusstsein, ist klar und faktenorientiert. Sobald er etwas erledigt hat, wirft er die Unterlagen weg, oder er besitzt gar keine Unterlagen mehr, sondern speichert alles digital ab. Der leere Schreibtisch kann daher ein Statement für ein papierloses Büro sein, in dem nur noch der Laptop mit dem iPad koexistiert. Um etwas im Gedächtnis zu behalten, muss nichts herumliegen, wie bei visuellen Typen.

Die papierlose Schreibtischplatte kann auch das Machtsymbol eines Leaders darstellen, der Aufgaben an andere delegiert, nur noch fürs große Ganze zuständig ist und dies auch zum Ausdruck bringen möchte. Hier könnte noch ein teurer Stift liegen, mit dem er Verträge unterzeichnen kann.

Überbordender Schreibtisch

Finden Sie ein kreatives Chaos vor, Türme von Unterlagen oder Bücher, die sich stapeln? Ihr Gegenüber ist ein kreativ denkender Mensch, der aus den Gegenständen, Papieren und Büchern um ihn herum Impulse herleitet. Dabei gibt es zwei Arten von Chaos. In dem einen kreativen Chaos kann der Kreative auch wirklich arbeiten und denken. Er kommt dauernd mit neuen, tollen Ideen aus dem Büro und sieht in dem Durcheinander eine eigene Ordnung, die ihn inspiriert.

Der Maler Francis Bacon zum Beispiel stand etwa in seinem Atelier in knöchel- bis kniehohem Unrat aus alten Zeitungen, Stoffballen und Farbtöpfen. Seine Werke sind phänomenal und ein Produkt seiner grenzenlosen Fantasie. Auf was er während des Schaffensprozesses herumtrat, interessierte ihn wohl nicht im Geringsten.

Heilloses Durcheinander

Dann gibt es noch das chaotische Wirrwarr, in dem niemand mehr arbeiten kann, auch nicht der kreative Erfinder. Die viel zu hohen Türme aus Unterlagen und nicht geöffneten Briefen stapeln sich und deuten auf Überforderung hin. Hier kommt jemand nicht mehr mit seiner Arbeit zurecht. Viele Dinge könnten weggeräumt oder entsorgt werden, ein ältlicher Blumenstrauß verwelkt in der Vase, eine Pflanze wird nicht gegossen. Weihnachtskarten stehen zu lange auf der Fensterbank. Solche Indizien sprechen nicht für das »kreative Chaos«, sondern für das lähmende Durcheinander desjenigen, der mit seiner Arbeit überlastet ist.

Zweckmäßig und praktisch

Das Büro wirkt zweckmäßig eingerichtet, weder teure Möbel noch Bilder stechen hervor. In den Regalen finden sich Ordner, an der Wand hängen dekorative Gegenstände, die etwas mit der Arbeit zu tun haben, das Poster einer wissenschaftlichen Veröffentlichung, Urkunden zu Studienabschlüssen, das Foto eines Teamausflugs. Auf dem Fensterbrett steht eine neutrale Grünpflanze. An der Garderobe hängt ein Stoffbeutel mit der Aufschrift: »Evangelischer Kirchentag 2015«. Ihr Gegenüber legt keinen Wert auf Status, Design oder Image, der Inhalt ist wichtiger als die Form. Vielleicht ist der Ansprechpartner sozial orientiert oder umweltbewusst.

Individuelle Note

Das Büro des Individualisten hat von jedem etwas. Einen teuren Schreibtischstuhl, eine extravagante Lampe, aber einen funktionalen Schreibtisch ohne Designanspruch. Das Ensemble wirkt äußerst stimmig, obwohl Gegenstände verschiedener Stilrichtungen Einzug gefunden haben. Ästhetische Kunst und persönliche Fotos von Familienmitgliedern schmücken den Raum. Der Individualist zeigt seine Vorlieben in den dekorativen Gegenständen, ob Kunst, Bücher oder Möbel. Es kann sein, dass ein Stück für ihn angefertigt wurde. Oder dass er Modelle von Oldtimern sammelt. Hier können Sie punkten, wenn Sie die Möbelstücke erkennen, wenn Sie ein Bauhaus-Original von seinem kleinen Bruder, dem günstigen italienischen Nachbau, unterscheiden können. Der Individualist sucht das Besondere, bieten Sie es ihm im Gespräch.

Unseren Gesprächspartner kennen

Zu jedem Gespräch gehört die präzise inhaltliche Vorbereitung. Je nach Kommunikationsstil ist es für das Gegenüber wichtig, gegebenenfalls schriftliche Unterlagen vor dem Termin zu bekommen. Typen mit einem sachlichen Kommunikationsstil schätzen dieses sehr, hingegen die spontanen, bindungsorientierten Typen empfinden schriftliche Unterlagen im Vorfeld als störend. Denken Sie daran, welche Vorbereitung für Ihr Treffen die beste sein kann und fragen nach, ob Unterlagen im Vorfeld gewünscht werden.

Vorbereitung auf den/die Gesprächspartner

Je mehr ich über eine Person weiß, desto genauer kann ich mir ein Bild von einem fremden Menschen machen. Stellen Sie sich folgende Fragen:

Gibt es im Netz einen Lebenslauf des Gesprächspartners?
Welche Bildung hat er? (Welche Städte, welche Länder hat er für seine Ausbildung besucht?)
Gibt es Überschneidungspunkte mit Ihrer Vita?
Stammen Sie aus derselben Region? (Haben Sie ein Praktikum in seiner Heimatstadt absolviert?)
Was ist über die Firma, in der er arbeitet, bekannt?
Wie sieht er aus?
Welche Fotos existieren von ihm im Netz?
Ist er verheiratet? (Was macht der Ehepartner beruflich?)
Hat er etwas in letzter Zeit veröffentlicht? (einen Aufsatz, einen Meinungsbeitrag, ein Buch, ein Interview, einen Fachartikel?)
Welche Themen interessieren ihn?

Suchen Sie in den Datenbanken. Geht es um wirtschaftliche Zusammenhänge, checken Sie Creditreform oder das Handelsregister. Zahlen sind wichtig, auch wenn Sie sich persönlich nicht dafür interessieren. Zahlen sprechen Bände. Ein überschuldetes Unternehmen kann manch irritierende Kommunikation erklären. Lesen Sie so viel wie zeitlich möglich, und bilden Sie sich eine Meinung. Welche Themen interessieren den Gesprächspartner?

Kapitel II

Analyse – Wie wir unser Gegenüber richtig einschätzen

1. Der erste Eindruck

Entscheidung in 100 Millisekunden

Der erste Eindruck entsteht bereits nach 100 Millisekunden und prägt langfristig unser Bild vom Gegenüber. Noch bevor wir uns bewusst eine Meinung über jemanden bilden oder ein Wort mit ihm wechseln können, hat unser Gehirn schon entschieden, ob wir eine Person vertrauenswürdig, dominant, attraktiv oder unsympathisch finden. Wir haben dann ebenfalls einen Eindruck von seinen Persönlichkeitsmerkmalen gewonnen, so zum Beispiel, ob jemand extrovertiert, selbstbewusst oder religiös ist.

Darwins Erbe: Instinktives Vertrauen – oder Misstrauen

Wichtige Studien zur Bedeutung des ersten Eindrucks und der Schnelligkeit, mit der wir die Vertrauenswürdigkeit einer fremden Person einschätzen, hat ein Team um den Forscher Alexander Todorov von der Princeton-Universität gewonnen. Dieser fand heraus, dass unser Gehirn automatisch bereits 100 bis 150 Millisekunden nach dem ersten Sichtkontakt das Urteil darüber gefällt hat, ob wir einem Menschen trauen oder nicht. Nach Meinung der Experten könnte die Erklärung dafür sein, dass dieser Mechanismus im Laufe der Evolution ein Überlebensvorteil war. Blitzschnell zu erkennen, ob ein anderes Lebewesen Freund oder Feind, Beute oder Angreifer war, ermöglichte es der Menschheit zu überleben. Das heißt, dass die Natur uns mit der hochkomplexen Fähigkeit ausgestattet hat, im Bruchteil einer Sekunde aus dem Gesicht eines Menschen ablesen zu können, in welche Kategorie das Gegenüber fällt.

Deutsch-französische Freundschaft

Als Beispiel dazu nehme ich gern die Geschichte eines zufälligen Treffens in einer Wohngemeinschaft in der Heidelberger Altstadt. Ich wollte eigentlich zu einer Freundin, als mir eine 19-jährige französische Studentin die Tür öffnet, mich anlächelt und begrüßt. Dunkle, längere Haare, Jeans, T-Shirt, ein offener Blick. Meine Kommilitonin war zwar nicht da, aber die Französin lud mich spontan auf einen Kaffee ein und erzählte, sie sei gerade von der Pariser Sorbonne-Universität nach Heidelberg gekommen, kenne niemanden und suche Kontakt zu Menschen, die ihr helfen, deutsche Philosophen ins Französische zu übersetzen. Schon nach dem Bruchteil einer Sekunde war ich positiv von ihr eingenommen. Was es genau in dem Gesicht, ihren Gesten oder ihrer Stimme war, das mich ansprach, kann ich nicht sagen. Caroline ist bis heute, nach 25 Jahren, meine Freundin. Ich habe sie oft in Paris besucht oder auch in London, wo sie heute mit ihrer Familie wohnt. Wir sehen uns nicht häufig, aber wenn, ist da immer dieses positive Grundgefühl der ersten Sekunde, ein Vertrauen, welches durch und durch sympathische Menschen ausstrahlen.

Blitzanalyse der Gesichtszüge

Die italienische Wissenschaftlerin Tessa Marzi, die sich mit dem ersten Eindruck beschäftigt, ist der Frage nachgegangen, wie wir die Vertrauenswürdigkeit eines Menschen einschätzen. Bei einem Experiment haben Forscher folgende Beobachtungen gemacht: Die Gehirne ihrer Probanden erkannten in etwa 820 Millisekunden, also in knapp einer Sekunde, ob sie einer Person misstrauten. Für das Urteil, dass sie einem Menschen vertrauen, brauchten sie etwas länger, durchschnittlich rund 980 Millisekunden. Das bedeutet, dass wir zunächst bei Fremden scannen, ob jemand ein Feind sein könnte, und erst dann, ob jemand als Freund durchgeht. Um zu dem Urteil zu gelangen, dass ein Gesicht neutral einzuschätzen war, brauchten die Probanden am längsten, nämlich knapp 1200 Millisekunden.

Freund oder Feind?

Die Reihenfolge in der Einschätzung »Feind«, »Freund«, »weder Freund noch Feind«, ergibt durchaus einen Sinn. Denn unser durch die Evolution geprägtes Verhalten wird von zwei wesentlichen, gegensätzlichen Impulsen gesteuert, die beide in der Frage »Soll ich fliehen oder mich annähern?« zusammenkommen. Wenn weder das eine noch das andere Verhalten gefragt ist, bleibe ich neutral. Letztere Position ist aber nicht lebensentscheidend. Zum Überleben benötigen wir zunächst die Fähigkeit, blitzartig vor Feinden zu fliehen oder sie anzugreifen, wenn wir ihnen überlegen erscheinen. Oder wir benötigen Freunde, die uns in den verschiedenen Lebenslagen helfen.

Das Glück steht uns ins Gesicht geschrieben

Beim ersten Eindruck entsteht also nicht nur das generelle Bild einer fremden Person, ob sie sympathisch oder unsympathisch ist. Wir haben darüber hinaus die Fähigkeit, einzelne Gesichtsausdrücke bestimmten Charaktereigenschaften zuzuordnen. *Das Glück steht einem ins Gesicht geschrieben.*
Ein glückliches Gesicht assoziieren wir so zum Beispiel als vertrauenswürdig. Glückliche Menschen ziehen uns an, wir lassen uns von ihrem Lachen anstecken und wollen Teil ihrer Freude sein. Daher geben wir ihnen einen Vertrauensvorschuss.

Ein wütendes Gesicht gilt als nicht vertrauenswürdig. Wut und Aggressionen in der Mimik eines Menschen sind für uns Alarmsignale, da das Gegenüber eine potenzielle Gefahr darstellen könnte. Selbst wenn die Wut sich nicht gegen uns richtet, gehen wir automatisch auf Distanz, um uns zu schützen. Unfriedliche Zeitgenossen können wir ebenso blitzschnell identifizieren wie freundlich gestimmte Menschen.

Ansteckendes Stimmungsvirus

Bei der Analyse der Mimik eines Gesichts sind wir äußerst kreativ. Um einen anderen zu verstehen, ahmen wir dessen Gesichtszüge nach. Dadurch fühlen wir, welche Emotionen das Gegenüber empfindet. Dies geschieht automatisch und ist angeboren. Babys lernen so einzuschätzen, was die Mutter empfindet und entdecken ihre Umgebung. Das Nachahmen der Mimik ist nicht ein sinnfreies Spiel der Säuglinge, sondern eine hocheffektive Methode, sich in die Gefühlswelt des Gegenübers zu versetzen.

Auch als Erwachsene verwenden wir diese Technik weiterhin. Wenn jemand also oft fröhlich schaut und lacht, erzeugt er bei anderen, die seine Mimik nachahmen, ebenfalls gute Stimmung. Schaut jemand eher grimmig und erscheint eine Zornesfalte auf seinem Gesicht, glauben die anderen, er oder sie sei ärgerlich. Sie spüren den Anflug von Ärger, wenn sie nur für den Bruchteil einer Sekunde die Stirn runzeln und die Augenbrauen in der Mitte zusammenziehen.

Wie sich eine Stimmung ins Gesicht eingräbt

Ein ehemaliger Kollege, der eine große Abteilung leitete, lief stets mit einem ärgerlichen Gesichtsausdruck durch die Gänge. Eine tiefe Stirnfurche auf der Nase verlieh ihm zwar einen markanten Gesichtsausdruck, jedoch hatten die meisten seiner Mitarbeiter Angst vor ihm. Sah man ihn kommen, dachten alle instinktiv, sie hätten etwas falsch gemacht. Insgesamt war er ein recht unsympathischer Zeitgenosse, leicht reizbar und mürrisch. Den ärgerlichen Gesichtsausdruck behielt er auch, wenn er milde gestimmt war. Die Anatomie seiner Stirn hatte durch häufiges ärgerliches Stirnrunzeln ein Eigenleben entwickelt: Der erste Eindruck auf Fremde war dementsprechend verheerend. An welchem Projekt er auch mitarbeitete, die Ansprechpartner waren nicht selten verwundert, dass ein derart negativer Mann in leitender Position so viel entscheiden durfte.

Persönlichkeitseigenschaften einschätzen

In Sekundenschnelle analysiert das Gehirn ebenfalls verschiedenste Gesichtsmerkmale im Hinblick darauf, ob eine Person vertrauenswürdig, attraktiv oder dominant ist. Diese drei Eigenschaften, Vertrauen, Attraktivität sowie Dominanz, sind diejenigen Merkmale, die wir als Erstes bei einem Fremden wahrnehmen.

Was Mund, Kinn und Augenbrauen verraten

Eine Forschergruppe um Tom Hartley von der Universität York in Großbritannien hat eine Liste von Gesichtsmerkmalen erarbeitet, die entscheiden, ob diese drei Eigenschaften, vorliegen oder nicht. Die Psychologen haben herausgefunden, dass Kinnlänge, Form der Augenbrauen, Gesichtsfarbe, Augenabstand, Mund- und Lippenform sowie Augenfarbe maßgeblich darüber entscheiden, wie wir auf andere wirken. Hartley und seine Kollegen ließen zunächst 1000 Gesichter von Probanden bewerten. Die Fotos zeigten die Menschen in alltäglichen Situationen, in verschiedenen Szenarien und in unterschiedlichem Licht. Mithilfe von 179 charakteristischen Punkten eines Gesichts übertrugen die Wissenschaftler jedes Gesicht in eine Computergraphik und ordneten ihnen die von den Probanden gefundenen Eigenschaften zu. Sie kreierten so Modellbilder von vertrauenswürdigen, attraktiven oder dominanten Gesichtern. Diese Modellbilder wiederum ließen die Psychologen von weiteren Versuchsteilnehmern bewerten. Den Forschern zufolge nahmen die Befragten die Modellbilder tatsächlich in der erwarteten Weise wahr: Das künstlich geschaffene Bild eines attraktiven Menschen wurde auch als attraktiv wahrgenommen. Gleiches gilt auch für vertrauensvolle oder dominante Gesichter.

Das Ergebnis war verblüffend. Die britischen Forscher konnten genau bestimmen, anhand welcher Hauptmerkmale ein Gesicht vertrauenswürdig, attraktiv oder dominant erschien. Vertrauensbildende Merkmale fanden sie vor allem in der Mundregion. Vertrauen entsteht, wenn die Mundwinkel nach oben zeigen, also ein Lächeln oder Lachen entsteht. Hingen die Mundwinkel herunter und ein Gesichtsausdruck erschien ärgerlich, misstrauten ihm die Probanden. Ein breiter Mund wurde ebenfalls als vertrauenswürdiger eingestuft als ein schmaler. Ein weit geöffneter Mund schnitt besser ab als ein geschlossener. Insgesamt gilt: Wenn ein Gesicht glücklich aussieht, ist es vertrauenerweckend. Grimmig dreinblickende Zeitgenossen, denen Wut oder Ärger ins Gesicht geschrieben sind, misstrauen wir.

Attraktivität und Dominanz: Augen, Kinn und Hautfarbe

Als Humphrey Bogart seinen berühmten Satz »Ich schau dir in die Augen, Kleines«, hauchte, wusste er schon damals: Die Attraktivität und Jugendlichkeit eines Menschen beurteilen wir im Gesicht hauptsächlich anhand der Augen. Dabei spielt die Iris (Regenbogenhaut) eine wichtige Rolle, ebenso wie Größe der Augen. Große Augen wirken attraktiver als kleine.

Dominanz sehen wir in Gesichtern mit kantigem Kinn, starken Augenbrauen und dunkler Gesichtsfarbe. Die ersten beiden Merkmale gelten landläufig als männlich. Ein rundes Kinn und eine runde Gesichtsform wirken femininer als kantige. Starke Augenbrauen lassen ein Gesicht ebenfalls maskuliner aussehen als schmale Augenbrauen. Ungewöhnlich hingegen war das Ergebnis in puncto Gesichtsfarbe. Dunklere Gesichter wirkten dominanter als hellere. Dabei zeigten alle Bilder den europäischen Typ.

Männern steht ihre Intelligenz ins Gesicht geschrieben, Frauen nicht

Wir sind nicht nur in der Lage, mit dem ersten Eindruck die Vertrauenswürdigkeit, Attraktivität oder Dominanz eines Menschen zu erfassen. Anhand von Fotos erkennen wir auch dessen Intelligenz. Allerdings nur bei Männern, nicht bei Frauen. Forscher von der Prager Karls-Universität haben dazu eine erstaunliche Entdeckung gemacht: Wenn Fotos von Männern analysiert werden, stimmt die angenommene Intelligenz mit der tatsächlichen anhand von Tests gemessenen Intelligenz der Männer überein. Bei Frauenfotos jedoch nicht. Frauen sieht man nicht an, ob sie intelligent sind. Die Forscher haben dazu leider keine Erklärung mitgeliefert. Bei Männern sind Zeichen von Intelligenz zum Beispiel ein längliches Gesicht, ein großer Augenabstand, eine große Nase, ein leichter Schwung der Mundwinkel nach oben sowie ein kantiges Kinn.

Dummheit prägt die Gesichtszüge anders

So, wie bei Männern hohe Intelligenz sofort erkannt wird, erkannten Probanden auch Dummheit. Eine geringe Intelligenz wird in Gesichtern gesehen, die breit und rund sind, mit geringem Augenabstand, einer kleinen Nase, nach unten zeigenden Mundwinkeln und einem runden, großen Kinn. Interessanterweise haben die Forscher ebenfalls herausgefunden, dass Intelligenz auch unabhängig von der Attraktivität erkannt wird. Zu der Frage, warum man Frauen ihre Intelligenz nicht ansieht, gibt es bislang keine ausreichende Erklärung. Frauen waren im Laufe der Evolution in erster Linie Versorgerinnen, verantwortlich für das Zusammenleben der Clans. Attraktivität, Gesundheit und Weiblichkeit spielte bei der Partnerwahl eine größere Rolle als Intelligenz. Denn Attraktivität ließ schon bei unseren Vorfahren auf Fruchtbarkeit schließen.

Wenn heute ältere Männer nach jungen, viele Jahre jüngeren Frauen schauen, dann läuft womöglich in ihren Gehirnen unbewusst noch das alte Steinzeitmuster ab, nach dem die weibliche Attraktivität zur Weitergabe der eigenen Gene ins Zentrum seiner Aufmerksamkeit rückt. Erst im Laufe der jüngeren Vergangenheit hat Bildung und Intelligenz Frauen in höhere berufliche Positionen katapultiert. Doch bei der Partnerwahl spielt sie für Männer offenbar noch immer eine untergeordnete Rolle. Einige Studien haben ergeben, dass Männer in puncto Intelligenz Frauen überlegen sein wollen und daher intelligente Akademikerinnen in guter beruflicher Position ein höheres Risiko haben, Single zu bleiben als weniger intelligente Zeitgenossinnen.

Männer hingegen haben das größte Risiko, keine Partnerin zu finden, wenn sie über ein niedriges Bildungsniveau und eine geringe Intelligenz verfügen.

Was die Stimme verrät

Wir beurteilen Persönlichkeitseigenschaften nicht allein nach dem Aussehen einer Person. Auch die Stimme sagt uns etwas über den anderen. Bestimmte Affenarten beurteilen Rivalen zum Beispiel danach, ob sie laut rufen. Je lauter der Schrei des Pavianmännchens, desto höher der Rang in der Gruppe. Laute Schreie deuten ebenfalls auf ein körperlich starkes Tier in bestem Alter hin, nicht auf ein junges, unerfahrenes Tier, das sich bei einem Machtkampf unterordnen würde. Selbst bei Insekten verrät die Stimme den Status des Tiers. Je aggressiver Grillen zirpen, desto größer ist ihr Körperumfang. Auch Kröten signalisieren mit ihrem Ruf, wie groß und stark sie sind. Männliche Artgenossen verschiedener Tierarten können sich so einen akustischen Eindruck von ihren Rivalen verschaffen, und so besser entscheiden, welche Strategie die beste ist: Angriff oder Flucht.

Attraktivität bei Männern geht bei Frauen ins Ohr

Bei Menschen gibt die Stimme ebenfalls zahlreiche Informationen über die Persönlichkeit eines Menschen preis. Ob jemand intelligent, arrogant, freundlich, kompetent, hilfsbereit, wohlwollend oder dumm wirkt, lässt sich intuitiv aus der Stimme raushören. Männer mit tiefer Stimme wirken zum Beispiel im Allgemeinen attraktiver, fand eine Gruppe von Forschern von der Universität von Miami und der Duke-Universität heraus, welche die Führungsqualitäten von Männern und Frauen anhand der Stimmlage untersucht hat. Dabei unterschieden sich die Einschätzungen von Männern und Frauen. Männer beurteilten Geschlechtsgenossen mit tiefer Stimme nicht nur als attraktiver, sondern auch als kompetenter und stärker. Frauen hingegen nicht. Eine tiefe Männerstimme stand lediglich für Attraktivität, nicht jedoch für Kompetenz und physische Stärke. Männern scheint die Einschätzung »attraktiv = kompetent = stark« dabei zu helfen, blitzschnell zu beurteilen, ob ein Rivale eine potenzielle Bedrohung darstellt.

Männer sehen in anderen Männern also evolutionsbiologisch betrachtet zunächst den Gegner. Eine tiefe Stimme ist ebenfalls ein

Hinweis auf die Menge männlicher Hormone im Körper, der Androgene. Je mehr Androgene im Körper, zum Beispiel Testosteron, desto tiefer ist die Stimme. Viele männliche Geschlechtshormone machen Männer viriler, aggressiver. Testosteron triggert dominantes Verhalten, sei es durch den Einsatz von dominanten Gesten oder dominanter Sprache. Ein Mangel an Testosteron geht mit weicheren Gesichtszügen, einer weiblicheren Statur und einer weiblicheren Stimme einher. Beurteilten Männer die Stimme von Frauen, zogen sie höhere Stimmen vor. Eine höhere weibliche Stimme wurde von Männern als sexuell attraktiver empfunden. Tiefe Stimmen bei Frauen ließen diese jedoch sozial dominanter erscheinen, was für Führungspositionen wichtig ist. Will ein Chef also Frauen für eine Führungsposition einstellen, die sich durchsetzt, muss er sich – zumindest was die Stimme anbelangt – für die ihm weniger attraktiv erscheinende Tonlage entscheiden.

Thatcher brauchte Stimmbildung

Als Margaret Thatcher in den 1960er Jahren beschloss, die höchsten Ämter in der britischen Politik zu erobern, gaben ihr die Vertrauten den Rat, an ihrer Stimme zu arbeiten. Thatcher fiel bei Debatten im Unterhaus durch eine zu hohe Tonlage auf.

Angesichts der Tatsache, dass außer ihr seit Menschengedenken nur Männer das Unterhaus dominierten, war dies auch nicht weiter verwunderlich. Thatcher ging zu einem Stimmbildner und senkte mit gezielten Übungen ihre Sprechstimme. Dadurch wirkten ihre Auftritte souveräner, dominanter. Sie regierte England von 1979 bis 1990 als Premierministerin, länger als die Männer vor und nach ihr.

Schnell oder langsam

Die Sprechgeschwindigkeit verrät, wie kompetent und wohlwollend wir wahrgenommen werden. In einem Experiment der Brigham-Young-Universität fanden Wissenschaftler heraus, dass je schneller der Redefluss war, den sie den Probanden vorspielten, desto kompetenter wirkten sie. Wohlwollend wirkte eine Stimme, wenn sie mit Normalgeschwindigkeit sprach. Sowohl eine künstliche Verlangsamung als auch Beschleunigung ließ sie weniger sympathisch erscheinen.

Je schneller desto intelligenter

In dem Experiment ließen die Forscher mit einem Computer veränderte Stimmen unterschiedlicher Sprechgeschwindigkeit vorspielen und baten die Testpersonen, 15 Adjektive auszuwählen, mithilfe derer sie die Stimmen beurteilen sollten. Schnelle Sprechgeschwindigkeit wird einer Person zugeordnet, die wir als stark, aktiv, ehrgeizig, intelligent, gut aussehend und selbstsicher wahrnehmen, alles Adjektive aus dem Bereich »Kompetenz«. Bei mittlerer, nicht jedoch bei schneller oder langsamer Geschwindigkeit, beurteilten die Probanden die Stimme mit Adjektiven, die der Persönlichkeitseigenschaft »wohlwollend« zuzuordnen waren. Nämlich als gesellig, unabhängig, sympathisch, glücklich, ernst, freundlich, religiös, gerecht und höflich. Verlangsamten die Forscher die Stimmen um 50 Prozent, wurden sie weniger kompetent und weniger wohlwollend beurteilt. Über die Vertrauenswürdigkeit einer Person sagt die Höhe der Stimme nichts aus. Weder Männer noch Frauen fanden, dass eine Stimme mehr oder weniger vertrauenswürdig war.

Erfolgsfaktor Kunstpause

Eine andere Forschergruppe verglich den Erfolg von Testtelefonierern, die Menschen zu einem Telefoninterview überreden sollten. Interessanterweise waren jene am erfolgreichsten, die während des Sprechflusses mehrere Pausen einlegten. Wer ohne Pause redete, war zwar flüssig in der Sprache, aber konnte letztendlich nicht überzeugen. Selbst Menschen, deren Sprechweise schon aufgrund von zu viel Pausen abgehackt wirkte, waren erfolgreicher als die Dauerredner.

2. Typologie, Persönlichkeit und Motivation

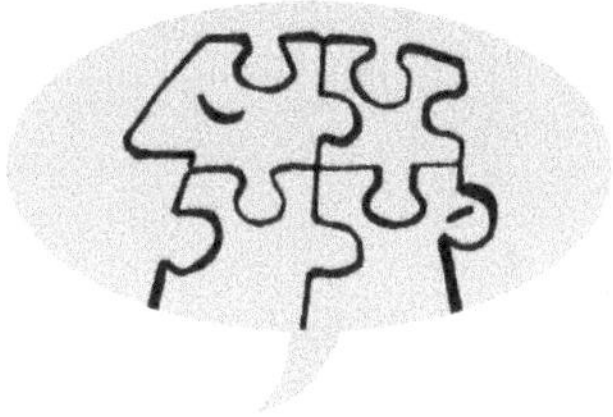

Von der griechischen Temperamentenlehre zur Typologie

Beobachtet man Geschwister, kann man bereits sehr früh erkennen, dass sich neben allen Ähnlichkeiten auch große Unterschiede im Temperament finden. In meiner Familie gibt es drei Geschwister, die unterschiedlicher nicht sein könnten. Meine ältere Schwester plant ihre Urlaube weit im Voraus. Manchmal weiß sie schon eineinhalb Jahre vor Reiseantritt, wohin sie fährt. Deswegen ergattert sie die guten Unterkünfte, die schon weg sind, wenn ich gerade mit den ersten Überlegungen beginne.

Ich bin jedes Jahr wieder entsetzt, wenn der Sommerurlaub vor der Tür steht. Unser Haus ist nur deswegen aufgeräumt, weil mein Mann äußerst ordentlich ist. In meinem Arbeitszimmer hingegen liegen um Abgabetermine herum unzählige Blätter auf dem Boden. Für mich sind es nach Themen geordnete, sorgfältig aufgetürmte Stapel, für Ordnungsfetischisten ist es ein Gräuel.

Mein Bruder, ein Jurist, ist ein sachlicher Typ. Bevor er eine Kamera kauft, hat er das gesamte Internet nach den besten Angeboten abgesucht. Das kann drei Wochen in Anspruch nehmen. Sein neuestes Auto konfiguriert er am Computer mit einer Akribie, als ginge es bei der Wahl der Ledersitze um Leben und Tod. Er kann mit Zahlen umgehen, Bilanzen lesen, Verträge schreiben und Handys reparieren. Jede Fußnote stimmt bei ihm. Bei mir kommen Überweisungen auch schon zweimal zurück, weil ich zweimal die IBAN-Nummer falsch eingegeben habe. Zahlen sprechen nicht zu mir, sie sind mir völlig gleichgültig.

Wie lassen sich diese großen Unterschiede der Persönlichkeit bei uns drei Geschwistern erklären, wo es rein äußerlich eine deutliche Ähnlichkeit zu erkennen gibt?

Griechische Weisheit

Schon die Griechen wussten, dass die unterschiedlichen Temperamente der Menschen angeboren sind. Hippokrates (rund 460 bis 370 vor Christus) begründete die Temperamentenlehre vor mehr als 2400 Jahren, die auf der Theorie der vier Säfte beruht, nach der entweder Blut, Schleim, gelbe oder schwarze Gallenflüssigkeit einen Menschen beherrschen. So unterteilte der griechische Arzt die Menschen in Sanguiniker, Phlegmatiker, Choleriker und Melancholiker.

Die Sanguiniker (Blut) waren fröhlich, positiv denkend und aktiv. Phlegmatiker (Schleim) galten als passiv und schwerfällig. Melancholiker (schwarze Gallenflüssigkeit) neigten zu Traurigkeit, Depressionen und Nachdenklichkeit, Choleriker (gelbe Gallenflüssigkeit) waren leicht erregbar und impulsiv. Mehrere Gelehrte beschäftigten sich seit Hippokrates mit der Weiterentwicklung der Temperamentenlehre. Den epochalen Durchbruch verschaffte ihr schließlich der Schweizer Psychoanalytiker Carl Gustav Jung.

Erste Typentheorie

Der Begründer der analytischen Psychologie C. G. Jung (*1875, †1961) schuf basierend auf der Literatur über Temperamente und Persönlichkeit die Typenlehre, auf deren Grundlage auch heute noch viele Typentests beruhen.

Bei dem täglichen Umgang mit seinen psychisch kranken Patienten fiel Jung auf, dass Menschen sich sehr verschieden verhalten. Er schloss daraus, dass er als Arzt die Menschen auch unterschiedlich behandeln müsse. Auf dieser Überlegung gründete er seine erste, wichtige Unterscheidung von *extrovertierten* und *introvertierten* Menschen. Extrovertierte Menschen konzentrieren sich auf die äußere Welt, ihr Verhalten wird von außen geleitet. Introvertierte Menschen leben in ihrem subjektiven Inneren, ihr Verhalten erklärt sich aus ihrem Innersten heraus. Diese zwei Dimensionen reichten Jung jedoch nicht aus, um alle Unterschiede in seinen Patienten zu erklären und mögliche Therapieansätze zu entwickeln.

Aus diesem Grund schuf er die vier Dimensionen *Denken, Fühlen, Ahnen* (Intuition) und *Wahrnehmen.* Jung sagt »Empfinden«, meint aber die Art, »die Welt wahrzunehmen«. 1921 beschrieb er in seiner Schrift »Psychologische Typen« acht verschiedene Kategorien, basierend auf den vier Dimensionen. Er kombinierte sie mit der von ihm beschriebenen Ausprägung *extrovertiert* oder *introvertiert.* Das heißt zum Beispiel, ein Typus kann extrovertiert denken, extrovertiert fühlen, introvertiert wahrnehmen usw. Folgende Überlegungen legte er seinem System zugrunde: Jung beschrieb, dass sich Menschen bei der Erschließung der Welt zunächst einmal auf Fakten berufen, auf Dinge, die sie wahrnehmen. Für viele besteht die Welt allein aus Fakten, aus was sonst soll sie bestehen? Sie nehmen eine Situation so wahr, wie sie sie den Fakten entsprechend analysiert haben. Dennoch enthält die Welt mehr als die reinen Fakten. Sie enthält Möglichkeiten. Diese kann man intuitiv einschätzen, man kann sie *ahnen.* Diese Welt des Möglichen kann mehr oder weniger in einem Typus stecken. Eine Freundin, eine Juristin aus Berlin, beschreibt die Sichtweise so: »Wenn ich mit Mitarbeitern spreche, interessiert mich, was in zwei Wochen, zwei Monaten, zwei Jahren ist. Mich treibt an, Abläufe und das Miteinander der Kollegen langfristig zu verbessern. Ich suche nach Möglichkeiten, wie sich etwas weiterentwickeln sollte.«

Das Beispiel wird jeder nachvollziehen können. Menschen, die gut ahnen können, wissen nach Jung, wann ein guter Zeitpunkt ist, um eine bestimmte Sachlage anzusprechen. Sie warten diesen Moment ab. Alle Fakten sind zu jedem Zeitpunkt gleich. Dennoch können sie an dem anderen *lesen,* wann das Gegenüber in einer guten Stimmung ist, um den Sachverhalt zu besprechen. Denn das Ergebnis wird nicht dasselbe sein, wenn man einen guten oder einen schlechten Moment abpasst.

Der optimale Zeitpunkt

So konnte die langjährige Sekretärin eines Chefredakteurs ihren Chef in jeder Lebenslage *lesen.* In der Regel vertraute man ihr an, warum man mit dem Chefredakteur sprechen wollte. Wenn es um eine sehr wichtige Angelegenheit ging, eine Gehaltserhöhung, eine Beförderung oder eine Versetzung in eine andere Stadt, dann wusste sie Bescheid. Dementsprechend wählte sie den Termin. Hatte man einen festen Termin ausgemacht, und es war kein guter Moment für das Anliegen, gab sie auch schon einmal den Rat, lieber abzuwarten. Dann passte sie einen günstigen Moment später in der Woche ab, rief an, und die Sache lief rund.

Diese Funktion des *Ahnens* lässt sich, das wusste Jung, nicht wissenschaftlich nachweisen, so wie die tatsächlichen Fakten. Dennoch ordnete er dem Ahnen eine gleich wichtige Bedeutung wie den Fakten zu. Denn seiner Meinung nach war zu bestimmten Zeiten eine Sache eher möglich als zu einer anderen.

Timing ist alles

In der griechischen Mythologie nannte man den Moment *Kairos.* Die Griechen beteten zu dem Gott Kairos und warteten einen bestimmten Moment ab, zu dem ein Schiff in See stechen sollte. Heute spricht man von *Timing,* es geht dabei aber jeweils um dieselbe Sache. Wenn das *Timing* für eine Sache, ein Gespräch schlecht ist, kann das ganze Projekt scheitern. Laut Duden bezeichnet der Ausdruck *Timing* das Abstimmen von Abläufen. Als Synonyme werden *die Bestimmung eines geeigneten Zeitpunkts* oder *die Wahl des richtigen Zeitpunkts* angegeben.

Denken und Fühlen

Zwei andere entgegengesetzte Funktionen sind das *Denken,* also das logische Bewerten von Fakten, und das *Fühlen,* das gefühlsmäßige Bewerten einer Sache. Jung beschrieb diese zwei Arten, wie das Wahrnehmen und Erahnen von Weltwissen beurteilt werden kann. Auch hier stellte er große Unterschiede bei den verschiedenen Typen fest.

Eine Sache logisch zu bewerten beinhaltet das Ordnen des Wissens. Passen die Daten zueinander? In welche Kategorien passen sie, und ist die Argumentation logisch? Das gefühlsmäßige Bewerten sieht er nicht als eine emotionale Reaktion auf etwas Gesagtes, sondern einen ausgeprägten Sinn dafür, ob etwas sinnvoll ist. *Fühlen* ist nicht eine emotionale Reaktion auf eine Sache, sondern eine Einordnung in einen Sinnzusammenhang.

So kann es bei einer Scheidung etwa *logisch* sein, eine bestimmte gesetzlich vorgeschriebene Summe Unterhalt zu zahlen. Es kann aber gleichzeitig *sinnvoll* sein, für eine bestimmte Zeit etwas großzügiger beim Unterhalt zu sein, um Unstimmigkeiten aus dem Weg zu räumen, Absprachen über Kinder in der Zukunft zu erleichtern, eine existenzielle Härte zu vermeiden. Nicht alles, was schwarz auf weiß in einem Dokument festgehalten ist, nicht alles, was logisch ist, ist auch gleichzeitig sinnvoll.

Der berühmte Jurist und Spezialist für internationales und ausländisches Privatrecht, Erik Jayme von der Universität Heidelberg, sagte stets: »Was sinnvoll ist, muss gehen.« Ein für einen Juristen erstaunlicher Satz, schließlich lehrte er als Professor die Grundlagen des Bürgerlichen Rechts (BGB) und internationalen Privatrechts. Doch sein Wissen über komplexe Zusammenhänge und seine enorme Auslandserfahrung lehrten ihn, dass verschiedene Menschen Dinge verschieden sehen können. Neben dem Logischen, Festgeschriebenen wurde Jayme durch einen ausgeprägten Sensus für das Sinnvolle, Sinnhafte geprägt.

Vier Arten, die Welt zu erschließen

Die vier von Jung beschriebenen Typen haben eine unterschiedliche Art und Weise, die Welt zu sehen. Nach Jung haben wir in jungen Jahren eine Priorität, wie wir zunächst eine Sache beurteilen. Ist dies beispielsweise *Denken,* so analysieren wir sehr schnell eine Situation nach ihren logischen Zusammenhängen, checken die Fakten etc. Erst im zweiten Schritt kommen die anderen Funktionen zum Tragen, was nehme ich wahr (Wahrnehmen), ergibt eine Sache einen Sinn (Fühlen)? Welche Möglichkeiten sehe ich darin (Ahnen)?

Alle vier Funktionen sind im Menschen angelegt, aber noch nicht voll ausgeprägt. Die am meisten ausgeprägte Funktion ist laut Jung die, welche bei einer Entscheidung am schnellsten zum Tragen kommt. Er hat deswegen vorgeschlagen, bei wichtigen Entscheidungen eine Nacht darüber zu schlafen, damit über Nacht auch die »langsameren« Zugänge zur Welt zum Tragen kommen und die Entscheidung beeinflussen.

Ein Rat, den Jahrzehnte später Hirnforscher, wie etwa der Bremer Professor Gerhard Roth, auf der Grundlage neuester neurobiologischer Erkenntnisse ebenfalls geben. Roth hat in seiner Laufbahn jahrelang das Zusammenspiel aus Denken, Emotionen, unbewussten Motiven und Entscheidungen erforscht und zahlreiche Bestseller geschrieben, etwa darüber, wie man klug entscheidet. Jungs Modell war für die Erforschung der Persönlichkeit also in vielerlei

Hinsicht bahnbrechend, die Grundlage für jahrzehntelange weitere Forschung.

Die Entwicklung der Typentests

Auf der Basis dieser Typen entstanden die verschiedenen Typentests, wie zum Beispiel der vielen bekannte Myers-Briggs-Typindikator oder der Insights-MDI-Test, um nur zwei zu nennen.

Während der Myers-Briggs-Typindikator bereits in die Jahre gekommen ist, berücksichtigt der Insights-MDI-Test neben der Ausprägung von typologischen Merkmalen für eine Persönlichkeit, welche Rolle Werte spielen, welche Form der Selbstkontrolle und Selbstregulation jemand hat, was ihn motiviert. Ebenfalls wird abgebildet, worauf jemand negativ reagiert.

Grundlage für zahlreiche der Tests sind die vier Dimensionen der Persönlichkeit, welche auf Jung zurückgehen. Sie werden häufig mit Farben symbolisiert. Die Farben Rot, Gelb, Blau und Grün stehen für die verschiedenen Typen, die hier anhand von Stichworten, die mit den Typen assoziiert sind, näher beschrieben werden. Im hinteren Teil dieses Kapitels sind symbolhaft verschiedene Typen charakterisiert, bei denen eine Farbe dominant ist. Diese Texte sind mit einem zwinkernden Auge verfasst. Es sind nicht Beschreibungen von realen Menschen, sondern von Facetten bei bestimmten Persönlichkeiten, die jeder an anderen beobachten kann.

Rot mit starker Ausprägung

Dominanz, Neugierde, Entschlossenheit, Risikofreudigkeit, Zielorientierung, Wettbewerb, Willensstärke, Pionier, Ehrgeiz, Antrieb, Ichzentrierung

Rot ohne starke Ausprägung

Zurückhaltung, Kooperation, Zögerlichkeit, Zuvorkommenheit, Unbestimmtheit, Vorsicht, Sanftmut, Genügsamkeit, Höflichkeit, Bescheidenheit, Friedlichkeit, Unaufdringlichkeit

Gelb mit starker Ausprägung

Initiative, Kommunikation, Geselligkeit, Vertrauen, Ungezwungenheit, Herzlichkeit, Kontaktfreudigkeit, Überzeugungskraft, Beeinflussung, Inspiration, Enthusiasmus

Gelb ohne starke Ausprägung

Objektivität, Logik, Umsichtigkeit, Skepsis, Nachdenklichkeit, Unaufdringlichkeit, Misstrauen, Penibilität, Pessimismus, Launenhaftigkeit, Kritik

Blau mit starker Ausprägung

Sachlichkeit, Gewissenhaftigkeit, Urteilskraft, Takt, Ordnung, Diplomatie, Umsicht, Akkuratesse, System, Anspruch, Qualitätsbewusst, Präzision, Auge fürs Detail, Sorgfalt, Perfektionismus

Blau ohne starke Ausprägung

Standhaftigkeit, Entschlossenheit, Eigenwilligkeit, Unnachgiebigkeit, Hartnäckigkeit, Unkonventionalität, Findigkeit, Autonomie, Furchtlosigkeit, Launenhaftigkeit, Sturheit, Revolutionär

Grün stark ausgeprägt

Stetigkeit, Beständigkeit, Zuverlässigkeit, Bedächtigkeit, Geduld, Ruhepol, Berechenbarkeit, Verbindlichkeit, Gewohnheit, Unaufdringlichkeit, Besitzstreben

Grün nicht ausgeprägt

Mobilität, Aktion, Unruhe, Lebhaftigkeit, Energie, Ungeduld, Rastlosigkeit, Reiselust, Dynamik, Hektik, Unbesonnenheit, Eindringlichkeit

Kein Schubladendenken

Jeder Mensch ist ein Mischtyp, vereint Anteile von Rot, Blau, Gelb und Grün in seinem Wesen und viele andere Dinge darüber hinaus. Das Einteilen in Farb-Typen soll nur ein Anhaltspunkt zur Einordnung sein, nicht Schubladendenken befördern.

Je nach Ausprägung kann eine Farbe dominieren, beispielsweise eine starke Ausprägung für Blau für Menschen, die im Bereich Finanzen arbeiten. Wer als Controller nicht akkurat, präzise, detailorientiert, gewissenhaft und ordentlich arbeitet, hat im Finanzbereich wohl nichts zu suchen. Wer braucht hier einen furchtlosen, unkonventionellen, eigenwilligen, launischen Kreativen? Letzterer würde wohl eher für die Gründung einer neuen Partei benötigt, die mit den alten Verhältnissen aufräumen möchte.

Vertriebler hingegen haben einen großen Gelb-Anteil. Kontaktfreudig kommen sie mit Kunden spielend ins Gespräch, wissen mit ihrer Herzlichkeit und Umgänglichkeit zu überzeugen. Sie lieben Kommunikation mit Menschen, dies ist ihr Lebenselixier. Im

Vertrieb brauchen Firmen keine menschenscheuen Austern oder Opfer, die die Verantwortung bei anderen suchen.

Ein Unternehmenschef muss entscheidungsfreudig sein, durchsetzungsfähig und ehrgeizig. Er sucht den Wettbewerb mit dem Konkurrenten, und zu gewinnen ist seine größte Leidenschaft. Mit dem Motto »Dabei sein ist alles« kann sein Unternehmen nicht konkurrieren. Pioniergeist sorgt dafür, dass die Firma neue Entwicklungen erfindet, statt alte Rezepte ewig aufzukochen.

Die Bedeutung von Typentests

Anhand von Typentests, treffen einige Firmen Personalentscheidungen, stellen Teams zusammen und wählen geeignete Entwicklungsmaßnahmen für ihre Mitarbeiter aus. Wenn ein Kandidat für eine Führungsposition ausgesucht wird, wollen sie damit sichergehen, dass der Betreffende nicht nur den passenden Lebenslauf, sondern auch die gesuchten Persönlichkeitsmerkmale mitbringt. Ein cholerischer Chef ohne Einfühlungsvermögen wird heute für ein Unternehmen ebenso wenig gesucht wie jemand ohne einschlägige Berufserfahrung. Nicht alle Eigenschaften vermögen diese Tests abzubilden. Entscheidend sind daher die Gespräche. Dennoch ist es verblüffend, wie gut bestimmte Testverfahren Auskunft über die Potenziale eines Menschen geben können. Privatpersonen können sich ebenfalls testen lassen und sich anhand der Ergebnisse weiterentwickeln. Mehr und mehr bieten Coaches, Institute und Firmen auch an, für Schüler und Abiturienten Tests und Beratungen in Bezug auf ihre Persönlichkeit, Lernmotivation und -probleme oder spätere mögliche Berufsfelder durchzuführen.

Darüber hinaus findet man im Internet zahlreiche Tests mit Auswertungen in unterschiedlicher Qualität. Hinter allen Tests und Methoden stehen Experten, die sich damit beschäftigen, welche Stärken und Schwächen die Typen haben, welchen Kommunikationsstil sie pflegen, welche Aufgaben sie gut und welche nicht so gut bewältigen können.

Praktikum mit Hindernissen

Wieso solche Tests und das Befassen mit verschiedenen Persönlichkeitsstilen sinnvoll sind, zeigt folgendes Beispiel: Ein Student absolvierte sein erstes Praktikum in der Unternehmenskommunikation einer großen Firma. In der Zeit wohnte er bei einem Nachbarn. Bei einem Grillabend kamen wir ins Gespräch.

Der junge Mann studierte Wirtschaftswissenschaften, war 21 Jahre und wirkte zutiefst unglücklich mit seinem Praktikum. Es stellte sich heraus, dass er zwar an interessanten Aufgaben mitwirken durfte, aber ihn dies nicht zufriedenstellte. Nach einiger Zeit fragte ich ihn, was sein größtes Problem bei dem Arbeitgeber sei. Er wusste es nicht. Ihm war in keiner Weise klar, was er gerne machte, was seine Talente waren, wer er war und wohin er wollte. Ein typisches Merkmal für die Generation »Abitur, was nun?«. Erst das Gespräch über unterschiedliche Typologien, Persönlichkeiten und was die einen Menschen vom anderen unterscheidet, brachte hervor, worin sein Problem bestand. Er beschrieb sich als einen eher sachlichen, introvertierten Typen, der gerne alleine Dinge austüftelt. Ihn interessierten Mathematik- oder Computerprobleme, die könne er exzellent lösen. Das Arbeiten im Team läge ihm nicht. Damit war klar, wo der Hase im Pfeffer lag.

Das Praktikum in der Unternehmenskommunikation, wo Teamarbeit und Kommunikation gefragt sind, betonte seine Schwächen und bot keinen Raum für seine Stärken. Typischerweise saß er bei dem Grillabend auch nicht bei allen anderen am Tisch, sondern zog sich nach dem Essen sofort in einen anderen Raum zurück, um am Computer zu spielen. Zumindest war nach diesem Abend klar, was er nicht anstrebt. Insofern kann das auch das Ziel eines ersten Praktikums sein: zu wissen, was man nicht machen möchte.

Wer bin ich?

Wer wir sind, was wir können, was wir noch lernen sollten und wohin wir wollen – das sind Kernfragen, die mithilfe eines solchen Tests aufgeworfen werden können. Beantworten müssen wir sie uns selbst. Wer professionell mit Personalarbeit zu tun hat, muss täglich Einschätzungen über Kandidaten für einen Job abgeben. Wie kommt jemand in einem bestehenden Team zurecht, welche Stärken bringt jemand mit, wie agiert jemand unter Stress, wie auf Veränderung? Kein Unternehmen kann heute garantieren, dass in fünf Jahren das Geschäft noch so abläuft, wie es heute funktioniert. Die Veränderung stellt eher die Regel dar als die Ausnahme. Gerade Veränderungen sind aber für einen großen Teil der Mitarbeiter ein Problem. Es gibt Typen, die eher bewahren, die konservativ denken und für die der Status quo das Gute ist. Andere sehen im Status quo Stillstand und Langeweile. Sie wollen ständig etwas Neues, vielleicht auch etwas Riskantes. Der Weg ist für sie das Ziel. Entscheidend ist, die richtigen Personen auf die richtigen Positionen zu setzen und ihnen Zeit und Raum für Entwicklung zu bieten. Erfolgreiche Unternehmen investieren viel Energie in genau diese Arbeit.

Kreativer Denker oder Excel-Sheet-Experte?

Wenn sich ein Mitarbeiter fürs große Ganze interessiert, in Ideen und kreativen Möglichkeiten denkt, sollte er für genau solche Aufgaben eingesetzt werden. Der nächste Pitch, das inspirierende Konzept, ein toller Gedanke bei einem Meeting mit Kunden, all das kann er spielend leicht leisten. Er blüht auf, wenn er solche Aufgaben übertragen bekommt. Überträgt der Chef ihm aber die Aufgabe, in einer Excel-Tabelle die Kosten der Abteilung aufzulisten und Einsparmöglichkeiten zu erarbeiten, wird er verzweifeln. Tabellen, Zahlen, Details interessieren diesen Typus nicht im Geringsten. Hier ist ein anderer Typus gefragt, der die Kosten im Blick hat, die Zahlen kontrolliert, der an Genauigkeit interessiert ist.

Der Freund einer Freundin, ein Banker, ist so ein Zahlentyp. Zahlen und Tabellen sprechen zu ihm. Selbst die Gästeliste für ein potenzielles Abendessen listet er in einem Excel-Sheet aus mit einer Notiz dazu, ob jemand zu oder abgesagt hat oder ob jemand Vegetarier ist. Die Tischdekoration ist nicht sein Feld, dafür hat er garantiert alles von der Liste eingekauft, und es fehlt in allerletzter Minute nichts.

An dieser Stelle werden sich einige sagen: Warum erwähnt die Autorin etwas Selbstverständliches? Es gibt keine andere Art, eine Party zu planen. Andere werden denken: Ach was, wieso legt der Mann eine Excel-Tabelle an, wenn die Namen der Gäste auch auf ein Papier gekritzelt werden könnten, gleich neben die lange Einkaufsliste für den Grillabend mit zehn Personen?

Insights MSD

Unser Zugang zur Welt unterscheidet sich maßgeblich voneinander. Ebenso wie unsere Motivation, etwas zu tun, und unsere Werte. Tests wie der Insights MDI, die in eine intensive Beratung eingebettet sind, tragen dem Rechnung. Anhand eines umfangreichen Fragenkatalogs erhebt dieser Test Wertvorstellungen und Präferenzen sowie mögliches Verhalten in bestimmten Situationen.

So muss der Proband zum Beispiel beantworten, wofür er etwa eine Million Euro ausgeben würde, wenn sie ihm frei zur Verfügung stünde. Als Antworten werden zum Beispiel folgende Items vorgegeben:

- auf die Bank bringen und anlegen
- für soziale Zwecke spenden
- ein Kunstmuseum unterstützen
- eine Weltreise unternehmen
- ein Traumhaus bauen
- in eine Firma einsteigen
- aufhören zu arbeiten

Die Aufgabe besteht darin, eine Reihenfolge anzugeben, mit der man diese Dinge umsetzen würde. Dabei entstehen klare Prioritäten. Wer an erster Stelle die Weltreise setzt und an letzter Stelle das Geld auf die Bank tragen würde, wird von einer anderen Motivation getrieben sein als derjenige, der sein Geld unbedingt sparen und mit zweiter Priorität ein Haus bauen würde. Der Fragenkatalog umfasst weitere Fragen, wie man in bestimmten Situationen handeln oder sich entscheiden würde. Das Ergebnis ist verblüffend. Die Auswertung enthält eine Beschreibung der Motivation einer Person, ihre Werte – ob jemand beispielsweise ökonomisch, traditionell, individualistisch, ästhetisch, theoretisch oder sozial motiviert ist. Ebenfalls wird ein Kommunikationsprofil ausgewertet. Auch dieser Test unterscheidet in dem System der vier Farben und entwirft eine Struktur, wie man mit diesem Menschen kommuniziert. Ebenfalls wird abgebildet, wie man mit anderen am besten kommuniziert, wenn sie etwa eine starke rote Ausprägung haben, beziehungsweise eine gelbe, grüne oder blaue. Als Beispiel wird dort etwa aufgeführt, dass gelbe Typen zunächst einmal durch Smalltalk auf ein Gespräch eingestimmt werden wollen, in dem es um etwas Persönliches geht.

Blau hingegen schätzt es, wenn ein Gesprächspartner gleich zur Sache kommt, in medias res geht. Smalltalk ist diesem Typen ein Graus, er empfindet im Zweifelsfall eine Frage zum persönlichen Bereich »Urlaub« als Angriff auf seine Intimsphäre. Ich selbst habe eine Bekannte mit starker Blau-Ausprägung, die sich vor vielen Jahren hat scheiden lassen, von der niemand so recht weiß, ob sie einen Freund hat oder nicht. Natürlich würde niemand es wagen zu fragen. Die Antwort wäre auch ausweichend, man wäre danach so klug wie zuvor.

Bei der Auswertung der Werte erfährt der Absolvent des Insight-MDI-Tests, wie motiviert er ist im Vergleich zum Bevölkerungsdurchschnitt. Zum Beispiel ob das Interesse an Geld über- oder unterdurchschnittlich ausgeprägt ist.

Einige Experten lehnen Typentests oder die Einteilung in Typen ab. Sie seien zu sehr einem Schubladendenken geschuldet. Man könne Menschen nicht einteilen. Das ist natürlich für Experten, die auf einer hohen Ebene denken, richtig. Laien hilft es hingegen schon, sich in die Psychologie von Personen hineinzudenken. Experten arbeiten mit noch viel komplexeren Systemen, um eine Persönlichkeit zu erfassen. Sie sagen, dass zu einem bestimmten Zeitpunkt eine Person über bestimmte Ressourcen verfügt und andere blockiert seien. Nun gelte es, die vorhandenen Potenziale zu entfalten. Vielleicht fühlt sich jemand in der Schule durch Streitereien in der Familie, in der eine Scheidung bevorsteht, gehemmt. Da hilft es nicht zu wissen, dass er ein gelber, kommunikativer Typ ist. Dies Expertenwissen geht jedoch über dieses Buch hinaus. Im Anhang finden sich Literaturangaben zu dem Themenkomplex für diejenigen, die hier mehr erfahren wollen.

Wer sind nun die Typen, die wir jeden Tag um uns herum beobachten? Was treibt sie an, was wollen sie von uns? Hier folgen einige Beschreibungen, wie oben erwähnt, mit einem Augenzwinkern geschrieben. Erkennen Sie Ihre Kollegen oder sich selbst?

3. Kleine Typenkunde für Job und Party

Das Alphatier – Raumgreifender Macher

Wenn Sie einen Macher vor sich haben, werden Sie es merken. Er ist ein dominanter Typ, raumgreifend, selbstsicher und stark im Kontaktaufbauen und -halten. Der Macher wartet nicht, bis etwas passiert, er gestaltet seine Zukunft und die von anderen. Macher streben Machtpositionen an, wollen Unternehmen lenken, politische Ämter ergattern, drängen an die Spitze von Sportorganisationen, Gewerkschaften, Verbänden, Golfclubs, Förder- und Musikvereinen. Dieser Typus ist oft unterhaltsam, hat viel erlebt und lässt andere auf kurzweilige Weise daran teilhaben. Der Macher denkt strategisch und strukturiert. Er ist wie bei einem Schachspiel den anderen immer ein paar Züge voraus. Er kann Fakten einordnen und weiß, sich mit Informationen zu versorgen. Er liest stundenlang und konsumiert Nachrichten. Seine Wissbegierde kennt kaum Grenzen. Wenn er alles über eine Sachlage weiß, beschäftigt er sich mit den Menschen, die für die Situation entscheidend sind. Er analysiert sie gründlich und überlegt sich, wie sie in Zukunft handeln werden. Dann legt er sich eine Strategie zurecht, wie er die anderen am besten gewinnen kann, um seine Ziele umzusetzen.

Wenn ich gewinne, gewinnen alle

Der Macher strebt Win-win-Situationen an, denn er weiß, dass es besser ist, bei einem Deal keine Verlierer zu produzieren, sondern nur Gewinner. Denn wer mit ihm gewonnen hat, wird ihn auch später unterstützen. Macher setzen auf ihr machtvolles Netzwerk. Sie sind Strippenzieher mit dem kurzen Draht zu der Position über ihnen, sofern es diese gibt.

Deswegen sind sie großzügig und laden gerne ein. Der Macher kann ein hervorragender Chef sein, denn wer gut und selbstsicher ist, schätzt auch kluge, selbstbewusste Mitarbeiter als Führungskräfte auf der nächsten Ebene. Wer schwach ist, etwas vereinfacht formuliert, tendiert eher zu schwachen Führungskräften, die ihm seine Position nicht streitig machen und ihn nicht überflügeln.

Wenn der Macher feiert, etwa einen runden Geburtstag, können Sie sich auf etwas gefasst machen. Er lädt viele ein und organisiert alle Details. Die Einladungskarte, der Ort, die Gästeliste, die Musik und die Darbietungen, alles gehorcht einem wohl abgestimmten Plan. Er selbst sonnt sich in den Menschen, die ihm wohlgesonnen sind und freut sich am regen Austausch der Umwelt. Daraus zieht er seine Energie.

Bloß keine Niederlagen

Der Macher hat jedoch Schwierigkeiten, mit Niederlagen umzugehen. Siege liegen ihm, doch Rückschläge stellen eine harte Herausforderung dar. Hier unterscheiden sich diejenigen Macher, die damit lernen, umzugehen und einen Ausgleich zu finden, und diejenigen, die daran scheitern. Entscheidend für den Macher ist sein direktes Umfeld. Wer geerdet ist in einer stabilen Familie mit Bodenhaftung, kann die üblichen Machtspiele und Rückschläge in gehobenen Positionen der Wirtschaft, Kultur, Unterhaltung, des Sports oder der Medien gut verdauen. Wer dies nicht hat und eine frei flottierende Kraft ist, kann auch wie ein Komet am Himmel verglühen. So mancher Shootingstar hatte eine kurze Zeit des öffentlichen Erfolgs und verschwand in der Atmosphäre.

Im Wettbewerb immer gewinnen

Der Macher liebt den Wettbewerb und will immer gewinnen. Daran erkennen Sie ihn auch, wenn Sie mit ihm spielen. Wer laut ruft und sehr ärgerlich wird, wenn er etwa beim Kartenspielen, im Tennis oder bei einem Wettlauf verliert, offenbart die Psyche des Machers. Wenn er nicht der Erste ist, gibt er dies lautstark kund.

In meinem Münchener Freundeskreis spielten wir öfters Montagsmaler, wobei man entweder einen Begriff zeichnen, pantomimisch etwas darstellen oder mit Worten einen Begriff umschreiben sollte. Ein Teilnehmer der Spielerunden war mit besonderem Wetteifer bei der Sache. Er liebte das Spiel, ertrug es aber nicht zu verlieren. Nach zwei Stunden Spiel kam es oft vor, dass er der Runde erklären wollte, wieso die Regeln eigentlich anders gelten würden und warum der Punkt der Gegenseite nicht gelten könne. Dies wurde mit lauter Stimme und einer Vehemenz vorgetragen, dass man hätte glauben können, es ginge um Leben und Tod. Trotzdem liebten alle Freunde diesen Mann, dessen Großzügigkeit und Exzentrik legendär waren. Bei einer Party zum Thema »Karneval in Venedig« verwandelte er seine Geschäftsräume über Tage in einen venezianischen Palast, verkleidete Wände mit Gold, hängte Spiegel auf, lieh sich aus dem Theaterfundus goldene Stühle und baute eine Bar ein. Die Gäste erschienen in venezianischen Kostümen und mit Masken. Der Gastgeber gab den Conte. So sahen ihm die Freunde immer wieder nach, dass man mit ihm nur spielen konnte, wenn er gewann.

Der Sachliche – Zahlenjongleur und Aktenfresser

Kein Typ ist wohl so schwer zu knacken wie der Sachliche. In der Farbtypologie entsprechen die Menschen der Farbe Blau. Jeder kennt sie, die Menschen, die im Erstkontakt kühl wirken, erst einmal auf Distanz gehen, einem den Zugang zu sich und ihrem Denken durch lockeren Smalltalk versperren. Bei diesen Menschen stößt auch das größte Kommunikationsgenie auf Granit. Zumindest zunächst.

Nach außen eine harte Schale

Die verschlossenen Typen sind brillante Geister im Fachgespräch. Sie beherrschen ihr Gebiet, kennen sämtliche Fakten und können kenntnisreich über den letzten Aufsatz eines hoch geschätzten Denkers in der FAZ sprechen, über die Auswirkungen des Brexit-

Referendums auf das Machtgefüge der europäischen Außenpolitik oder über die Bedeutung des Higgs-Teilchens für die Quantenphysik. In einem wie auch immer gearteten sozialen Gespräch sind sie jedoch in der Regel eine Katastrophe.

Der Grund für die Verschlossenheit liegt in der Persönlichkeitsstruktur eines Menschen begründet und ist angeboren. Sachliche Austern-Typen können introvertiert sein, zurückhaltend, abwartend, kopflastig, unauffällig, still, nachdenklich und analytisch. Ihre Stärke ist die schnelle Auffassungsgabe, die Faktenkenntnis, die brillante Analyse und die Möglichkeit, Gelerntes einzuordnen. Manchmal wirken sie regelrecht menschenscheu. Sie sind so gepolt, dass sie ihr Augenmerk auf ihre innere Energie richten, nicht nach außen.

Der Introvertierte reagiert sehr stark auf äußere Reize und schützt sich vor ihnen, indem er sich in sich zurückzieht. Für ihn sind Extrovertierte unempfindlich gegenüber Reizen, da sie sich ständig neuen Menschen, Dingen und Neuigkeiten aussetzen. Für den Sachlichen eine Horrorvorstellung. Lieber zieht er sich in die Welt der Fakten zurück, studiert die Details, checkt sie wieder und wieder und kann dann im richtigen Moment mit Lösungen aufwarten. Der Sachliche weiß immer mehr, als er kommuniziert. Bei extrovertierten Menschen ist es manchmal das Gegenteil.

Keine Spontaneität

Spontaneität ist nicht ihre Stärke, sie neigen zur genauen Planung und zur Perfektion. Wenn Sie jemanden nach ihren Urlaubsplänen fragen und eine zweiseitige Liste mit Stationen, gebuchten Hotels und speziellen Restaurants für den jeweiligen Abend bekommen, dann haben Sie es hier definitiv mit dem sachlichen Typus zu tun. Planen statt spontan gestalten, das ist das Motto dieser Menschen.

Dafür brauchen Sachliche länger für eine Aufgabe, da sie immer wieder Pläne machen, die sie dann verwerfen, weil sie ihnen nicht gut genug erscheinen. Die Vorstellung, in den Tag hineinzuleben, ist einem Sachlichen zuwider. Sie verstehen das Konzept von Muße nicht.

Austern vorsichtig öffnen

Dennoch lassen sich die Sachlichen knacken – manchmal. Ihr Vertrauen und ihren Respekt zu gewinnen ist jedoch eine Herausforderung. Fachgespräche sind ein sicheres Terrain für verschlossene Menschen, so könnte die Äußerung eines wichtigen Protagonisten zu einem Sachverhalt, welche Sie gelesen oder gehört haben, ein Einstieg für ein Gespräch sein. Aber Vorsicht: In dieser Annäherung darf kein Fehler stecken. Verwechselt man den Vornamen des Protagonisten, von dem man gelesen hat, kann man sich nur halb erinnern, ist das Spiel schon aus. Sachliche dulden keine Ungenauigkeit.

Deswegen finden sich diese Menschen häufig in gehobenen Positionen in der Funktion des Stellvertreters einer Abteilung. Auf diese Menschen ist 100-prozentiger Verlass. Wer einen Sachlichen als Vertreter hat, sollte sich glücklich schätzen, aber nicht ihr mangelndes kommunikatives Talent beklagen. Sachliche haben viele Stärken, der unkomplizierte Kontakt und das fröhliche Plaudern gehören nicht dazu. Doch wenn sie sich sicher und respektiert fühlen, laufen Sachliche zur Höchstform auf.

Abstand wahren

Ebenso wichtig ist es, dem Typus nicht auf den Leib zu rücken. Im wahrsten Sinne des Wortes. Der körperliche Abstand, den ein Durchschnittsmensch um sich herum wünscht, beträgt in der Regel 50 Zentimeter. Wenn wir jenseits dieser Sicherheitszone vordringen, werden wir als Eindringlinge oder Angreifer wahrgenommen. Der Abstand, den ein Sachlicher für sich in Anspruch nimmt, ist größer, je nachdem wie groß seine Furcht vor Sozialkontakten (Soziophobie) ausgeprägt ist. Sie wirken deswegen auch kühl. Ein Sachlicher wird Sie nie ohne Not in den Arm nehmen. Wer einen Sachlichen ins Großraumbüro setzt, wird erleben, dass der dort eingeht wie eine Pflanze ohne Wasser. Ein Sachlicher braucht Abgeschiedenheit und Privatsphäre. Vielleicht wird er auch krank, denn wenn seine sensiblen Sinne ständig gestört und überflutet werden, schaltet der Sachliche ab.

Sich einem solchen Menschen zu nähern bedeutet, sich ihm in gebührendem Abstand, mit Ruhe und Distanz zu nähern. Vielleicht spricht man am Anfang auch wenig oder gar nicht, sondern deutet nur mit Blicken an, dass man das Erscheinen des Menschen registriert hat.

Außen sind die Sachlichen grau

Mitunter erkennt man einen Sachlichen auch an der Kleidung oder an seinem Büro. Äußerlichkeiten beherrschen sie, wenn es die Regeln des Jobs erfordern. Geht es jedoch nach ihnen, sind sie also privat oder die Kleiderordnung im Arbeitszusammenhang nicht streng geregelt, bekommt man die ältesten Anzüge zu Gesicht, privat auch uralte, kunstvoll ausgeleierte Pullover der Marke »Der tut's doch noch«. Das Büro ist dabei stets aufgeräumt und unpersönlich. Vielleicht stehen uralte Bilder der Kinder auf dem Schreibtisch. Nie herrscht ein Chaos. Neben den Themen ihrer Arbeit, über die man sich mit verschlossenen Menschen unterhalten kann, sind Sachliche auch empfänglich für Gespräche über ihr eingefleischtes Hobby. So lernte ich vor Jahrzehnten bei einem Kochabend im Freundeskreis einen Arzt kennen, der mir als ausgesprochen soziophobes Wesen angekündigt wurde. Ich wusste, dass der scheue Karl nicht nur ein exzellenter Arzt, sondern auch ein ausgezeichneter Koch war. Nachdem ich ihn eine halbe Stunde nicht angesprochen hatte (Akklimatisierungsphase), verwickelte ich ihn zu Beginn des Abends in ein Gespräch über einen Süßwein, eine bestimmte Beerenauslese aus der Wachau in Österreich. Die Fragestellung war, ob sie sich zum Ablöschen von karamellisierten Pfirsichen eignen würde. Die Beerenauslese hatte ich bei einer Weinprobe erstanden, natürlich musste sie probiert werden. Die Angst wich Stück für Stück der Neugier, das Herumhantieren mit den langstieligen kleinen Dessertweingläsern vermittelte Karl Sicherheit. Auf dem Kochterrain kannte er sich aus. Hier konnte er punkten. Ein erstes Lächeln huschte über sein Gesicht, als er die Flasche in der Hand hielt. Es war ihm gelungen, seine Schale einen Spalt breit zu öffnen. Was dann geschah, gehört zu den erstaunlichsten Verwandlungen, die ich jemals erlebt habe. Kaum fühlte sich Karl sicher, entpuppte er sich als ein Zeitgenosse mit einem tiefsinnigen Humor, der klug über viele Themen sprechen konnte. Die Klinik, gute Routen für Bergtouren, Frankreich als Reiseland – das Reservoir war unerschöpflich. Die Auster zeigte ihre perlmuttfarbene Innenseite und offenbarte eine riesige Perle.

Der Sachliche sucht nicht den intensiven Augenkontakt. Er weicht den Blicken seines Gegenübers aus, denn er möchte sich nicht in die Karten gucken lassen. Über persönliche Belange spricht er selten und ungern. Wenn er sich einmal öffnet, kann es sein, dass dies nur für eine gewisse Zeit ist und später persönliche Themen wieder ausgespart bleiben.

Im Streit, wenn der Sachliche angegriffen wird, kann er sehr streng werden, vor allem, wenn er sich im Recht fühlt. Das kann sich sehr unangenehm anfühlen für Typen wie etwa den Kommunikativen, denn dieser Typus würde eher einlenken und nicht so auf sein Recht pochen.

Der Einfühlsame – Zuhörer und Selbstausbeuter

Wer einen Freund hat, der ein Bedächtiger, ein guter Zuhörer ist, kann sich glücklich schätzen. In der Farbtypologie sind diese Typen grün. Die Spezies der Zuhörer ist liebenswert, zurückhaltend, kontrolliert. Sie schauen erst einmal zu und lassen Situationen auf sich zukommen. Sie sind einzigartig, neugierig, an anderen Menschen interessiert und mit zahlreichen Fähigkeiten ausgestattet, die anderen fehlen. Zwischen einem Menschen, der etwas hört, und jemandem, der wirklich zuhört, liegen Welten. Kaum einem anderen Typus erschließt sich so viel im Gespräch, denn der Zuhörer besitzt die Fähigkeit, Verborgenes aus dem anderen hervorzulocken.

Der bedächtige Zuhörer registriert das Gesagte und das Ungesagte. Er fühlt in den anderen hinein und nimmt die Stimmungen des Gegenübers wahr. Intuitiv stellt er die richtigen Fragen, oder schweigt, wenn Schweigen das Gespräch fördert. Dabei wird der Bedächtige nicht übergriffig, nicht missionarisch, sondern tastet sich so vor, wie es nötig ist. Das kann langsam gehen oder direkt, je nach Gesprächspartner.

Der Zuhörer weckt das Vertrauen seines Gegenübers. Er ist geübt darin, auch komplexe und schwierige Sachverhalte in sich aufzunehmen und nicht zu werten. Er gibt nicht gleich seine Meinung kund und kann sich zurücknehmen. Bedächtige Zuhörer verfügen meist über große Lebenserfahrung. Dass spürt das Gegenüber und weiß, hier ist jemand, den nichts so schnell schocken kann. Dabei schweigt er nicht im Gespräch, sondern nimmt Bezug auf das, was ihm anvertraut wird. Er ordnet das Gesagte mit einfühlsamen Worten und ruhiger Stimme ein und gibt dem Gespräch eine Struktur, in der sich der andere aufgehoben fühlt. Das gute Gefühl, verstanden zu werden, wirkt gleichzeitig angstlösend, stimulierend und stimmt zufrieden. Nicht selten macht es sogar richtig glücklich. Der Zuhörer gibt etwas von sich preis, lässt seine Erfahrungen einfließen, ohne dass sie zum Dreh- und Angelpunkt des Gesprächs werden. Vielmehr bilden die Erfahrungen einen Boden, auf dem der andere Fuß fassen kann und einen Schritt nach dem anderen tut.

Der Bedächtige arbeitet oft im sozialen Bereich. Er zeigt einen hohen Arbeitseinsatz und lädt sich viel Arbeit auf. Er besitzt viel Ausdauer, denn er ist der wahre Leistungsträger hinter den Machern in der ersten Reihe. Bedächtige Zuhörer können auch in Führungspositionen mit großer Verantwortung sitzen, denn auf sie ist immer Verlass. Ihr Ego ist ihnen nicht so wichtig wie das Projekt und die harmonische Stimmung in der Abteilung.

Volle Aufmerksamkeit

Der einfühlsame Zuhörer hält Augenkontakt. Er ist wach und signalisiert Interesse. Dieses reißt auch nicht nach ein paar Minuten ab. Dafür hat der Zuhörer einen Ort und Zeitpunkt gewählt, wo ein ruhiges Gespräch möglich ist. Weder unterbrechen Kinder, Telefonate noch ein Blick auf das Display von Handy, Tablet oder Laptopbildschirm das Gespräch. Diese Bemerkung ist insofern wichtig, als dass sich viele Menschen nicht bewusst sind, wie hinderlich es für den Gesprächsverlauf ist, wenn die Aufmerksamkeit geteilt wird. Vielmehr bildet es die absolute Ausnahme, dass sich zwei oder mehr Menschen vertrauensvoll unterhalten, und keiner einen Blick auf ein Handy wirft. Die ungeteilte Aufmerksamkeit ist jedoch die Grundvoraussetzung für ein intensives Gespräch über heikle Themen. Wie gesagt, manchmal gehe ich zwei Stunden mit meinem Mann an einem See oder Strand spazieren, bevor ich ihm etwas wirklich Wichtiges anvertraue oder er mir.

Ein Zuhörer brüskiert den anderen nicht. Denn er weiß, dass eine falsche Äußerung, eine abweisende Geste oder ein gelangweilter Blick den Gesprächsfaden unter- oder sogar abbrechen können. Er weiß aus Erfahrung, welche Klippen er im Gespräch umschiffen muss, welche Abgründe zu tief sind, um sie in diesem Moment zu ergründen. Wer sich gerade scheiden lässt, möchte am Anfang des Gesprächs wohl nichts über seinen eigenen Anteil an der Misere hören. Das kann erst in viel späteren Gesprächen, wenn gewünscht, erörtert werden. Mit einem Zuhörer als Freund kann eine tiefe, innige Freundschaft entstehen, wenn das Gegenüber auch Zuhörerqualitäten besitzt. Vertrauen, Kontinuität, Respekt und Verständnis spielen dabei eine entscheidende Rolle.

Am folgenden Beispiel lässt sich dies gut verdeutlichen: Meine gute Freundin Lena ist eine ideale bedächtige Zuhörerin. Wir kennen uns sehr lange. Wir wuchsen beide in Osnabrück auf, unsere Mütter waren Freundinnen und die Väter Juristen. Wir gingen zusammen zur Schule, verbrachten unsere Freizeit gemeinsam und sangen im Chor. Eine Szene, die sich in mein Gedächtnis eingeprägt hat, ist, als wir uns in dem alten Bauernbett in Lenas Zimmer gegenübersaßen – wir müssen so circa 14 Jahre alt gewesen sein – und uns wahnsinnig über den Erdkundelehrer aufregten. Wir konnten und können über alles sprechen, da Lena vom Typus her die Bedächtige, die ideale Zuhörerin ist. Sie bildet sich kein vorschnelles Urteil, fällt einem nicht ins Wort, urteilt nicht. Sie macht sich ein Bild und lässt es auf sich wirken. Wenn ich heute mit Lena spreche, sitze ich ihr in Gedanken manchmal noch in dem Bauernbett gegenüber. Die Vertrautheit ist wie immer, die Chemie stimmt.

Wichtig beim Zuhören ist, dass Sie sich erst einmal anhören, was der andere zu sagen hat, und sich nicht sofort eine Meinung bilden. Der Zuhörer wägt ab, zerbricht sich das Gehirn, um in einem Gespräch eine gute Lösung für alle Beteiligten zu finden. Er will den anderen nicht übervorteilen, aber auch nicht übervorteilt werden.

Gute Entscheidungen

Der Zuhörer, wenn er zudem noch bedächtig ist, handelt klug. Wie die Wirkung nach außen ist, ist ihm erst einmal nicht so wichtig. Sein Handeln fußt auf genauer Überlegung und manchmal wochenlangem Nachdenken. Wenn er sich für etwas entscheidet, dann richtig. Er wird niemals vorschnell eine Entscheidung treffen, um sie im nächsten Moment wieder rückgängig zu machen.

Er ist absolut zuverlässig, und weicht nur aus wichtigen Gründen von einer einmal gemachten Zusage ab.

Dann wird er einen anderen Vorschlag machen, um die Absage wiedergutzumachen. Diesen Typus kann man mit sehr komplexen Aufgaben betrauen, in Führungsposition auch mit großer Tragweite, wie zum Beispiel Richter, Amtsgerichtspräsident, Vertrauenslehrer. Er wird die Macht nicht ausnützen, denn sein Ego ist nicht das, was ihn antreibt. Er setzt in seinen Werten auf Sicherheit, Vertrautes, Gewohnheiten und Orientierung. Manchmal bleibt er in dem Ort wohnen, aus dem er stammt, baut ein Haus auf dem Grundstück seiner Eltern oder in der Nähe. Hören Sie von einem Menschen, dass er seit 30 Jahren an einen bestimmten Urlaubsort fährt, so ist es der bedächtige Zuhörer, kein anderer macht so etwas.

Der bedächtige Zuhörer hat große Schwierigkeiten, wenn er von vertrauten Menschen zurückgewiesen wird. Dann leidet er stark unter Trennungen, denn sie bringen seine gewohnten Bahnen durcheinander und seine Liebe zu den stabilen, sozialen Netzwerken.

Der Kommunikative – Business by lunch

Der Kommunikative ist ein geselliger Typ. In der Farbtypologie ist er gelb. Er hat einen weit verzweigten Freundeskreis und würde für seine Freunde und Familienmitglieder alles geben, so wichtig sind diese Menschen für sein Wohlergehen.

Der Kommunikative ist glücklich, wenn er sich mit anderen austauschen kann. Gespräche braucht er wie die Luft zum Atmen. Ohne

Kontakte geht er ein. Wenn der Kommunikative in einem Seminar ein Projektergebnis präsentieren soll, steht meist das ganze Team auf dem Podest. Denn Teamarbeit ist ihm wichtiger, als sich selbst in den Vordergrund zu spielen.

Balzac, kreativer Geist und Genie

Der Kommunikative ist meist optimistisch, kreativ, überzeugend und kontaktfreudig. Er liebt das große Ganze, die Details interessieren ihn nicht, wie genaue Termine, Fußnoten, Tabellen oder die exakte Kostenkalkulation. Der Kommunikative, wenn er extrem kreativ ausgeprägt ist, bekommt Mahnungen oder Bescheide vom Gerichtsvollzieher. Rechnungen sprechen nicht zu ihm, und wenn, dann nur ganz leise.

Als kreatives Genie und Lebenskünstler, der nicht mit Zahlen umgehen konnte, ging der französische Schriftsteller Honoré de Balzac in die Literaturgeschichte ein. Der Mann, der unzählige Affären mit Damen der Gesellschaft unterhielt, musste wie ein Besessener seine Romane und Geschichten schreiben, da er seine im Voraus bezahlten Honorare immer schon längst verprasst hatte. Mal kaufte er eine Druckerei, ging damit aber bankrott. Er liebte es, in den großen Häusern der adeligen Gesellschaft eingeladen zu sein und zu feiern. Balzac, heißt es, habe angeblich 40 bis 60 Tassen Kaffee täglich getrunken, um sich nachts wach zu halten und seine Texte zu verfassen. Balzac war definitiv ein Kommunikativer.

Das Büro des Kommunikativen ist übervoll mit Unterlagen, Büchern, Plänen, Skizzen und schönen Dingen, an denen er sich erfreut. Es wirkt auf andere chaotisch, er selbst schöpft daraus seine

Kraft, da er visuell mit den Dingen in Kontakt steht. In seinem Kopf sieht es genauso aus. Er sprüht über vor Ideen und Möglichkeiten, kritzelt Zeichnungen auf ein herumliegendes Blatt Papier. Er ist impulsiv und kann oberflächlich erscheinen, doch der Eindruck kann auch trügen, denn hinter der Kontaktfreudigkeit steckt grundsätzliches Interesse und Wohlwollen gegenüber Menschen. Der Kommunikative kann Anekdoten erzählen und eine Runde glänzend unterhalten.

Dieser Typus braucht Abwechslung, sonst wird es ihm langweilig. Typischerweise sucht er sich neue Ziele, um seine Neugier auf fremde Länder zu befriedigen. Armenien, Iran, China, der Kommunikative möchte unbedingt dahin, am besten mit ein paar Brocken Landessprache oder einem Freund, den er noch von früher kennt, den man dort besuchen könnte. Der Kommunikative kommt auf Reisen sofort ins Gespräch mit Menschen.

93 Nachrichten am Morgen

Eine argentinische Freundin, Gabriela, fuhr zu einer Reise nach Bolivien, da ihr alter Studienfreund Hans, ein Ecuardorianer, zu seinem 50. Geburtstag eingeladen hatte. Er hatte dazu 15 Leute in sein Haus in Bogotá eingeladen, die meisten Südamerikaner, die seit Langem in Deutschland wohnten oder Deutsche mit starkem Südamerikabezug. Kennengelernt hatten sich einige 30 Jahre zuvor in Hamburg auf dem Studienkolleg, wo sie eine Art deutsches Abitur machten, um hier studieren zu können. Die 15 Gäste verbrachten jetzt zehn Tage feiernd in dem Haus. Ausflüge, Partys und Kulturprogramm wechselten sich ab.

Gabriela kannte nur vier der Anwesenden, als sie in Bolivien ankam. Bei ihrer Rückkehr nach Berlin war sie Teil einer regen WhatsApp-Gruppe. Wenn sie aufwachte, fanden sich 93 Nachrichten auf ihrem Handy. Für die Bekannte einer in Paris lebende Deutschen von der Party suchte sie eine Sprachschule, mit den in Europa lebenden Teilnehmern hatte sie bereits einen Oktoberfestbesuch geplant. Spaßeshalber postete sie zu Beginn eines unserer Spaziergänge um den Schlachtensee in ihrer 50ster-Geburstag-WhatsApp-Gruppe Straßenschilder mit den Namen »Bogotástraße«, »Argentinische Allee«, »Limastraße« und »Mexikoplatz«, an denen wir in Zehlendorf vorbeigefahren waren und die sie aus dem Auto fotografierte. Als wir etwa nach einer Stunde im Restaurant saßen und sie ihr Handy kontrollierte, hatte sie bereits 23 Kommentare zu den Straßenschildern erhalten. Wenn Sie so jemanden kennen, ist es definitiv ein Kommunikativer.

Die folgenden Typen entsprechen nicht einer Farbe, sondern sind extreme Ausprägungen verschiedener Persönlichkeiten.

Der Blender – Luftpumpen bei der Arbeit

Er parkt den Jaguar direkt vor dem Café oder fährt mindestens einmal sichtbar daran vorbei. Der Blender kann einfach nicht anders. Er muss dick auftragen. Im Gespräch kommt er sofort zur Sache, seine »Gesprächspartner« erhalten schon gleich zu Beginn ein Update über die neuesten Projekte seines fantastischen Jobs, seinen sagenhaften, beruflichen Erfolg, seine renommierten Kunden, Mandanten, Patienten, Geschäftspartner sowie seine multiplen sozialen Verpflichtungen mit Menschen von hohem gesellschaftlichem Rang.

Seine Kontakte reichen in die Tiefen der digitalen Startup-Szene, er ist Teil des angesagten Nachtlebens, kennt die Top-Vertreter der Wirtschaft. Arbeitet er im Kulturbusiness, enthält sein Adressbuch das Who's who der künstlerischen Avantgarde und seiner Galeristen, je nachdem, in welchem Umfeld sich der Blender gerade tummelt.

Auch wer es nicht wissen will, wird eingeweiht in den letzten Stand des obligatorischen Auslandsjahres der Kinder (englisches Internat, privat ein Jahr Korea). Liebt der Blender Reisen, erfährt der erstaunte Zuhörer, welchen Promi-Sportler er das letzte Mal im Luxusressort auf Sardinien getroffen hat respektive in der nächsten In-Destination, wo »man« hinfährt. Glauben Sie noch, Korsika sei in, weiß der Blender Sie darüber aufzuklären, wie angestaubt Ihre fest gebuchte Destination für den nächsten Urlaub bereits ist.

Schwaches Inneres

Tief im Inneren ist der Blender unsicher. Er braucht die äußere Protzerei, um sein Ich zu stabilisieren. Ohne die Zurschaustellung von dem, was er hat, was er tut und was er vermeintlich ist, fühlt er sich verloren und wertlos. So einfach es ist, diesen Gesprächstypen zu bestimmen, so schwer ist der Dialog mit ihm. Denn dem Blender mangelt es an sozialer Rückkopplung. Er merkt nicht, wie unangemessen sein Auftritt ist.

Während die ersten Minuten des Treffens noch unterhaltsam sind, schleicht sich schnell das Gefühl ein, dass etwas nicht stimmt. Es kann sein, dass der Blender sich nicht dafür interessiert, was der andere zu erzählen hat. Eingenommen von sich selbst, berauscht er sich an den eigenen Anekdoten. Fragt er dennoch nach, so fehlen im Gespräch die nötigen Merkmale von interessiertem Zuhören. Alles, was er darstellt ist grandioser, besser, teurer. Seine Geltungssucht und Ich-Bezogenheit sind geradezu manisch. Wer einem richtigem Blender zugewandt und interessiert zuhört, in der Hoffnung, er höre irgendwann von alleine auf, wird im Zweifelsfall bestraft. Denn er macht immer weiter, glücklich, jemanden gefunden zu haben, der ihn bewundert. Einen Blender zu stoppen ist Schwerstarbeit. Wenn die Sonne auf ihn scheint, kann er sich entspannen. Dann kann man sich dem eigentlichen Gesprächsinhalt widmen. Vielleicht hat er hinter der blendenden Schale einen weichen Kern oder ist äußerst intelligent. Womöglich hat er sich einem sozialen Projekt verschrieben oder kümmert sich um seine Familie.

Was der Blender verbirgt

Der Blender kann eine zweite Seite haben, in der die Eigenschaften zum Tragen kommen, die er hinter der Schale aus Glanz und Glamour zu verbergen sucht. Eine schwierige Kindheit, familiäre oder geschäftliche Probleme. Blenden heißt, nach außen hin ein Täuschungsmanöver produzieren, damit der Blick nicht auf etwas Bestimmtes fällt. Wenn Sie den Blender wirklich bremsen wollen, überführen Sie ihn einer Lüge. Wer immer dick aufträgt, hat auch irgendwo mal etwas erfunden. Wenn Sie den Blender ertappen, fällt er wie ein zu schnell erkalteter Kuchen zusammen.

Der Dozierer – Prof. Dr. verbalhabilitiert

Der Typus des Dozierers ist im akademischen Umfeld häufiger anzutreffen als auf freier Wildbahn. Es ist nicht leicht, ihn zu erkennen, denn er fällt nicht in allen Situationen in seinen Doziermodus. Wenn dies passiert, können Sie als Gesprächspartner getrost beim Zuhören auf Autopilot stellen. Er wird es nicht merken, solange sie hin und wieder »hmm« oder »nein, wirklich?« sagen und nicken.

Professoren etwa, die daran gewöhnt sind, eine eineinhalbstündige Vorlesung zu halten, ohne große Zwischenimpulse, eignen sich bestens, um eine dominante Alleinerklärerposition im Gespräch einzunehmen. Wissenschaftler, die sich in ihrem Fachgebiet wie kein anderer auskennen, können problemlos ausholen und die Geschichte der Grünalge in all ihren Facetten ausbreiten. Sätze wie »In meinem Vortrag auf dem ASCO habe ich schon gezeigt, dass …« weisen den Typus aus. Dabei sagen sie nie »Amerikanischer Krebskongress«, sondern nennen die Meetings natürlich bei ihrem Insidernamen oder dem Ort, an dem er das letzte Mal stattgefunden hat (»ASCO«, »neulich in Chicago«).

Bei einem Abendessen saß ich vor vielen Monaten neben einem Professor für Philosophie kurz vor dessen Emeritierung. Der Mann hatte viel gelehrt, viel gelesen. Sein Lieblingsthema war – die Philosophie. Ich kramte tief in meinem Gedächtnis, lag die letzte Lektüre eines philosophisch angehauchten Buchs schon zehn Jahre her. Mein Onkel hatte mir eine ganze Reihe geschenkt, damit ich mit ihm darüber reden konnte. Doch mein Wissen war brüchig. Was auch immer ich sagte, ich wurde unterbrochen und korrigiert. Nach einer Stunde, gerade wurde der Hauptgang serviert, war ich fix und fertig. Es gab aber kein Entkommen. An die Person links neben mir kann ich mich heute nicht einmal mehr erinnern, da ich zu dem Zeitpunkt, als ich mich nach links wendete, bereits *braindead* war.

Der Tonfall des Vortragenden ist selbstsicher, geschult, ein wenig von oben herab. Hier hört man den geübten Redner heraus, geschult, geschliffen, gewohnt, das Pult vorne zu besetzen und die Aufmerksamkeit auf seiner Seite zu wissen.

Vorträge allüberall

Auch andere Menschen aus dem nicht akademischen Raum eignen sich zum Prof. Dr. Doz.: Sie sind verbalhabilitiert, haben sich den Professorentitel durch multiple (ungebetene) Vorträge – wenn auch nicht an der Universität – »erarbeitet«. Die Themen reichen vom eigenen Immobilienkauf, über die Ökosanierung und Dämmung von Dach und Fenstern des Eigenheims in Heidenheim bis hin zur medizinischen Hightech-Versorgung von Hirntumorpatienten in Indien.

Vier Stunden Monolog-Marathon

Mein persönlicher Rekord, den ich beim Zuhören eines Dozierenden erreicht habe, liegt bei vier Stunden. Der Ansprechpartner war Geschäftsmann, weit gereist und eigentlich menschenscheu. Durch eine kluge Erfindung wurde er mit seiner Firma Multimillionär. Die erste Stunde mit diesem Genie gestaltete sich noch hochinteressant, dann begann, meine Aufmerksamkeit zu bröckeln. Die zweite Stunde war anstrengend, die dritte quälend (Pulsieren im

Kopf), in der vierten flüchtete ich auf die Toilette des Restaurants. Ich rief meinen Mann an und flehte ihn an, mich unter irgendeinem Vorwand direkt aus dem Lokal zu schleppen. Da war es halb zwölf Uhr nachts. Die Flucht gelang.

Den gesamten Abend über stellte der Ansprechpartner, der um das Gespräch gebeten hatte, mir nicht eine einzige Frage, wollte nichts von mir wissen, bekam von meinen Qualen nichts mit, ignorierte sämtliche Hinweise darauf, wie ich unkonzentriert und später auch latent aggressiv wurde. Dass ich gegen halb elf Uhr abends das Gespräch einfach nur beenden wollte, bekam er nicht mit. Er redete und redete und redete. Es hörte nicht auf. Seine Machtposition als Erfinder und Multimillionär versetzte ihn offenbar in die Lage, dass ihm immer alle bedingungslos zuhören müssten.

Nur selten erlebt man den Dozierer so extrem. Aber schon im Kleinen kann es einem gehörig auf die Nerven fallen, wenn Mitmenschen die Gesprächshoheit an sich reißen und alle gönnerhaft an ihrem Wissen teilhaben lassen. Die Motivation ist unterschiedlich. Die Fokussierung auf Sachthemen und die alleinige Gesprächsführung zeugt von einer Ichzentrierung, in der die Person nur sich selbst sieht. Das Gegenüber findet nur am Rande statt. Oft haben Dozierer eine Mission, ein ihnen extrem wichtiges Anliegen, das sie in die Welt bringen wollen, ja sogar müssen. Da bleibt keine Zeit für die Ansichten des Gegenübers, die sind nicht so wichtig.

Eventuell ist der Dozierer auch ängstlich, wenn es um weniger sachbezogene Themen geht, oder er ist unsicher, ob seine Einwürfe ankommen beim Gegenüber. So wählt er eine Form und einen Tonfall, der keinen ebenbürtigen Gegenpart vorsieht. Dozierer stecken gerne zu Beginn des Gesprächs ihre Claims ab. Sie stellen heraus, dass sie in Rang und Bildung dem Gesprächspartner überlegen sind, oder über bessere soziale Verbindungen verfügen. Sie bringen die überlegene sozioökonomische Position oder ihren Rang im kulturellen Komplex ins Spiel, in dem sie auf einschlägige Freunde hinweisen.

Der Schwätzer – Haben Sie schon gehört?

Dieser Typus ist hochinteressant. Denn obwohl er nur mit wenig Sachkenntnis glänzen kann und bei Besprechungen viel Unsinn von sich gibt, ist er beruflich oft sehr erfolgreich. Schwätzer finden sich in allen Branchen. Sie besiedeln die Büroetagen wie hartnäckige, multiresistente Keime. Gegen sie scheint kein Mittel gewachsen. Sie breiten sich aus, okkupieren die Aufmerksamkeit des Chefs und der Kunden, ergattern das interessante Projekt oder besetzen die nächsthöhere Position, auf die man selber scharf war. Es ist nicht zum Aushalten.

Trotzdem lassen sich viele von ihnen (zunächst) beeindrucken. Zum schönen Schein gehört, dass Schwätzer ausgesprochen unterhaltsam sein können. Anders als der etwas kantige nüchterne Sachtyp, weiß die Plaudertasche, andere zu unterhalten. Nur die Substanz des Gesagten fällt oft äußerst dürftig aus.

Schwache Führungskräfte finden im Schwätzer einen dankbaren Mitarbeiter. Zu wenig inhaltlich orientiert, um ihnen selbst wirklich gefährlich zu werden, zu unbeliebt, um richtig stark im Team zu werden, mäandert der Schwätzer zwischen den Hierarchien. Wenn er etwas aufschnappt, trägt er es gerne weiter, jedoch nicht ohne es ein wenig nach seinem Gusto auszuschmücken. Seine Geschichten klingen fantastisch, immer hat er etwas gehört oder jemand Wichtigen getroffen. Meist behauptet er, diese Person, zum Beispiel einen potenziell interessanten Geschäftspartner, wirklich gut zu kennen. Natürlich hat er die Mobilnummer von XY, womöglich meint er, erst vor Kurzem mit ihm auf einer Party geplaudert zu haben. Hakt man nach, fällt ihm urplötzlich ein, dass sich die Handynummer gerade geändert hat, er verfüge nur über die alte. Noch schlimmer: Fragt man den Geschäftspartner, weil man ihn selber kennt, hat der den Schwätzer monatelang nicht gesichtet.

Viel heiße Luft

Irgendwann hat der Dampfplauderer vielleicht mal etwas geleistet, das ihn auszeichnet. Entweder hat er in Harvard oder Yale studiert (ein Sommerkurs reicht) oder einmal eine begehrte Auszeichnung erhalten. Er brüstet sich damit, selbst wenn es 20 Jahre her ist. Vielleicht schmückt ihn auch nur ein klingender Nachname. Sein Vater oder Onkel war mal Staatssekretär, sein Patenonkel arbeitet in einer wichtigen Position in der Industrie, seine Frau kommt aus einer einflussreichen Familie. Oder es ziert ein »von« den Familiennamen, das schindet Eindruck in der PR-Branche, in einigen Anwaltskanzleien und im Auswärtigen Amt.

Wichtigstes Manöver: Berater an Bord

Im Prinzip wäre nichts an dem Typus auszusetzen, man muss ihm ja nicht zuhören. Aber wehe, wenn er plötzlich der Vorgesetzte ist und man auch sonst mit ihm eng zusammenarbeiten muss. Denn das Wesen des Schwätzers ist, dass er nur heiße Luft produziert. Je höher die Position, desto größer seine Angst aufzufliegen.

Er bringt befreundete Berater an Bord, die seine Arbeit leisten. Diese setzen ein Projekt auf mit einem knackigen englischen Namen in Großbuchstaben und befragen die Mitarbeiter, was sie so machen. Allein für die Namensfindung des Projekts berechnen sie 10 000 Euro (Freundschaftspreis).

Alles muss raus

Dies bringen sie rasch zu Papier und erklären ihrem Freund für ein saftiges Honorar, worum es bei seinem Job überhaupt geht. Mittelmanagement mit Ahnung wird ersetzt durch willige Bekannte, die einem ein Leben lang dankbar für den gut bezahlten Job sind. Deren wichtigste Qualifikation ist, Sie ahnen es schon, ebenfalls ganz große Luftpumpen zu sein. Mit einem Haufen Anglizismen optimieren sie erst mal den *Workflow,* nachdem sie festgestellt haben, dass die alten Mitarbeiten totale *Underperformer* sind und verabschieden sich ins Wochenende, wo sie versuchen, *wahnsinnsdriven* wie sie sind, noch rasch das nächste Projekt aufzusetzen und ihrem *digitalen Burnout* entgegenzusegeln.

Sie könnten jetzt denken, dass ich übertreibe. Wer den Schweizer Schriftsteller Martin Suter und seine Bestseller über die »Business Class« kennt, wird wissen, es gibt sie wirklich, die gehetzten Führungskader, ausgebrannte Workaholics und ihre alltäglichen Rituale des Machterhalts. Kampf um Statussymbole (Büro, Parkplatz), Frust, Intrige, Angriff und Anbiederung, alles dreht sich bei Suter im Kreis. Der Schwätzer könnte einem seiner Bücher entspringen.

Schwätzer befüllen Raum und Zeit unaufgefordert mit Text. Das Gegenüber darf, wenn es mit dem Schwätzer redet, Entgegnungen abgeben, Fragen stellen, Einwürfe machen. Dies ist kein Monolog wie bei Dozierern, sondern ein Hin und Her von Worthülsen, weitgehend inhaltslos und ohne Konsequenzen.

Das Opfer – Kein Schwein ruft mich an

Jeder kennt diesen Typ, die Menschen, die ewig zu kurz gekommen sind. Was auch immer ihnen geschieht oder nicht geschieht, die anderen sind schuld. Am Konferenztisch sitzen sie und blicken vorwurfsvoll in die Runde, denn niemand hat sie für eine der wichtigen Arbeitsgruppen nominiert, die über die umstrittenen Veränderungen im Arbeitsablauf beraten sollen. Ihr Name steht noch auf keiner Liste.

Es scheint wie damals beim Völkerball in der Schule. Während alle anderen bereits in eine Mannschaft gewählt wurden, blieben immer dieselben Mitschüler auf der Bank bis zum Schluss sitzen, bis sie notgedrungenerweise gewählt werden mussten.

Auch wenn ein Kollege sie leise zur Seite nimmt und zur Kenntnis bringt, dass man vor vier Wochen sich in eine Liste hätte eintragen müssen, fühlen sie sich immer noch im Recht. »Da war ich krankgeschrieben«, sagt das Opfer trotzig, als ob das alles erklären würde. Niemand hat sie informiert, niemand hat sie angerufen oder eine Mail geschickt. Die Information, dass die Mail an alle ging, wischen sie mit einer Handbewegung weg. Sie konzentrieren sich nun darauf, den Rest der Konferenz geduldig abzuwarten, was passiert. Erdulden ist das Wesen des Opfers.

Schlechtes Gewissen der anderen

Eine Fähigkeit, die Opfer haben, besteht darin, anderen ein schlechtes Gewissen zu machen und Mitleid zu erregen. Opfer übernehmen ungern Verantwortung für ihr Tun und das Vorankommen von Dingen in ihrer Umgebung. Sie sind fest davon überzeugt, dass ein anderer es ist, der versagt hat, der etwas unterlassen hat, der sich nicht gekümmert hat. Die Umgebung reagiert auf diese Schuldzuweisung auf zwei Arten. Zunächst versuchen hilfsbereite Kollegen oder Mitmenschen, dieses Defizit auszugleichen, Gespräche anzuberaumen und die Schieflage wieder zu begradigen. Nach einiger Zeit, wenn diese Misslagen mehrfach vorgekommen sind, ziehen sie sich zurück. Soll doch der Kollege selber zusehen, wie es weitergeht, denken sie. Die eingeredeten Schuldgefühle wirken nicht mehr, sie nerven. So manövriert sich das Opfer in eine prekäre Situation. Abgeschnitten von der Fähigkeit, die anderen zu instrumentalisieren, weiß es nicht mehr weiter. Das Opfer geht nicht ohne Weiteres in die Aktion. Es ist ein Freund der Reaktion.

Privat bietet sich das gleiche Bild. Hat ein weibliches Opfer einen Mann kennengelernt, so stellt sich nach einer gewissen Zeit heraus, dass mit ihm etwas nicht stimmt. Entweder ist er verheiratet und beteuert ständig, dass er sich trennen wird, was sich dann doch in die Länge zieht. Oder er ist gerade in finanziellen Schwierigkeiten, die das Opfer nun anbietet auszugleichen.

Was auch immer unternommen wird, es kommt zu keinem guten Ende. Die Geschichten, die das Opfer aus seinem Beziehungsleben erzählt, sind von Reinfällen, schwierigen Männern und Frauen, Unfällen, Krankheiten und Finanzengpässen gekennzeichnet. Wenn es ganz furchtbar wird, führt der andere Partner heimlich ein Doppelleben.

Das Opfer hat auch Pech mit seinen Lebensumständen. Wenn die alten Eltern krank sind, ist es die einzige Person, die sich kümmern kann, niemand anderes bietet sich an, diese Aufgabe zu übernehmen. Das Opfer kümmert sich, aber nicht, ohne sich darüber zu beklagen, dass die Geschwister doch auch mehr tun könnten, zumal sie näher an den Eltern wohnen.

Eingeschränkte Wahrnehmung

Wenn man mit diesem Typus spricht und eine Lösung für ein Problem durchdiskutiert, hört das Opfer geduldig zu. Auch verständig. Es spielt gedanklich durch, welche Schritte zu einem Ziel führen könnten. Die Wahrnehmung ist jedoch so auf die eigene missliche Lage gerichtet, dass es die Realität nicht sehen kann. »Ja, aber« ist ein bei diesem Typus sehr häufiger Satzbeginn.

Für eine Veränderung müsste das Opfer das eigene Schicksal in die Hand nehmen, um sich zum Beispiel durch Weiterbildung, Weiterentwicklung oder Jobwechsel aus einer beruflichen Sackgasse zu begeben. Durch die Veränderung der sozialen Umgebung mehr und andere Leute kennenzulernen, die frischen Wind in das Leben bringen und Kontakte für Freizeit, Leben und Job. Das Opfer wird nicken und sich wünschen, dass es diesen Schritt gehen könnte.

Doch in der Woche nach dem Gespräch hat es diese Schritte verworfen, da es keine Zeit hat, sie umzusetzen. Der Chef hat ihm ein riesiges Projekt auf den Schreibtisch geknallt, das die anderen nicht wollten. Nun heißt es erst mal vier Wochen klotzen.

Wenn das Opfer verlassen wird, wird es sozial isoliert sein. Bislang hat sich der Partner um die Geschicke der Familie gekümmert, Grillabende für die Freunde organisiert und die Kinder gemanagt, Nachbarn oder Eltern eingeladen. Das Opfer hatte immer viel zu tun, konnte sich nicht um jede Kleinigkeit kümmern. Das Verschwinden des Partners wird immer wieder als Dreh- und Angelpunkt für das eigene Unglück gesehen, möglicherweise werden Prozesse geführt, die es dem Expartner zeigen sollen.

Das Opfer schaut nicht nach vorn. Der Mangel an strategischer Planung und vorausschauendem Handeln hat es nie auszugleichen gelernt, da die Opferrolle nicht strategisch auf Planen angelegt ist. Die Opfer-Strategie sieht vor, andere aus der Schwächeposition zur Handlung zu drängen, die es selber möchte.

Der Freund des Opfers ist die Krankheit. Der Körper meldet sich, wenn die Ausrichtung und die Ziele im Leben nicht stimmig sind, wenn zu viele Fehlentwicklungen sich aneinanderreihen. Das Leiden dient als Begründung für allerlei Missgeschicke. Manchmal führt sie zu wochenlangen Krankschreibungen und auch der Unfähigkeit, sich zu verändern.

Wenn das Opfer sich beraten lässt, kann es zu der Einsicht kommen, dass dieser Prozess nicht unumkehrbar ist. Dass kleine Schritte in die Aktion dem Leben eine Richtung geben. Wenn diese

Schritte wirken, kann es die Opferrolle verlassen. Ein erster Schritt wäre, die Überzeugung, die anderen seien schuld, abzulegen. Wir selbst gestalten unser Leben, nicht die anderen. Wenn das Opfer diese Erkenntnis erlangt, kann es langsam sein Leben gestalten, und seien es nur erste kleine Aspekte.

Übung: Sich auf den Stuhl des anderen setzen

Das Kapitel über Typologie und Persönlichkeit dient dazu, sich die Position des Gegenübers zu vergegenwärtigen. Sein Denken, Fühlen und Handeln. Anders als theoretische Überlegungen ist diese Übung, in der es darum geht, konkret die Perspektive des anderen einzunehmen. Die Übung können Sie zu Hause machen. Sie brauchen dafür ein Notizbuch und einen Stift. Dazu setzen sie sich tatsächlich auf einen Stuhl, möglichst auf einen, auf dem Sie sonst nicht sitzen. Es sollte nicht »Ihr« Sessel, Stuhl oder Lieblingsplatz sein. Stellen Sie den Stuhl mitten in den Raum und machen Sie es sich darauf bequem. Wie sitzen Sie? Was sehen Sie?

Nun stellen Sie sich vor, Sie wären die andere Person. Schlüpfen Sie in seine Haut. Ein imaginäres Gegenüber nimmt Ihre Position ein und sitzt in einem größeren Abstand von Ihnen entfernt im Raum. Das sind Sie.

Stellen Sie sich nun eine konkrete Fragestellung vor, die Sie mit dem Gegenüber in nächster Zeit besprechen wollen, zum Beispiel: »Sie sind ein wichtiger Mitarbeiter in meinem Team. Wie kommt es, dass Sie in letzter Zeit so abwesend wirken?« Nun gehen sie gedanklich folgenden Fragenkatalog durch:

Wie kommt die Fragestellung an?
Was denken Sie (in der Rolle der anderen Person) spontan über die Fragestellung?
Was haben Sie davon, darüber zu sprechen?
Interessiert sie die Thematik?
Haben Sie damit gerechnet, dass die Thematik aufgeworfen wird?
Was ist die erste Reaktion, die Sie äußern?
Welche Argumente führen Sie ins Feld?
Stehen Sie der Fragestellung positiv oder negativ gegenüber?
Aus welchen Gründen kommen Sie zu der Haltung?
Verläuft das Gespräch ruhig oder konflikthaft?
Reagieren Sie ehrlich, diplomatisch, ausweichend oder greifen Sie zu einer Täuschung oder Lüge?
Welches sind Ihre Beweggründe dafür?
Mögen Sie Ihr Gegenüber, so wie Sie die Thematik vorgetragen bekommen?
Schafft Ihr Gegenüber eine angenehme Gesprächsatmosphäre, sodass Sie sich entspannen?
Hilft Ihnen Ihr Gegenüber in dem Gespräch?
Flößt Ihnen Ihr Gegenüber Angst ein?
Falls ja, wie?
Fühlen Sie sich überlegen?
Falls ja, warum?
Baut Ihr Gegenüber Druck auf, um an sein Ziel zu gelangen?
Welche Schlüsselworte gefallen Ihnen?
Welche Worte verursachen bei Ihnen Ärger?
Kommen Sie in dem Gespräch zu einer Vereinbarung, einer beiderseitigen Lösung?
Gibt einer von Ihnen klein bei?

Sie können auch eigene Fragen ergänzen, die konkret zur Thematik passen und sie mit der vorgegebenen Rollenverteilung durchspielen. Wenn Sie die Fragen durchgegangen sind, bleiben Sie einen kurzen Moment auf dem Stuhl sitzen und lassen die Gedanken der fremden Person durch Ihren Kopf gehen. Machen Sie sich nun Notizen zu den Fragen, die Ihnen wichtig erscheinen.

Positionswechsel – Sie sind wieder Sie selbst

Dann wechseln Sie die Position und setzen sich auf »Ihren« Stuhl. Nun wissen Sie etwas mehr über Ihr Gegenüber. Überlegen Sie zu der Fragestellung, wie Sie selbst vorgehen würden und gehen den Fragenkatalog für sich durch. Gehen Sie langsam vor, damit sich die Positionen nicht vermischen. Ihnen ist zum Beispiel aufgegangen, dass sich der Mitarbeiter, den Sie in nächster Zeit sprechen wollen, angegriffen fühlt durch Ihre Frage. Natürlich hat er gemerkt, dass er einen Leistungsabfall hatte. Wenn Sie die Frage anders formulieren, kommt sie besser an: »Ich meine zu sehen, dass Sie möglicherweise externe Motivation brauchen. Wie kann ich Sie unterstützen, dass Sie mit dem gewohnten Elan an die Arbeit gehen?« Notieren Sie, welche Punkte Sie anders ansprechen würden, nachdem Sie über die Position des anderen nachgedacht haben.

Die Rolle von Werten und Motiven

Wenn Menschen nicht einschätzen können, was ihnen und was anderen, mit denen sie kommunizieren, wichtig ist, reden sie schnell aneinander vorbei. Während der eine, für den beispielsweise Status und Ansehen eine wesentliche Rolle spielen, seinem

Freund davon vorschwärmt, wie er die neue Wohnung mit ausgefallenen Materialien und Designermöbeln ausstattet, denkt der andere: »Was für eine Zeit- und Geldverschwendung!« Statt wochenlang in Einrichtungshäusern Möbelkataloge zu wälzen und sich in die Beschaffenheit von chinesischem Granit einzuarbeiten, hätte er doch eine ausgefallene Reise in die Karibik machen können.

Was uns antreibt

Harmonie, Gerechtigkeit, Erkenntnisgewinn, Toleranz, Individualismus, Macht, Geld, Bildung, Freiheit oder Glaube – wonach strebt der Mensch? Die Werte, die einem Menschen wesentlich sind, bilden den Kern seiner Weltanschauung. Was uns motiviert, ist so individuell wie unsere DNS. In seiner Biografie strebt der Mensch danach, die Dinge, die ihm wichtig sind, zu erreichen, das Leben zu leben, das am ehesten seiner jeweiligen Motivlage entspricht.

Dabei variieren die Werte und Motive, die einen Menschen auszeichnen je nach Lebensentwurf, Persönlichkeit, Herkunft, Kultur oder sozialer Zugehörigkeit. Sie können sich auch wandeln. Je nach der Situation in unserem Leben, spielen bestimmte Dinge eine über- oder untergeordnete Rolle. Doch diese Motive sind nicht in Stein gemeißelt.

Woher kommen die Werte?

Eine chilenische Landfrau lebte in einem kleinen Holzhäuschen, mit ihrer Tochter und ihrer Mutter etwa zwei Stunden von Santiago de Chile entfernt. Ihr Mann starb vor Jahren und hinterließ ihr neben einer winzigen Rente das mehr als Geräteschuppen geplante Haus und einen dazugehörigen Acker, auf dem die Familie Gemüse für den eigenen Bedarf anbaute. Die Familie lebte in Armut und kämpfte ums Überleben. Das Geld war so knapp, dass die Frau an Weihnachten nicht genug Geld hatte, um jeder der zahlreichen Nichten und Neffen ein Geschenk zu machen.

Welche Werte prägen die Frau? Ihr Ursprung auf dem südamerikanischen Kontinent, auf dem traditionelle Werte zählen, ihre schlechte sozioökonomische Situation, fehlende Bildungs- und Aufstiegschancen bilden die Grundlage ihrer Weltsicht. Harte Arbeit, enge Beziehungen zur Familie, der Glaube an Gott und die Ausübung der Religion, Gehorsam und Nationalstolz stellen die Eckpfeiler ihres Lebens dar.

Da sie täglich mit der Erzeugung von Lebensmitteln beschäftigt ist, welche das Überleben ihrer Familie sichern, hat sie keine Möglichkeit, über Selbstverwirklichung, Bildung oder über die Zukunftsplanung nachzudenken. Die Bewältigung des Alltags in der Gegenwart ist ihre Hauptaufgabe.

Dieses Beispiel dient dazu, die Grundbedingung von Werten und Motiven darzulegen. Erst, wenn die Grundbedürfnisse abgedeckt sind nach Nahrung, Sicherheit, Wohnung und Kleidung, können wir nach anderen Werten streben. Höhere Bildung, für die Generation meiner Mutter noch ein Luxus (»Mädchen brauchen kein Abitur.«), erscheint vielen Jugendlichen heute als purer Irrsinn und Schikane ihrer Eltern.

Globale Werte-Studien

Die Globo-Studie, welche die Wertunterschiede in den unterschiedlichen Kulturkreisen und Ländern erforscht, hat ergeben, dass die Grundwerte von Gesellschaften maßgeblich davon abhängen, wie gut die sozioökonomische Situation ist. Das heißt, ob eine Familie wie etwa in weiten Teilen Afrikas ums Überleben kämpft oder ob eine Familie, wie die meisten in der westlichen Welt, wirtschaftlich abgesichert ist. Ebenfalls hängen die Grundwerte davon ab, ob sich die Gesellschaft an traditionell-autoritären oder weltlichen/rechtlichen Systemen orientiert.

Konkret bedeutet dies, dass in einer sehr laizistisch dominierten Gesellschaft wie zum Beispiel Skandinavien oder Deutschland eine Scheidung oder eine Abtreibung von weiten Teilen der Bevölkerung akzeptiert wird. In diesen weltlichen Gesellschaften gilt ebenfalls politisches Interesse als wichtig. In einer an Tradition und Autoritäten gebundenen Gesellschaft, die sich an den oben im Beispiel der chilenischen Landfrau beschriebenen Werten orientiert, gelten sowohl Scheidung als auch Abtreibung als verfemt.

Interessant wird es, wenn man dazu noch die Komponenten Armut und Wohlstand mit in die Gleichung einbezieht. So gelten in einer Gesellschaft, die im großen Wohlstand lebt, Selbstverwirklichung, Freiheit, nicht materielle Werte (postmaterielle Werte), Toleranz, Frauenrechte, Freizeit, Ideenreichtum oder Ökologie zu den wichtigen Werten. Dabei gibt es weder richtig noch falsch. Es ist nicht falsch, Religion als wichtigen Wert zu definieren und seine Kinder auf eine christliche Schule zu schicken. Genauso wenig ist es falsch, keiner Religion anzugehören. Dennoch tobt hier der Kampf der Überzeugungen, der Kampf um die Bedeutung der Werte. Der Kampf darum, was besser ist. Kinder gehen in der Regel auf die Schule, die ihre Eltern nach ihren Wertevorstellungen für sie ausgesucht haben. Ob die Normaloschule um die Ecke, Waldorfpädagogik, protestantische Eliteschmieden, freie Schulen zur individuellen Selbstentfaltung oder Brennpunktschule mit hohem Migrantenanteil – in kaum einem Gebiet verlaufen die Gräben so tief wie in der Bildungsfrage. Was jemanden antreibt, ist in der Regel eine Mischung aus seinen anerzogenen und später selbst ausgesuchten Werten und seinem angeborenen Temperament.

Eine Schülerin wollte in ihrer Schulzeit unbedingt ein Jahr ins Ausland. Eine gemeinnützige Organisation vergab dafür Stipendien, jedoch verbunden mit einem sehr schweren Bewerbungsgespräch. Die intellektuellen und sprachlichen Voraussetzungen, das soziale Engagement, die Art der Präsentation wurden von mehreren Juroren unter die Lupe genommen.

Das Mädchen strengte sich an, engagierte sich im Tennisverein, organisierte Turniere mit der Mannschaft und begleitete sozial benachteiligte Kinder innerhalb ihrer Gemeinde auf Freizeit-Wochenenden. Sie war von einem Elan getrieben, den man so nicht von ihr kannte. Die Eltern staunten, was so ein selbst gewähltes Ziel bei ihrer Tochter auslöste. Schließlich kam der Tag der Bewerbung, und die Jugendliche konnte von all ihren Erfahrungen berichten. Sie wurde mit der Organisation für ein Jahr nach Bolivien geschickt, es wurde ein unvergessliches Jahr.

Erlahmte Motivation

Nicht immer sind wir von frischem Elan getrieben. Manchmal greift eine mangelnde Motivation um sich, die sich im Leben ausbreitet. Keine Lust auf die Arbeit, keine Lust auf die täglichen Aufgaben, keine Energie für die Pflichten. In solchen Phasen gilt es, die Ursache für das zwischenzeitliche Motivationstief zu finden.

Dabei können Motive, die einen Menschen antreiben, eine wesentliche Rolle spielen. Wenn wir mit unseren Werten und Motiven in Konflikt kommen, kann dies unseren Elan erheblich bremsen. Hat beispielsweise ein auf Autonomie und Kreativität bedachter Mensch beispielsweise seine Arbeit bislang frei und selbstbestimmt erledigen können, kann er durch einen neuen Chef, der auf Kontrolle und Fremdbestimmung setzt, in seiner Schaffenskraft plötzlich blockiert sein.

Die inneren Motive der Autonomie, Selbstbestimmung und Freiheit in der Zeiteinteilung, welche den gesamten Menschen im Job in Bewegung gesetzt haben, können nicht mehr wirken. Es ist, als würde man einen Wagen, der Superbenzin braucht, nun mit Diesel füllen. Beim Auto wirkt der Motorschaden nur auf den Wagen selbst, bei Menschen kann dies aber ein ganzes Leben blockieren. Die Stimmung, die Zuverlässigkeit im Verein, der Kontakt zu Freunden, das Familienleben können von dem Negativitätsvirus erfasst werden. Wenn wir nicht wirklich lieben, was wir machen und wie wir es machen, kostet es enorm viel Kraft.

Aus diesem Grund ist es entscheidend, hin und wieder einen Wertespaziergang zu unternehmen, um innere Werte und Motive zu überprüfen. Ebenfalls hilft ein Abgleich mit der tatsächlichen Ist-Situation im Leben. Welche Motive können zu diesem Zeitpunkt nicht gelebt werden? Wann ändert sich dies wieder? Die folgende Übung, der Wertespaziergang, fördert zutage, worauf es uns wirklich ankommt.

Übung: Wertespaziergang

Um herauszufinden, welche Werte Ihnen wichtig sind, können Sie diese Übung zu Hause machen. Schreiben Sie folgende Werte auf eine Karte und verteilen Sie die Karten in einem größeren Raum. Sie werden im Laufe der Übung auf den Karten spazieren gehen und Karten wegnehmen, die Sie nicht mehr brauchen, bis am Ende noch eine einzige übrig ist.

Begriffe für die Karten

Abenteuer
Erfolg
Individualität
Kultur
Kunst
Kreativität
Verlässlichkeit
Dankbarkeit
Mut
Flexibilität
Loyalität

Nächstenliebe
Hilfsbereitschaft
Frieden
Verständnis
Humor
Politisches Engagement
Bürgerschaftliches Engagement
Freiheit
Sicherheit
Verantwortung

Sport	Gott
Gesundheit	Macht
Familie	Bildung
Kinder	Leistung
Tradition	Schönheit
Wahrheit	Attraktivität
Vertrauen	Status
Freundschaft	Soziales Engagement
Religion	Umwelt
Geld	Harmonie

Betrachten Sie die Karten und stellen Sie sich auf eine Karte. Überlegen Sie, ob Sie auf diesen Wert verzichten könnten. Wenn ja, nehmen Sie die Karte und legen Sie sie zur Seite. Stellen Sie sich nun auf den nächsten Wert. Verzichtbar oder unverzichtbar? Wenn Sie auf einem unverzichtbaren Wert stehen, lassen Sie ihn liegen und spazieren Sie zu einer anderen Karte.

Was ist wirklich wichtig?

Wichtig ist, dass Sie etwa zwei Minuten auf einem Wert stehen und die Bedeutung des Worts ganz in sich aufnehmen. Zum Beispiel Kinder. Welche Konnotationen schwingen bei Ihnen mit. Wollen Sie eigene Kinder? Haben Sie eigene Kinder? Wie wichtig sind sie Ihnen? Wenn Sie noch keine Kinder haben, fragen Sie sich, warum. Was ist Ihnen wichtiger? Fortkommen in Bildung und Beruf, Freiheit, Unabhängigkeit, morgens ausschlafen?

Paare sollten diesen Wertespaziergang jeder für sich oder zusammen machen. Es könnten die überraschendsten Dinge herauskommen. Wenn der Mann keine Kinder will und die Frau unbedingt oder umgekehrt, kann hier eine gefährliche Schieflage entstehen. Oder wenn sie sparsam ist in puncto Urlaub, Wohnungseinrichtung, wöchentliche Einkäufe und für ihn das Beste gerade gut genug, sind Probleme auch vorprogrammiert.

Wirklich ehrlich sein

Entscheiden Sie nach Ihren inneren Einstellungen, nicht nach dem, was sozial erwünscht ist. Wenn für Sie schwer einzuschätzen ist, was der Unterschied ist zwischen beiden, wenn Sie sich sehr an äußeren Werten orientieren, nehmen Sie sich Zeit. Welche Werte möchten Sie beibehalten von denen, die Ihre Eltern Ihnen mitgegeben haben. Werfen Sie nicht alles auf einmal über den Haufen. Und wenn, dann mit Überzeugung.

Nach und nach eliminieren Sie Werte, auf die Sie verzichten könnten. Dann wird es schwierig, denn nun liegen nur noch fünf bis zehn Kärtchen auf dem Boden, auf die Sie eigentlich nicht verzichten wollen. Jetzt wird es interessant. Die Aufgabe ist, einen einzigen Wert am Ende zu haben sowie die Reihenfolge Ihrer Werte. Was steht an erster, zweiter, dritter Stelle? Denn manchmal schließen sich Dinge aus.

Wenn Sie die Übung erweitern möchten, fragen Sie sich, welche Werte diejenigen Menschen um Sie herum haben, die Ihnen wirklich wichtig sind.

4. Unsere Mimik und Körpersprache

Unsere erste Kommunikation über Gesichtsausdrücke

Wer schon einmal einen Säugling auf dem Arm gehalten hat, wird sich sicher gefragt haben, warum diese winzigen Menschen so ihr Gesicht verziehen. Schon mit wenigen Wochen, wenn sie beginnen, scharf zu sehen, öffnen sie den Mund ganz weit, reißen die Augen auf und kräuseln die Nase, als wären es Gymnastikübungen. Erstaunt betrachtet man das kleine Wesen, das gerade mit großer Ernsthaftigkeit eine wichtige Tätigkeit ausübt. Es versucht, die Mimik des Gegenübers nachzuahmen.

Lächeln wir ein Baby an, lächelt es zurück. Unspezifisch könne es bereits mit etwa fünf bis sechs Wochen ein so genanntes Engelslächeln auf sein Gesicht zaubern, sagte mir eine Berliner Kinderärztin. Mit neun bis elf Wochen reagierte es dann direkt auf den Kontakt zur Mutter, zum Vater, Oma und Opa oder zu Fremden, wenn sie mit dem Baby interagierten. Die wichtigsten Grundgefühle wie Freude, Wut, Angst oder Überraschung beim Menschen sind angeboren. Wo auch immer wir uns auf der Welt befinden, Freude sieht immer gleich aus. Säuglinge schauen es sich bei den Eltern, den Geschwistern, bei Tante, Onkel, Oma, Opa oder anderen Nahestehenden ab. Instinktiv wissen sie, dass die erste Kommunikation über die Augen, die Laute und die Mimik läuft. Denn bis sie sprechen lernen, dauert es ja noch viele Monate.

Erste nonverbale Gespräche

Deswegen kann man oft beobachten, wie Eltern mit ihrem Säugling in ein intensives Minenspiel vertieft sind. Zum Beispiel, wenn sie es gelernt haben, die Zunge herauszustrecken, wenn der Vater oder die Mutter es vormacht. Der Säugling lernt mit der Nachahmung seiner Familie nicht nur, ein Lächeln auf sein Gesicht zu zaubern. Er lernt auch, wie sich das Gegenüber fühlt. Denn wenn er lächelt, fühlt er nach, was der andere lächelnde Mensch gerade fühlt, nämlich Glück und Freude. Wer ein Lächeln auf sein Gesicht zaubert, fühlt sich automatisch gut. Denn die Gesichtsmuskeln sind im Körper durch komplexe Nervenleitungen verbunden mit den Gefühlszentren im Gehirn. Wenn die Mutter ärgerlich ist und böse schaut, vielleicht auch ein böses Wort verliert, wird das Baby vermutlich weinen, denn wenn es die Mimik nachahmt und den Klang der Stimme hört und ihre Körperhaltung sieht, fühlt es den Ärger.

Die Mimik des Gegenübers imitieren zu können ist also eine frühe, essentielle Fähigkeit, die wir zum Überleben benötigen. Ebenfalls ist es wichtig, dass der Säugling lernt, richtige Schlüsse daraus zu ziehen. Das Verhalten sollte im besten Fall nachvollziehbar sein und nicht ambivalent. Denn wenn die Mutter auf bestimmte Dinge mal auf eine Art und in anderen Momenten auf andere Art reagiert, verwirrt dies das Kind. Die Schlüsselkompetenz, den anderen zu lesen, beginnt als: weit vor dem Erwerb der Sprache.

Je älter das Kind wird und je sicherer die Bindung zu den ersten Menschen in seinem Leben gestaltet ist, desto besser kann es Mimik, Gestik und Körpersprache des Gegenübers entschlüsseln. Als Nächstes imitiert es die Laute, die Sprache und plappert in vermeintlichen Nonsens-Lauten (dadadadada, blablabla) vor sich hin. Für das Kind ist dies kein Nonsens, sondern ein Ausdruck. Es imitiert die Töne, die Laute, die es hört. Irgendwann, ganz unerwartet, sagt es dann *da* und zeigt auf eine Sache. Denn auch die Gestik wird kopiert. Bei dem Wort *da* macht es vielleicht einen erwartungsvollen oder überraschten Gesichtsausdruck. So wie es der Vater und die Mutter unzählige Male vorgemacht haben.

Und dann sagt es plötzlich »Mama« oder »Papa« – Worte, die in ihrem Aufbau einfach nachzuahmen sind. Mama und Papa sind universelle Wörter in vielen Weltsprachen, weil Kinder diese Laute schnell bilden können.

Frühe Kommunikation von Botschaften

Gesichtsausdrücke, Gesten und Körperhaltungen und Berührungen sind die ersten wortlosen Botschaften, mit denen Säuglinge mit ihrer Umwelt kommunizieren. Tiere vermögen dies ebenso. Menschenaffen unterscheiden verschiedene Gesichtsausdrücke. Pferde benutzen ihre Ohren, um komplexe Signale zu senden. Sind sie angelegt, nach vorne gestellt, bewegen sie sich? Das ABC der

Pferdekommunikation ist ein fein abgestimmtes Spiel mit den Ohren und dem Körper. Pferde können froh sein, traurig, aufgeregt oder schwer beleidigt. Katzen kommunizieren mit ihrem Schwanz, ihren Ohren, ihrem Körper. Hunde ebenfalls, wobei sie auch Ausdrücke auf ihrem Gesicht fabrizieren können, die einen manchmal an der überlegenen Intelligenz des Menschen zweifeln lassen. Wer kann schon einem Hund abschlagen, etwas zu fressen zu bekommen, wenn er den liebsten Dackelblick aufsetzt?

Doch was hat es auf sich mit der Mimik und der Verbindung in das Gefühlssystem des Menschen. Welche Schlüsse können wir aus den Gesichtsausdrücken und der Körpersprache unseres Gegenübers wirklich ziehen? Haben Erwachsene nicht irgendwann ihre Gefühle im Griff und können sie überspielen, wie Schauspieler, so dass wir auch in die Irre geführt werden könnten?

Wegbereiter der Mimikforschung

Wissenschaftler haben sich schon seit Jahrzehnten mit der Erforschung der Mimik und Körpersprache beschäftigt. 1877 schreibt der Evolutionsforscher Charles Darwin im Vorwort eines Aufsatzes*: »Das Studium des Ausdrucks ist schwierig, da die Bewegungen häufig äußerst unbedeutend und von einer schnell vorübergehenden Natur sind.« Auch könne man sich irren, und sich nur einbilden, einen Gesichtsausdruck gesehen zu haben. »Wenn wir nach der Natur der Umstände irgendeinen Ausdruck zu sehen erwarten, so bilden wir uns leicht seine Anwesenheit ein.«

* Charles Darwin: »Der Ausdruck der Gemütsbewegungen bei dem Menschen und den Tieren« (*The Expression of the Emotions in Man and Animals*).

Mit stolzgeschwellter Brust

Aus seiner Beschäftigung mit der Körperhaltung des Menschen folgerte er: »Ein stolzer Mann zeigt das Gefühl von Überlegenheit über andere, indem er den Kopf und seinen Körper aufrecht hält. Er geht erhobenen Hauptes und macht sich selbst so groß wie möglich, sodass man im übertragenen Sinne davon ausgehen kann, dass er wie aufgeblasen ist vor Stolz.«

Um zu ergründen, inwieweit Gesichtszüge wirklich seelische Zustände darstellen, arbeitete Darwin vor allem mit Kindern und psychisch Kranken, da sie Mimiken unverfälscht darstellen. Darwin verwendete ebenfalls die Fotos des berühmten Pariser Neurologen Guillaume-Benjamin Duchenne, der Gesichtsmuskeln elektrisch stimulierte und die Kontraktionen untersuchte.

Den endgültigen Durchbruch erlebte die Mimikforschung durch die Veröffentlichungen von Paul Ekman, einem berühmten amerikanischen Anthropologen und Psychologen. Von 1972 bis 2004 unterrichtete er an der Universität von Kalifornien in San Francisco. Gemeinsam mit dem Psychologen Wallace Friesen begründete er ein bahnbrechendes System, mit dem emotionale Gesichtsausdrücke erstmals klassifiziert werden konnten: Das *Facial Action Coding System* (FACS) unterteilt das Gesicht in sogenannte Aktionszonen, in denen die 43 Gesichtsmuskeln insgesamt 10 000 Gesichtsausdrücke wie Freude, Überraschung oder Ärger produzieren können. Ekman sagt: »Ich habe alle gesehen. Ich bin bis Papua-Neuguinea und auf alle Kontinente gereist. Es gibt keinen Ausdruck, den ich nicht kenne.«

Die Basisemotionen

Niemand muss 10000 Gesichtsausdrücke lesen können. Ein vollkommen wahnwitziges Unterfangen, dem er sich nur selbst unterzogen hat. Deswegen definierte Ekman sieben Basisemotionen: Überraschung, Angst, Freude, Ärger, Ekel, Trauer und Verachtung. Diese Grundexpressionen, so der Forscher, sind universell auf der ganzen Welt bei Menschen anzutreffen, ob bei Urvölkern in Papua Neuguinea oder in Paris. Wenn sich Menschen freuen, zeigen sie den gleichen Gesichtsausdruck. Sind sie wütend, sind ebenfalls die gleichen Muskeln der Aktionszonen beteiligt. Das bedeutet, die sieben Basisemotionen sind genetisch hinterlegt.

Das Stiftexperiment

Der Wissenschaftler Fritz Strack und sein Team entwickelten einen Test, mit dem sie den direkten Zusammenhang zwischen Gesichtsausdruck und Emotion belegen konnten. Das heißt, ein Lächeln stellt nicht nur Freude dar, sondern vermag auch Freude auszulösen und die Stimmung im Körper direkt positiv zu beeinflussen.

In einem berühmten Experiment bildete er drei Gruppen von Probanden. Eine Gruppe sollte einen Stift mit ihren Zähnen halten, ohne dass die Lippen den Stift berühren. Eine zweite Gruppe erhielt die Aufgabe, einen Stift mit den Lippen zu halten. Die dritte Gruppe bekam den Auftrag, den Stift mit ihrer nicht dominanten Hand zu halten, Rechtshänder in der linken Hand, Linkshänder in der rechten. Dabei hatte man ihnen verschwiegen, was der eigentliche Grund des Tests war, nämlich ihre Stimmung in Abhängigkeit mit der Gesichtsmuskulatur zu erfassen. Man hatte ihnen zum Schein etwas völlig anderes erzählt. Der Hintergrund des Stiftexperiments war Folgender: Wenn man einen Bleistift mit den Zähnen hält, beansprucht man diejenigen Muskeln, die auch ein Lächeln bilden. Ganz anders ist es, wenn man den Stift mit den Lippen festhalten soll. Dann kann man in keinem Fall lächeln oder grinsen, denn dann fiele der Stift aus dem Mund. Machen Sie einmal den Test und nehmen Sie einen Stift in den Mund, erst mit den Zähnen, dann mit den Lippen.

Die drei Versuchsgruppen sollten während des Experiments lustige Comics anschauen und am Ende beurteilen, wie witzig sie sie fanden. Das Ergebnis war verblüffend. Probanden, die nicht lächeln konnten, egal wie lustig die Comics waren, weil sie krampfhaft versuchen mussten, den Stift mit den Lippen festzuhalten, fanden die Zeichnungen deutlich weniger lustig als die anderen Gruppen.

Die Gruppe, die zwanghaft zum Lächeln gezwungen war (Stift mit Zähnen), fand die Comics am lustigsten. Die Kontrollgruppe lag genau zwischen beiden Ergebnissen. Nicht zum Grinsen gezwungen, bewertete sie die Comics als mittelwitzig. Dieses Ergebnis bestätigt die sogenannte Facial-Feedback-Hypothese. Wird ein Gesichtsausdruck, der ein freudiges Lächeln erzeugt, unter Testbedingungen erzwungen, fühlt sich jemand auch fröhlicher. Wird ein Lächeln zwangsweise unterdrückt, kann auch keine Freude aufkommen.

Dies wirft einen interessanten Blick auf Menschen mit chronischen Schmerzen und Depressionen. Wer Angst, Schmerz und Trauer in seiner Mimik ausdrückt, weil es ihm schlecht geht, fühlt sich dadurch auch körperlich und seelisch schlechter. Ein Teufelskreis entsteht. Die ständige Abwärtsspirale führt immer tiefer in mehr Angst, mehr Trauer, mehr Schmerz und mehr Depressionen. Denn die Feedbackschleife aus Gesichtsausdrücken, Körperempfinden und Stimmung lässt sich auch in die andere Richtung beeinflussen. Stimmungsaufhellende Tätigkeiten wie etwa Tanzen, Sport oder ein Spaziergang, Freunde treffen, wirken auf unsere Muskeln. Wer mit seinen Freunden lacht, fühlt sich besser.

In einem späteren Kapitel befasse ich mich näher mit dem Zusammenhang von Gedanken, Gefühlen und Körperempfinden (Embodiment). Auf den folgenden Seiten erfahren Sie aber zunächst einmal, welche Gesichtsausdrücke die Grundgefühle ausdrücken und was der Körper sagt, wenn er mit uns und anderen spricht.

Die sieben universellen Grundgefühle

Freude

Ein freudig strahlendes Gesicht kann jeder erkennen, auch wenn er noch nie etwas über die verschiedenen Gesichtsausdrücke oder über Paul Ekman gehört oder gelesen hat. Die Mundwinkel zeigen nach oben und die Augendeckfalte geht nach unten. Letztere Muskelbewegung, die wir unwillkürlich machen, führt auch dazu, dass Lachfältchen an den Augenaußenseiten entstehen. Diese Bewegung der Augendeckfalte lässt sich nicht willkürlich auf Kommando erzeugen. Deswegen können wir mit etwas Übung auch zwischen einem sozialen Lächeln und echter Freude unterscheiden. Ein soziales Lächeln, manchmal auch ein falsches Lachen, sehen wir, wenn es sozial erwünscht ist, wenn der Vorgesetzte einen Witz gemacht hat, über den man nicht lachen kann, es vielleicht aber sollte. Oder wenn wir jemandem vorgestellt werden, den wir höflich anlächeln. Die Lippen können lügen, die Augen nicht.

Die Augenfalte senkt sich nur bei sogenannter »echt erlebter Freude«, wie Mimikexperten wie etwa Dirk Eilert von der Akademie für Emotionale Intelligenz in Berlin es nennen. Eilert unterrichtet das Programm »Mimikresonanz« bei dem er Interessierte und zukünftige Mimiktrainer darin schult, Gesichtszüge zu lesen. Eilert betont stets, dass die Unterscheidung zwischen einem sozialen Lächeln und echt erlebter Freude der Übung bedürfe, denn jedes Gesicht sei anders und Augen könnten anatomisch unterschiedlich aussehen.

Der ganze Körper reagiert auf Freude. Ob jemand die Arme hochreißt, wie Fußballfans, wenn sie bei einem Tor jubeln und vor Freude schreien. Wenn an Wahlsonntagen um 18 Uhr die ersten Hochrechnungen bekanntgegeben werden und eine Partei ein Spitzenergebnis erzielt hat, springen einige Anhänger vor Freude in die Luft. Andere ballen die Hand zu einer Faust, winkeln den Arm zum Körper an und präsentieren eine Siegergeste. Auch die Stimme wird lauter bis hin zu schrillen Schreien, wenn jugendliche weibliche Fans ihren Popstar entdecken und ihn mit ihrem Kreischen begrüßen. Auch stille Freude ist schön anzusehen und miterleben. Wenn ein alter Mensch, der sich kaum noch äußern kann, ein fröhliches Lachen auf dem Gesicht zeigt und seine Augen mitlachen, kann dies einer der schönsten Momente überhaupt sein. Wenn mein betagter Vater vor Freude lacht, der angesichts seiner Parkinson-Erkrankung, welche ein starres, ausdrucksloses Gesicht macht, nur noch sehr wenig Mimik im Gesicht zeigen kann, dann kann dies ein wunderbares Geschenk sein.

Trauer

Im Gegensatz zur Freude zeigen bei dem Gesichtsausdruck von Trauernden die Mundwinkel nach unten. Zudem werden bei Trau-

er die Innenseiten der Augenbrauen über der Nase nach innen gezogen und das Kinn (fachsprachlich: der Kinnbuckel) angehoben.

Wenn jemand weint, kann das Kinn auch zucken oder wackeln, Tränen fließen über die Wagen. Stille Trauer ist nicht so einfach zu erkennen, aber diese drei genannten Komponenten des Gesichtsausdrucks sollten vorhanden sein. Der Ausdruck von Trauer im Gesicht entsteht innerhalb von Sekunden, wenn jemand etwa von einem schweren Unfall, der Krankheit oder dem Tod eines geliebten Menschen erfährt. Selbst der Gedanke an einen Verlust oder ein trauriges Ereignis kann Trauer auslösen und den Gesichtsausdruck hervorbringen.

Mundwinkel hängen nach unten

Dauerhafte Resignation, Liebeskummer oder Verzweiflung, die den Gesichtsausdruck von Trauer erzeugen, graben sich in das Gesicht ein. Wer über einen längeren Zeitraum Trauer empfindet, verändert damit die Anatomie seiner Gesichtsmuskeln und damit seinen Ausdruck. Wie bei häufigem Lachen, das ab einem gewissen Alter Lachfältchen zeichnet, gräbt sich dieser Gesichtsausdruck ins Gesicht ein.

Laut Redewendung sind nach unten hängende Mundwinkel Ausdruck von chronischem Unglück, Verzweiflung, Resignation, Depression, Enttäuschung, Niedergeschlagenheit oder auch Missmut. Ein »Trauerkloß« geht nach unten gebeugt. »Lass den Kopf nicht hängen« bedeutet eine Ermunterung als Redewendung, für jemanden, der mutlos und niedergeschlagen ist. Auch bei Trauer kann der ganze Körper reagieren. Die Schultern hängen, der Kopf fällt nach unten, die Augen sind niedergeschlagen. Die Muskelspannung lässt nach, die Kraft und Energie scheint aus dem trauernden Körper geströmt zu sein. Die Stimme des Traurigen sinkt in eine tiefere Tonlage, in der Musik drückt Moll die Trauer aus, nicht Dur. So klingt auch der Tonfall des Trauernden beim Sprechen.

Ärger

Dank des Begriffs der »Zornesfalte« zwischen den Augen, lässt sich der Gesichtsausdruck des Ärgers, oder auch: Wut/Zorn, gut erkennen. Denn bei Ärger ziehen sich die Augenbrauen zusam-

men und nach unten, sodass diese Falte entsteht. Achtung: Die Falte entsteht auch, wenn jemand in die Sonne schaut und die Augen durch Zusammenziehen vor dem Licht schützen möchte. Die Zornesfalte alleine zeigt also noch keinen Ärger, sondern kann auch bedeuten, dass jemand geblendet wird.

Für den mimischen Ausdruck von Ärger zieht der Mensch auch die oberen Augenlider hoch und spannt die unteren Augenlider an. Dies zu erkennen bedarf ein wenig Übung. Der Augenausdruck führt dazu, dass jemand grimmig (Grimasse) und böse guckt. Außerdem wird der Ärgerliche plötzlich ganz schmallippig und presst die Lippen aufeinander. Ärger kann leise oder sehr laut daherkommen, je nach Typus. Bei Poltergeistern wird man den Ärger sehr schnell erkennen. Nicht so bei Menschen, die den Ärger in sich hineinfressen. Dennoch kann das Ergebnis ebenso verheerend sein.

Attacke voraus, alle Energie schießt nach vorne

Wer sich stark ärgert, schiebt unwillkürlich den Unterkiefer nach vorne. Diese Bewegung stammt aus der Evolution, wo Tiere ihre Zähne gezeigt haben, wenn sie angreifen oder angegriffen wurden. Passiert dies sehr häufig, kann es zu Problemen mit dem Kiefergelenk kommen und zu Muskelverspannungen im Nacken und Schulterbereich. Nicht alle Schulterbeschwerden kommen vom langen Sitzen. Einige kommen von der inneren Wut. Dann knirschen wir auch nachts mit den Zähnen, wenn wir zähneknirschend den ganzen Tag etwas machen müssen, von dem wir nicht überzeugt sind, in dem wir keinen Sinn sehen, das uns überfordert. Die Sprache verrät, wie eine Stimmung das Körperempfinden verändern kann. Hier entsteht ebenfalls ein Kreislauf aus Ärger und Schmerz, den es zu durchbrechen gilt.

Erfasst der Zorn den Körper, schiebt der Verärgerte nicht nur wie ein angreifender, kläffender Hund den Unterkiefer vor. Der Kopf kann wie im Angriff nach vorne kommen. Zusätzlich kann jemand rot oder weiß im Gesicht werden. Die Zornesröte schießt jemandem ins Gesicht, er ist wutentbrannt, eine Person sieht rot oder jemand verblasst vor Zorn oder Schreck. Ärger ist – wie Freude – ansteckend. Wenn ich jemanden böse anschaue, muss ich mich nicht wundern, wenn er ärgerlich wird. Wer den Wind sät, wird den Sturm ernten.

Ekel

Der große Bruder des Ärgers ist der Ekel. Es stellt ein starkes Gefühl der inneren Ablehnung dar, das unwillkürlich auftritt, etwa wenn wir Schimmel auf einem Stück Obst entdecken, das wir eigentlich gerade essen wollten. Manche Menschen ekeln sich vor

Schlangen, Spinnen, Käfern oder Würmern. Nach Eilert kann man diesen Ausdruck gut erkennen, allerdings nicht, wenn er nur einen Bruchteil einer Sekunde als sogenannte Mikroexpression gezeigt wird. Diese schnelle Bewegung von Ekel entgeht dem ungeschulten Beobachter.

In seinen Mimikresonanz-Seminaren schult Eilert die Teilnehmer anhand von Videoaufzeichnungen, auch sehr kurze Ausdrücke von Ekel oder anderen Gesichtsausdrücken zu erkennen, um die Gefühle von anderen zu *lesen.* Auch Mimik-Forscher Ekman benutzte Videos zur Schulung des Auges.

Zweierlei Ekel

Zu Ekel existieren zwei verschiedene Gesichtsausdrücke. Der erste zeigt eine hochgezogene Oberlippe, zum Beispiel wenn wir

»igitt!« ausrufen. Dabei kann die Unterlippe ebenfalls angehoben sein. Ein zweiter Gesichtsausdruck zeigt jemanden, der die Augenbrauen nach unten zieht und die Nase kräuselt, als hätten wir etwas Ekeliges gerochen. Gerüche, die diese Regung universell auslösen können, sind Erbrochenes, ein Gestank nach faulen Eiern. Stellen Sie sich diese Gerüche vor, dann können Sie leicht vor dem Spiegel den Gesichtsausdruck für Ekel nachmachen. Dabei wird gleichzeitig zum Nasekräuseln die Oberlippe nach oben gezogen. Die Unterlippe kann wiederum nach oben gezogen sein.

Empfinden wir eine Abneigung gegen eine Sache, die wir abstoßend oder abscheulich finden, rümpfen wir die Nase und zeigen so unsere Geringschätzung. Der Körper wendet sich vom ekelerregenden Objekt oder Subjekt ab. Man schüttelt sich vor Ekel. Die Stimme wird tiefer, sinkt förmlich in den Keller.

Verachtung

Achtung bei Verachtung. Auf diese Formel lässt sich der wichtigste aller Gesichtsausdrücke aus diesem Kapitel reduzieren. Warum Verachtung? Freude wäre doch ein guter Anwärter auf den wich-

tigsten Gesichtsausdruck, und dabei so viel erfreulicher. Die Erklärung lautet: Verachtung ist die gefährlichste aller Mimiken. Denn wenn Verachtung im Spiel ist, können Beziehungen nicht gedeihen. Dies hat schon der amerikanische Psychologe John Gottman erkannt. Wenn er Paare während eines Streits im Labor beobachtete, die sich verachteten oder einer den anderen verachtete, konnte er mit an Sicherheit grenzender Wahrscheinlichkeit vorhersagen, dass sie sich scheiden lassen würden.

Knock-out-Kriterium

Das Gleiche gilt auch für Arbeitsbeziehungen. Ärger über Kollegen, Wut, Verzweiflung, lauter Streit – das alles lässt sich ausräumen, wenn auch manchmal mit großen Schwierigkeiten. Nicht jedoch Verachtung. Hier gibt es eine gute und eine schlechte Nachricht. Die schlechte Nachricht ist: Wenn Sie als Chef in einer Besprechung sitzen, und ein Mitarbeiter Ihnen den Gesichtsausdruck der Verachtung zeigt, haben Sie ein wirklich großes Problem. Die gute Nachricht ist: Sie können es sehr leicht erkennen. Womöglich haben Sie den Widerstand gegen Ihre Entscheidungen schon mehrfach auf unangenehme Art und Weise zu spüren bekommen, lautstark durch Streitereien, durch Protest. Oder leise durch Sabotage hinter Ihrem Rücken, Intrigen oder Rückzug des Mitarbeiters. Dann achten Sie einmal auf dessen Mimik. Die Mimik für Verachtung ist wie eine Guillotine, die mit einem Schlag das Gegenüber um einen Kopf kürzer macht. Die Augen des Verachtenden bleiben ruhig, ein Mundwinkel wird in einer Bewegung von Missbilligung nach oben gezogen, beziehungsweise mehr gepresst – mehr nicht. Hilfreich ist, sich zu merken, dass dies eine einseitige Bewegung ist, dadurch wird es leichter, sie zu erkennen. Für die wichtigste aller mimischen Ausdrücke bedarf es also nur einer einzigen Bewegung, denn weder Augen noch Stirn sind beteiligt.

Nach einer Umfrage der Wissenschaftler Ekman und Friesen ist der am meisten genannte Grund für Verachtung, wenn eine Sache mit unserem moralischen Wertesystem kollidiert. Als Beispiel für Verachtung wurde von über 60 Prozent der befragten Studenten die Situation der US-Soldaten während der Befreiung der deutschen Konzentrationslager angeführt, dicht gefolgt von pädophilen Übergriffen auf Minderjährige. Wir verachten Menschen dafür, dass sie moralisch verwerflich handeln.

Auch Kinder und Jugendliche können den Unterschied zwischen einer Person, die sauer oder ärgerlich ist, und Verachtung genau feststellen. So bemerkte die 14-jährige Tochter eines Freundes, die mit einer manipulativen, verächtlichen Mutter aufgewachsen war, seit Jahren aber bei ihrem Vater wohnte: »Wieso bist du mal abends sauer, am nächsten Tag aber überhaupt nicht mehr? Mama hat doch viele Tage nicht mit mir gesprochen, wenn ich etwas Falsches gemacht habe.« »Gelegentlicher Ärger ist normal«, antwortete der Vater. »Doch das Gefühl verfliegt ganz schnell, und niemand sollte nachtragend sein. Wir klären das, dann ist es wieder gut zwischen uns.« Das eisige Schweigen der Mutter, die verächtlichen und demütigenden Bemerkungen saßen der Tochter noch jahrelang in den Knochen.

Überraschung

Diesen Gesichtsausdruck durch eine schöne Geste auf das Gesicht eines anderen Menschen zu zaubern, veranlasst manche Menschen zu den unglaublichsten Aktionen.

Ein alter Studienfreund schenkte seinen Eltern zur goldenen Hochzeit ein Wochenende zu zweit in Berlin mit Karten für ein Klavierkonzert in der Philharmonie. Er spendierte ihnen ein teures Hotel

am Gendarmenmarkt, das sie selbst nicht gebucht hätten. Was sie nicht wussten: Zur Ankunftszeit würde er sie in der Lobby erwarten und mit ihnen zusammen ins Konzert und danach zu einem Edelitaliener gehen. Der Ausdruck der Überraschung auf ihren Gesichtern war ihm dieser Aufwand wert.

Ist jemand überrascht, öffnet er nach Ekman Mund und Augen weit. Gleichzeitig zieht man die Augenbrauen nach oben. Überraschung darf nicht mit dem Gefühl des Erschreckens verwechselt werden. Wer erschrocken ist, schließt die Augen, spannt die Lippen an und senkt die Augenbrauen.

Man kann sie lieben oder hassen

Das Problem der Überraschung ist jedoch, dass es kaum Fotos von überraschten Menschen gibt, da das Gefühl nur den Bruchteil einer Sekunde anhält. Wer es studieren möchte, muss anderen freudige Überraschungen bereiten. Dann sollte er aber auch sichergehen, dass der andere Überraschungen mag. Denn hier gibt es zwei Lager. Die einen lieben Überraschungen und können nicht genug davon bekommen. Die anderen lehnen sie ab, wahrscheinlich, weil sie schlechte Erfahrungen damit gemacht haben. Die Überraschung ist nur der flüchtige Wegbereiter eines weiteren Gefühls. Niemand ist dauerhaft überrascht, erschrocken, erstaunt. Freude und Ärger hingegen können lange andauern. Nach der Überraschung folgt eine weitere Emotion. Fragt sich nur, welche …

Wer schon einmal ein Geschenk bekommen hat, das genau ins Schwarze traf, weiß, wovon ich spreche. Nach der Überraschung folgt die Freude. Im schlechtesten Fall jedoch folgt Enttäuschung, Ärger oder Wut. Es gibt angenehme und unangenehme Überraschungen. Gelungene und böse Überraschungen. Doch auch eine böse Überraschung verfliegt ja zum Glück wieder schnell.

Angst

Zu den unangenehmen Urgefühlen gehört die Angst. Sie schützte uns ursprünglich vor Gefahren, da wir darauf geeicht waren, einen

Gegner entweder anzugreifen oder wegzulaufen, insofern er uns überlegen sein sollte. Um den Gegner besser erkennen zu können, hat die Evolution vorgesehen, dass wir bei Angst die Augen aufreißen. Ebenfalls war es evolutionsbiologisch sinnvoll, dass wir erstarren, etwa, um dem Feind unseren Aufenthaltsort nicht zu verraten. Die Angstreaktion ist unmittelbar und erfasst den ganzen Körper, das Denken und Fühlen. Wenn Schüler Angst vor einem Test haben, kann dies sogar zum totalen Blackout führen. Alles Gelernte wird aus Angst gelöscht. Damit wäre Platz im Gehirn, um adäquat auf die Bedrohungssituation zu reagieren. Die gute Nachricht ist, Ängste lassen sich gut behandeln, die Reaktion kann durch gezielte Interventionen und Übungen wieder auf ein Normalmaß reduziert werden.

Vorsicht Schlange!

Vor bestimmten Dingen haben Tiere und Menschen gleichermaßen Angst. Etwa vor Schlangen. Wenn man Katzen in die Irre führt und hinter ihrem Rücken etwas platziert, das äußerlich einer Schlange ähnelt, springen sie mit einem entsetzen Satz davon – aus Angst. Dieses Beispiel zeigt, wie tief Ängste sitzen können. Eine Kollegin plagte eine panische Angst vor Schlangen. Selbst die Abbildung eines Kriechtiers versetzte sie in Panik. Andere haben Angst vor Spinnen, vor Wespen, vorm Zahnarzt, vor Prüfungen, vor der Dunkelheit. Selbst versierte Profis sind vor Angst nicht gefeit. Beim Elfmeterschießen in einem wichtigen Fußballmatch spielt es immer eine sehr wichtige Rolle, wer wann einen Elfmeter schießt. Wer hat die besten Nerven? Ebenfalls gilt die Angst des Torwarts vorm Elfmeter als legendär. Deswegen ist es immer wieder faszinierend mit anzusehen, wie souverän bestimmte Torwarte wie etwa Manuel Neuer von Bayern München scheinbar komplett angstfrei in solchen Situationen reagieren.

Der Gesichtsausdruck von Angst ist leicht zu erkennen. Die Augen werden weit aufgerissen, der Mund wird breit und die Lippen gespannt. Die Körperhaltung variiert zwischen Weglaufen und Erstarrung. Entweder nimmt jemand die Beine in die Hand und flieht, weicht mit dem Körper zurück vor der Gefahrenquelle, oder er wird ganz steif vor Angst.

Wer viel Angst verspürt, bekommt im Zweifelsfall Nacken- und Kopfschmerzen, da die Muskeln verkrampfen. Der Puls schnellt nach oben, der Atem wird schneller, die Hände werden feucht. Der ganze Körper ist in Aufruhr. Eine Panikattacke kann sogar bis hin zur Bewusstlosigkeit führen. Auch die Sprache gibt Hinweise auf die Körpersprache bei Angst. Angst *sitzt uns im Nacken,* wir fühlen uns *wie gelähmt,* wie erstarrt, der *Angstschweiß tritt uns auf die Stirn.*

Kopf hoch – Was Körpersprache und Gestik verraten

Betritt ein Mensch einen Raum voller Fremder, sendet er bereits Signale, bevor das erste Wort gesprochen wird. Eine Studie des US-amerikanischen Psychologen Albert Mehrabian von der Universität von Kalifornien in Los Angeles aus den 1960er Jahren kam bereits zu dem Schluss, dass bei der Äußerung von Gefühlen und Meinungen, die gesprochenen Worte nur 7 Prozent für den Eindruck verantwortlich seien, den eine Person hinterlässt, 38 Prozent mache der Tonfall der Stimme aus und 55 Prozent die Körpersprache. Für Sachinformationen hatte er seine Experimente nicht angelegt.

Wie groß der Anteil der nonverbalen Botschaften an unserer Gesamtkommunikation ist, darüber streiten Experten. Viele nennen Zahlen um die 80 Prozent für die nicht sprachlichen Signale, also Körpersprache, Stimme, Gerüche, Kleidung und Mimik. Wenn wir jemanden gut riechen können, ist dies nicht einfach nur ein Sprachspiel. Tatsächlich spielen Pheromone, sexuelle Duftstoffe, die Menschen aussenden, eine wichtige Rolle bei der Frage, ob wir jemanden sympathisch finden oder nicht.

Unser Immunsystem hat verschiedene Merkmale, sogenannte HLA-Faktoren, die zum Beispiel bei der Organtransplantation übereinstimmen müssen. Sonst werden die Organe oder die Stammzellen als fremd erkannt und abgestoßen. Während für Organübertragungen möglichst viele übereinstimmende HLA-Faktoren gesucht werden, suchen Menschen aufgrund eines uralten Überlebensprogramms der Evolution für die Paarung instinktiv verschiedene HLA-Faktoren, um den Genpool zu optimieren. Das Immunsystem des Menschen lässt sich, einfach ausgedrückt, erschnüffeln. Ein passender Partner muss gut riechen, sonst hat er keine Chance. Düfte sind also auch Teil der nonverbalen, vollkommen unbewusst laufenden Kommunikation. Ähnlich unbewusst reagieren wir auf Körpersprache und Mimik. Sie in das Bewusstsein zu holen gelingt nur teilweise. Deswegen ist dies auch kein Kapitel, das sich jeder einprägen muss. Die folgenden Beispiele sollen dafür sensibilisieren, welche Fülle an nonverbalen Signalen ein Mensch sendet, bevor das erste Wort gesprochen ist. Zahlreiche Bücher beschäftigen sich ausschließlich mit Körpersprache, die detaillierter die einzelnen Gesten beschreiben. Dieses Kapitel verschafft Grundlagen für die eigene Beobachtung. Grundsätzlich gilt wie bei der Mimik, dass wir die Körpersprache eines Menschen zunächst einmal in einer neutralen Situation kennen sollten. Wie steht oder sitzt jemand in einer Grundposition. Erst dann lassen sich Abweichungen erkennen. Das bedeutet, dass wenn jemand ständig unter Strom steht, muss bei ihm eine Anspannung nicht unbedingt Zeichen von Stress sein. Eine hohe Spannung gehört bei diesem Menschen zum Grundrauschen.

2000 Volt täglich

Während meines Studiums in Heidelberg in den 1980er Jahren machte eine Studentin schnell von sich reden. Kaum war sie im Fach Jura eingeschrieben, vernahm man überall ihren Namen. Ich nenne sie hier einmal Susanne. Susannes Nachnamen kannte man von einem bekannten deutschen Familienunternehmen. Die junge Frau war umtriebig wie niemand sonst, heute würde man meinen, hyperaktiv. Partys, Ausflüge, Studentenclubs, immer war sie gut gelaunt dabei. Sie organisierte ein Fest auf einem Schloss und lud rund 60 Personen inklusive Übernachtung dazu ein. Mein damaliger Freund beschrieb sie mir so: »Das sind 2000 Volt, ständig.« Ich dachte, er fände das abschreckend. Wenige Wochen später, war er mit ihr zusammen. So viel Spannung und Partystimmung, das konnte ich nicht bieten. Ein Jahr später suchte sie sich einen anderen, erfolgreichen Mann aus einer großen US-Beratungsfirma.

So ständig unter Strom stehende Menschen wie Susanne können auch entspannt sein, auch wenn sie nach außen hin erst einmal anstrengend wirken. Das bedeutet, dass Körpersprache sehr individuell ist und nicht nach einem Schema beurteilt werden kann. Dies vorausgeschickt, gibt es dennoch Grundhaltungen und Gesten, die eindeutig sind und Rückschlüsse auf das Denken und Fühlen zulassen. Bei der Körpersprache unterscheiden Experten zwischen der stehenden Haltung, der sitzenden Haltung, der Gestik mit Händen und Füßen. »Durch Übung können Laien es lernen, die einzelnen Körperteile besser zu koordinieren und auf ihre Körpersprache zu achten«, sagte mir die Sängerin und Chorleiterin Judith Kamphues in einem Interview, die als Dozentin an der Berliner Universität der Künste und an der Berliner Philharmonie unterrichtet. »Der Verstand äußert sich über Worte, die Seele über Bewegungen«, erklärte Kamphues. Bei Vorträgen, Präsentationen und natürlich auch beim Gesang, kommt beides zusammen. Deswegen müssen Sänger, Schauspieler und Redner auch Sprachmelodie sowie das Spiel des Körpers beherrschen, um Authentizität zu erlangen. Aus hunderten von Signalen habe ich mit ihrer Hilfe einige Körperpositionen ausgewählt, die Grundsätzliches zur Körpersprache vermitteln und unsere Augen schärfen können. Wenn Sie also demnächst einen Raum betreten, wundern Sie sich nicht, wenn Sie einen Scanner-Blick für nonverbale Botschaften bekommen haben.

Starre Haltung

Eine starre Haltung des Körpers und einer Sache gegenüber, erkennt man an dieser Position. Die Knie sind durchgestreckt, der Körper angespannt oder verspannt. Der Kopf zeigt nach unten und der Blick geht nicht geradeaus, sondern zeigt auf den Boden. Diese starre Haltung lässt mehrere Bedeutungen zu, die sich wiederum aus dem Zusammenhang erschließen. Hier blockt jemand ab, will jemand standhalten. Wer unnachgiebig ist, richtet sich

kerzengerade auf, spannt Nacken und Rückenmuskulatur an. Er will nicht in die Knie gehen. Ob gute Argumente oder Vorschläge, die Haltung des anderen findet bei dem Menschen mit Körperstarre keinen Anklang. Eine starre Haltung kann jemand auch annehmen, weil er unsicher ist und Halt (Haltung) sucht. Gibt es keine Wand, keinen Schreib- oder Konferenztisch, keinen Menschen, keine Schulter, an das oder den er sich anlehnen kann, muss er in sich selbst Halt finden. Das ist anstrengend und sieht auch so aus.

Aufnahmebereite, offene Haltung

Bei dieser Haltung steht jemand locker auf einem Standbein und einem Spielbein. Die Beinstellung kann auch wechseln, wobei dies ruhig vollzogen wird. Der Körper schwingt dabei entspannt mit den Bewegungen mit. Ein hektisches Beinspiel, jemand tritt von einem Bein aufs andere, deutet auf Unruhe und innere Anspannung hin. Die offene Haltung strahlt hingegen Ruhe und innere Balance aus. Die Arme baumeln entspannt am Körper, der Kopf ist aufgerichtet, der Blick geradeaus und offen. Der Mensch steht gerade und aufrecht da. Das signalisiert Interesse, wahrt aber doch einen gewissen Abstand zu den anderen. Einen weiteren Grad der Entspannung, die lässige Körperhaltung, zeigt die nächste Illustration.

Lässiger Westernheld

Noch entspannter als die offene Haltung ist die Position »Westernheld«. Ein Cowboy im Westernfilm steht mit einem Bein nach vorne lässig da, die Hüfte nach vorne gekippt. Nacken, Kiefer und Schultern sind locker, die Stimme ruhig, der Mensch ist eins mit sich und seiner Umwelt. Diese Haltung hat etwas Attraktives, Herausforderndes an sich, der Mensch gibt sich sehr selbstsicher. Er fühlt sich wohl in der Umgebung, kein Feind lauert in der Umgebung. Meist sieht man Menschen so in ihrem privaten Umfeld. Hier gibt sich jemand sehr selbstsicher. Der imaginäre Colt baumelt an der Seite und verschafft Überlegenheit. Würden jetzt noch die Hände in den Hosentaschen stecken, würde dies Anstoß erregen, denn dies gilt als unhöflich. Je übertriebener diese Haltung angenommen wird, desto eher entgleist sie ins Flegelhafte.

Hände in die Hüften gestemmt

In der Oper wird gerne ein Waschweib in dieser Position dargestellt. Sie stemmt die Hände in die Hüften und ruft laut und für alle vernehmbar herausfordernd in die Runde. Diese Haltung vermittelt Dominanz, Besitzanspruch, Imponiergehabe, Verteidigung, Abwehr oder Entrüstung. Die Person macht sich durch die seitlich abgespreizten Arme breiter und gefährlicher. So wie Vögel, die ihren Körper durch Aufplustern größer erscheinen lassen können oder Katzen, die einen Buckel machen und die Haare sträuben, vermittelt die Position dem Gegenüber: Vorsicht, hier gibt es womöglich Ärger! Diese Position bringt auch zum Ausdruck, dass hier jemand glaubt, im Recht zu sein, auf jeden Fall die Oberhand über etwas zu haben. Der innere Text der Person in dieser Körperhaltung lautet: »Was willst du? Was soll das denn jetzt? Das passt mir jetzt überhaupt nicht.«

Schwere Last auf den Schultern

Diese Körperhaltung zeigt Menschen, die unter einer Last zusammenbrechen. Die Haltung und Stimmung ist gedrückt. Sie sind deprimiert, resigniert, unglücklich und seit Langem überfordert. Ihre Schultern zeigen nach vorn und nach unten, der Kopf ist gebeugt. Der Muskeltonus ist niedrig, auch der Händedruck wäre schlaff. Die Menschen verströmen wenig Energie, sie ist bereits aus ihnen gewichen. Die Lasten, die sie bedrücken, können vielfältig sein. Probleme im Beruf, mit den Finanzen, mit der Familie, unglückliche Umstände in der Biografie. Sie sind mit sich nicht im Reinen. Ihr innerer Text lautet: »Ich schaff es nicht mehr. Das ist zu schwer.« Sie haben einige Tiefschläge und Nackenschläge erlebt, oder sie mussten sich zu oft einer Sache beugen.

Flegel

Männer lieben es, Frauen hassen es. Wenn Männer sich breitbeinig hinfläzen, präsentieren sie ihre Geschlechtsorgane. Sie sitzen so beim Fußballgucken, beim Italiener nebenan, beim Grillen in ihrem Lieblingsgartenstuhl oder einfach so. Sie denken darüber einfach nicht nach. Dies signalisiert, dass sie sich in ihrem Revier sicher fühlen, dass sie raumgreifend sind und ihre Dominanz zeigen möchten. Es ist im weitesten Sinne eine Reviermarkierung, die

darauf hindeutet, dass sich ein Mann überlegen fühlt. Männern mit ausgeprägtem Selbstbewusstsein setzen sich gerne so hin, ebenso Männer, die Selbstbewusstsein demonstrieren möchten. Jemand macht sich breit wie der Platzhirsch. Frauen mögen in der Regel diese Zurschaustellung der Dominanz nicht. Sie schlagen meist sittsam die Beine übereinander oder pressen die Knie aneinander. Wenn sie allerdings die Beine kreuzen, lassen sie ihre Kurven dabei besser zur Geltung kommen, was in etwa das gleiche Signal aussendet wie das breitbeinige Sitzen der Männer. Alles unbewusst, versteht sich.

Unsichtbar sein wollen

Diese Geste kennt jeder. Jemand sitzt auf einem Stuhl und vergräbt eine Hand oder beide Hände zwischen den Beinen. Dieses Signal bedeutet, dass man schüchtern ist, etwas zu verbergen

sucht, etwas verstecken möchte. Der innere Text lautet: »Am liebsten würde ich unsichtbar sein. Am liebsten würde ich mich verkriechen.« Selbstberührungen haben eine beruhigende Wirkung. Ob sich jemand mit der Hand über den Arm streicht, ins Gesicht fasst, oder die Hände zwischen den Beinen vergräbt – es sind Gesten der Unsicherheit. Die Frage ist, ob das Gegenüber langsam locker wird, sich öffnet, oder die Hände bleiben, wo sie sind. Ersteres wäre einfach eine Situation, in der jemand eine Aufwärmphase im Gespräch benötigt, eine Anpassung an die Situation. So wie kleine Kinder sich bei der Begrüßung eines fremden Besuchs erst einmal hinter den Eltern verstecken, dann aber nach einer gewissen Zeit auf den Besuch zugehen, ist es auch mit Fremden. Bleiben die Hände verborgen, wäre dies ein Signal dafür, dass sich das Gegenüber nicht sicher fühlt, aus welchen Gründen bleibt allerdings im Verborgenen.

Die kalte Schulter zeigen

Verschränkte Arme und eine abgewandte Haltung sind der Klassiker in der Körpersprache. Jeder kennt sie. Es gibt zwei Varianten, wie sie gezeigt werden. Entweder sind die Arme ineinander verschränkt oder die Hände umfassen die Arme oberhalb der Ellenbogen. Zunächst einmal schützt sich die Person vor Angriffen in

der Körpermitte, wo lebenswichtige Organe sitzen wie das Herz oder der Magen. Die Aussage der Haltung zeigt, dass sich jemand von seiner Umgebung abgrenzt. Es bedeutet nicht, wie oft fälschlich interpretiert, immer Abwehr und Ablehnung. Denn die Haltung ist bequem und wird manchmal auch aus diesem Grund häufig eingenommen. Zuwendung und Abwendung sind Körperpositionen, die mit einer einfachen Bewegung vollzogen werden können. Wendet sich jemand zu, signalisiert er Interesse oder Zuneigung. Wer sich wegdreht, hat das Interesse verloren oder empfindet Abneigung oder Ablehnung. Der Blick wird dabei abgewendet, oder die Augen werden schmal und kalt, die Beine in entgegengesetzte Richtungen verschränkt. Je nach Schauspieltalent des Gegenübers, kann jemand aber auch ganz neutral gucken. Vielleicht verkrampfen sich die Finger beim Verschränken der Arme. Vielleicht atmet das Gegenüber auch hörbar aus, fast wie ein leichtes Stöhnen, weil er genervt und angestrengt ist.

Häufchen Elend

Sitzt jemand zusammengesunken auf einem Stuhl, mit dem Kopf und Rücken nach vorne gebeugt, die Hände im Schoß verschränkt, so wirkt er wie ein Häufchen Elend. Die Aussage dieser Körperhaltung vermittelt wenig Kompetenz, wenig Kontrolle und Unterwürfigkeit. Durch die Beugung macht sich jemand klein, womöglich kleiner, als er ist. Diese Haltung macht ihn zum Opfer von Angriffen, denn das Gegenüber merkt schnell, dass hier jemand ohne Selbstbewusstsein sitzt. Wie die in dem Kapitel Körpersprache be-

schriebenen Experimente zeigen, ist auch das Denken negativer, wenn die Haltung eine Zeitlang gebeugt war. Der innere Text der Körperhaltung lautet: »Ich beuge mich der Sache. Das wird ja sowieso nichts. Was habe ich schon zu erwarten?«

Ich bin ganz Ohr

Diese Körperhaltung zeigt einen Menschen, der zugewandt ist. Er schenkt sein Ohr dem Gegenüber, seine gesamte Körperhaltung wendet sich dem anderen Menschen zu. Die Beine zeigen in Richtung des Gegenübers und demonstrieren Offenheit für das, was gesagt wird.

Das Gesicht ist freundlich und betont, dass die Person wohlgesinnt gegenüber dem ist, was der andere zu sagen hat. Wenn jemand diese Körperhaltung einnimmt, stimmt sich der Mensch darauf, ein, eine längere Zeit aufmerksam zuzuhören.

Mit offenen Armen

Wenn ein Mensch mit offenen Armen auf jemanden zugeht, signalisiert dies Bereitschaft, Sympathie und Empathie. Nichts wird durch die Hände versteckt oder verborgen, es liegt auf der Hand, um was es geht. Jemand wird ohne Vorbehalte mit großer Freude

begrüßt. Kinder laufen in die Arme ihrer Eltern, wenn sie sie ausbreiten. Schon von Weitem laufen sie an und springen hoch. Freunde werden mit offenen Armen empfangen und umarmt, weil die Freude über den Besuch groß ist. Jemanden in die Arme nehmen ist ein Zeichen von Verbundenheit, Zuneigung, Freundschaft und Liebe. Man kommt dem anderen näher. Einen Fremden würde man nicht ohne Weiteres umarmen. Da ist ein distanziertes Händeschütteln angebrachter.

Rechte Hand über linke Hand

Die rechte Gehirnhälfte, die die Emotionen verarbeitet, und die linke, die eher dem Verstand zugeordnet ist, entsprechen den entgegengesetzten Körperhälften. Die emotionale Seite ist also die

linke Körperhälfte. Viele Experten meinen, dass dies auch bei Linkshändern der Fall sei. Wenn die rechte Hand über der linken liegt, hat man seine Gefühle im Griff. Sachliche, rationale Typen würden so unbewusst ihre Hände platzieren. Wenn Frauen Säuglinge in den Arm nehmen, legen bis zu 85 Prozent aller Frauen sie in den linken Arm. Ob sie selbst Mutter sind, Tante oder Freundin, instinktiv liegen die Babys links. Die Resultate älterer Untersuchungen erklärten Psychologen damit, dass Rechtshänderinnen ihre besser trainierte Hand immer frei haben wollen, um damit zum Beispiel die Flasche zu geben. Eine andere Erklärung lautete, dass das Herz auf der linken Körperhälfte liege und der Herzschlag das Baby beruhige.

Victoria Bourne und Brenda Todd, zwei Psychologinnen an der University of Sussex, hielten diese Thesen jedoch nicht für ausreichend, um das Verhalten zu erklären. Sie glaubten, dass die verschieden arbeitenden Gehirnhälften eine entscheidende Rolle spielen. Bourne vertrat die Ansicht, dass durch das Halten im linken Arm die emotionale rechte Gehirnhälfte direkter angesprochen wird und so die Bindung zwischen Mutter und Kind stärker wachsen kann. Frauen, die mit der rechten Gehirnhälfte Emotionen verarbeiteten, nahmen Babys dagegen öfter auch auf den rechten Arm.

Linke Hand über rechter Hand

Genau anders herum ist es bei dieser Handhaltung. Hier dominieren unbewusst die Gefühle über den Verstand. Emotionale Menschen halten ihre Hände so herum. Interessant ist auch in diesem

Zusammenhang zu beobachten, welchen Platz sich ein Mensch zu einem Zweiergespräch aussucht. Jeder Mensch hat eine starke Seite, sowohl im Gesicht als auch beim Körper. Kreuzen Sie einmal ihre Arme vor dem Körper und merken sich, welcher Arm oben lag. Nun versuchen Sie, Ihre Arme anders herum zu kreuzen, sodass der vorher oben liegende Arm unten liegt. Bei mir löst diese Übung Kopfzerbrechen aus, weil ich im ersten Moment nicht weiß, wie ich es anstellen soll. Denn das Kreuzen der Arme ist ein Automatismus, wie das Gängeschalten im Auto. Es mit der anderen Hand machen zu müssen, zum Beispiel, wenn man England Auto fährt, trainiert die Gehirnzellen. Wer automatisch über Eck lieber rechts von seinem Gegenüber setzt, also mit der linken Seite näher an seinem Ansprechpartner, kommt emotional näher an den Menschen heran. Wer sich lieber links platziert, präsentiert seine rationale Seite stärker dem Gegenüber. Beides kann vorteilhaft sein, je nach Situation. Wenn Sie Ihrem Gesprächspartner die Platzwahl überlassen werden Sie feststellen, dass er mit großer Sicherheit automatisch eine Position wählt. Er wird so sitzen wollen, wie er immer sitzt.

Mit den Händen spielen

Wenn die Hände im Gesicht herumspielen, an der Nase entlangfahren, wenn jemand mit den Fingern knibbelt, den Stuhl festhält, mit dem Ring, der Uhr, dem Handy oder anderem Schmuck spielt, handelt es sich um Beruhigungsgesten. Wenn wir jemand anders oder uns selbst berühren, dämpft dies das aufgeregte vegetative Nervensystem. Weint ein Kind, nimmt es die Mutter instinktiv auf den Arm. Ist eine andere Person traurig, nehmen wir ihn automatisch in den Arm, es sei denn, die sozialen Regeln würden dies nicht erlauben. Wir halten die Hand eines Menschen, wenn er Angst hat, weil es ihn beruhigt. In Ermangelung eines anderen Menschen, etwa in einer Prüfungssituation, bei einem Personalgespräch oder einer Bewerbung oder einfach im Gespräch mit anderen Menschen, streben wir danach, uns selbst zu beruhigen.

Wichtig ist hier wieder zu wissen, wie jemand sich in der Grundsituation verhält. Es gibt Menschen, die ständig etwas mit den Händen machen müssen, um ihre innere Spannung wie mit einem Blitzableiter abzulenken. Diese Menschen, die unter Strom stehen, können einfach nur extrem aktiv sein, ohne Nervosität zu verspüren. Das Herumspielen mit den Händen muss bei ihnen kein Anzeichen von Unsicherheit sein, sondern von Ungeduld und dem Wunsch nach erhöhter Aktivität. Diese Menschen haben einfach mehr Energie als andere und leiten sie über das Spiel ihrer Hände ab. Sie wollen etwas in der Hand haben, nicht mit leeren Händen dastehen. Wenn Sie einen Bewerber für eine Stelle sehen, der diese Gestik zeigt, müssen Sie herausfinden, ob Sie einen aktiven zukünftigen Mitarbeiter vor sich haben, der volle Kraft voraus in Ihrem Sinne die Projekte vorantreibt, oder ein nervöses Nervenbündel, das viel Zuspruch braucht und vor lauter Selbstzweifeln kaum vorankommt.

Ruhige Hände

Ruhige Hände und ausladende, große Gesten deuten auf Sicherheit hin. Da ruht jemand in sich und strahlt das auch aus. Da legt jemand die Hände in den Schoß weil eine Aufgabe erledigt ist. Der

Grad der Spannung oder Entspannung überträgt sich auf Arme, Beine und Hände, Stimme und die Augen. Wollen wir jemand anderen beruhigen, nähern wir uns ihm mit langsamen Schritten, beruhigenden Gesten, nicht mit wild fuchtelnden Händen. Wollen wir überzeugend wirken, sollten wir weder zappeln noch zu schnell sprechen. Wenn Sie einen Vortrag halten müssen, zeichnen Sie mehrere Übungsläufe mit der Kamera auf. Beobachten Sie Ihre Hände. Ruhige, große Gesten unterstreichen die Souveränität und Kompetenz.

Hände streichen durch die Haare

Bei Frauen und Männern ist dies eine Geste des Flirtens und der positiven Kontaktaufnahme. Streichen die Hände durch die Haare, bedeutet dies gespiegelt: »Streichle mich.« Die Geste deutet auf Zustimmung hin und Sympathie. Der Nacken ist ebenfalls eine sensible, erogene Zone, meist verborgen unter Kleidung, einem Tuch oder längeren Haaren.

Haare haben eine magische Wirkung sowohl auf Frauen als auch auf Männer. Junge Frauen sind viele Stunden damit beschäftigt, ihre Haare zu pflegen, sich über Frisuren Gedanken zu machen, sie zu glätten oder lockig zu gestalten, zu stylen oder zu färben. Haare sind ein Lockmittel. Wenn eine Frau in ihrer kostbaren Haarpracht während eines Tête à têtes spielt, gefällt ihr der Mann. Wenn Männer sich durch die Haare fahren, gefällt ihnen die Frau.

Legt die Frau bei dieser Geste den Kopf schief und präsentiert ihre Halsschlagader, ist dies wie bei Tieren ein Zeichen der Unterwerfung, da mit einem Biss ein Tier durch das Verletzen der Halsschlagader das Gegenüber töten könnte. Die Geste steckt sehr tief in uns drin. Viele Frauen legen den Kopf schief und machen sich dadurch klein. Das kann für die Karriere kontraproduktiv sein, da es keinen Sinn macht, eine Führungsposition für sich einzufordern und gleichzeitig Unterwerfung zu signalisieren.

Merkel-Raute

In der ganzen Welt kennt jeder diese Geste von Kanzlerin Angela Merkel. Hundertfach gezeichnet, hundertfach in Satire-Sendungen nachgemacht, ist die Merkel-Raute wohl die Mona Lisa unter den Handzeichen. Daumen und Fingerspitzen berühren sich, die Hände zeigen dabei nach unten. Es ist auch ein Festhalten an sich selbst, dass Sicherheit und Ruhe vermittelt. So wie Selbstberührungen im Allgemeinen eine Beruhigung darstellen. Die Geste verhindert außerdem, dass Merkel eine unpassende Geste mit den Händen machen könnte, da die Hände ja still in der gegenseitigen

Berührung ruhen. Man hat im übertragenen Sinn eine Sache in der Hand, kontrolliert die Bewegung. Angela Merkel soll gesagt haben, die Haltung berge eine gewisse Symmetrie und helfe ihr dabei, den Rücken gerade zu halten.

Konzentration, bitte!

Diese Geste, bei der die Arme auf den Tisch gestellt und die Finger vor dem Körper aneinandergelegt werden, zeigt jemanden in der Phase hoher Konzentration. Der Oberkörper neigt sich leicht

nach vorne, dringt damit eventuell in das Revier des Gegenübers ein und kommt dem anderen entgegen. Sie demonstriert auch Dominanz und Kompetenz, denn da ist jemand klug und zeigt dies auch nach außen. Mit *Fingerspitzengefühl* sucht hier jemand durch intensives Nachdenken nach einer Lösung.

5. Wie unser Denken, Fühlen und Körperempfinden zusammenhängen

Vor Freude in die Luft springen

Wenn wir vor Freude in die Luft springen, was kommt eigentlich zuerst – der Absprung und das Hochreißen der Arme oder die Euphorie selbst? Die Wahrheit ist: Beides gehört zusammen. Die Bewegung verstärkt und verkörpert das Gefühl. Es ist kaum möglich, sich zu freuen, ohne etwas an seinem Körper zu verändern, ohne sich zu bewegen, ohne die Muskeln anzuspannen, ohne zu lächeln oder zu lachen. Die Sprache verrät, was wir intuitiv tun, wenn wir uns wie verrückt freuen: Wir vollführen *Freudensprünge*, wir geraten in einen *Freudentaumel*, uns schießen die *Freudentränen* in die Augen, wir schreien vor *Freude*. Freude und Körperreaktion gehören in der Sprache und damit auch in unserem lebendigen System aus Körper, Gefühlen und Denken unmittelbar zusammen. Wir haben es nur vergessen, weil wir kopflastig sind.

Eine aktuelle, äußerst spannende Richtung der Forschung befasst sich mit den neuesten Erkenntnissen über die Zusammenhänge von Denken, Fühlen und unserem Körper. Sie nennt sich *Embodiment,* was man etwas unzureichend mit dem Begriff *Verkörperung* übersetzen könnte. Genauer betrachtet, bedeutet Embodiment, dass Gefühle, Denkmuster, Vorstellungen, Überzeugungen und Haltungen sich in unserem Körper ausdrücken, *verkörpert* werden. Die Psychosomatik stammt etymologisch von griechisch: *psyche* (Seele) und *soma* (Körper). Sie erforscht bereits seit Langem das Verhältnis zwischen Seele und Körper. Nun kommt die Wirkung der Gedanken auf den Körper sowie die Wirkung des Körpers auf unser Denken und Fühlen hinzu.

Eine traurige Gestalt

Ein resignierter, trauriger Mensch spürt in sich etwas anderes, als ein stolzer. Der Resignierte fühlt sich ermattet, niedergeschlagen und schlapp. Seine Muskeln sind erschlafft, er lässt den Kopf hängen, die Schultern sind nach vorne gebeugt. Oft ist der Blick abgewandt. Ein stolzer Mann hingegen trägt den Kopf hoch, mit stolzgeschwellter Brust geht er gerade, die Schultern nach hinten, das Rückgrat aufgerichtet, die Augen voller Freude suchen stolz den Blickkontakt zum Gegenüber. Er stolziert herum.

Wenn wir einen geliebten Menschen vom Flughafen abholen, zeigt sich die Vorfreude auf das Treffen ebenfalls nicht nur in unserer gehobenen, leicht euphorischen Stimmung, sondern auch in unserem Körperempfinden. Das Herz schlägt schneller, der Puls beschleunigt sich, die Hände sind feucht vor Aufregung, die Wangen sind aufgrund der erhöhten Durchblutung gerötet. Es kribbelt im Bauch. Die Körperhaltung ist nicht starr, sondern wir rennen hin und her. Wir stehen nicht fest auf beiden Beinen, sondern haben vor lauter Energie einen Aktivitätsdrang. Wenn der Geliebte oder die Geliebte aus dem Gate kommt, breiten wir weit die Arme aus, um diesen Menschen endlich in die Arme schließen zu können. Mit anderen Worten: Vorfreude ist nicht nur ein Gefühl im Kopf, sondern der ganze Körper, die Organe, das vegetative Nervensystem, die Muskeln, die Extremitäten sind beteiligt. So in etwa könnte man das Embodiment des Gefühls Freude beschreiben. Natürlich gibt es Menschen, die ganz cool bleiben, wenn ihr geliebter Partner ankommt. Das ist auch ein Embodiment, nur viel abgekühlter als die oben beschriebene Verkörperung von Freude.

Gegenseitige Beeinflussung

Die wissenschaftlichen Erkenntnisse zeigen, dass die Körperhaltung, ähnlich wie die Mimik, nicht nur die physische Haltung beeinflusst. Dass also ein Resignierter aufgrund seines geringen Muskeltonus eine schlaffe Körperhaltung einnimmt. Weitgehend unbekannt ist, dass die Körperhaltung, also in diesem Beispiel das Bücken, auch einen Einfluss auf die Stimmung hat. Wer länger nach vorne gebeugt sitzt, fühlt sich schlechter.

Das Zusammenspiel zwischen Denken, Fühlen und Körper ist ein Kreislauf, der sich gegenseitig beeinflussenden Faktoren. Das griechische Wort *gymnasion* stammt von *gymnos* (nackt) ab, da der Sport fast nackt betrieben wurde und das lateinische Wort *gymnasium* bedeutete ursprünglich Übungs- und Wettkampfplatz, der der Jugend zur körperlichen, charakterlichen und intellektuellen Ertüchtigung diente. Haltungsschäden, Hyperaktivität und stundenlange Hausaufgaben haben erst unsere vermeintlich modernen Pädagogen erfunden.

Die uralten Erkenntnisse, dass der Körper, das Denken und das Fühlen zusammengehören, wurden nun wissenschaftlich nachgewiesen und finden seit ein paar Jahren auch Einzug in Fachkreise und eine kleinere Öffentlichkeit. Da die Grundlagen so wesentlich sind für das Verständnis von Embodiment, werden hier ein paar der grundlegenden Versuche beschrieben.

Acht Minuten Rücken krümmen für die Forschung

Ein bahnbrechendes Experiment, das diesen Zusammenhang belegt, stammt von John Riskind von der Psychologischen Fakultät der Universität Texas und Carolyn Gotay von der Universität von Calgary in Kanada. Ihre Studie aus dem Jahr 1982 führte die Versuchspersonen zunächst einmal in die Irre. Ihnen wurde mitgeteilt, sie sollten an einem Experiment teilnehmen, um ihr räumliches Denken zu testen. Während die Versuchspersonen auf ihr Testergebnis warteten, wurden sie gebeten, bei einem weiteren Versuch auszuhelfen, bei dem es um die Leitfähigkeit der Haut und die Muskelreaktion ginge. Diejenigen, die gerne »einspringen« wollten, saßen kurz darauf in einem weiteren Raum. Hier verkabelten die Wissenschaftler die Probanden an Nacken und Handgelenken, um die Testpersonen glauben zu lassen, man würde tatsächlich wissenschaftliche Messungen vornehmen. Unter dem Vorwand, man brauche besonders exakte Versuchsergebnisse, bat der Versuchsleiter dann die Testpersonen, eine bestimmte Haltung einzunehmen, und zwar für acht Minuten. Die eine Gruppe (A) sollte gekrümmt sitzen mit weit nach unten gebeugtem Oberkörper und Kopf, die zweite (B) sollte aufrecht sitzen. Nach acht Minuten schickte der Studienleiter die Probanden wieder zurück in den ersten Raum. Dort wurde so getan, als ginge der Test über das räumliche Denken mit einem weiteren Versuch weiter. Wieder führten die Forscher die Teilnehmer in die Irre, denn diesmal erhielten die Probanden ein geometrisches Puzzle, das gemeinerweise unlösbar war. Es ging nur darum zu messen, wer länger durchhält und wann welche Gruppe frustriert aufgibt. Das Ziel des Experiments war also, das Durchhaltevermögen bei einer frustrierenden Aufgabe nach der Einnahme zweier verschiedener Körperhaltungen zu analysieren.

Unterschied zwischen Gebeugten und Aufrechten

Das Ergebnis war frappierend: Die *Gebeugten* (Gruppe A), welche mit gekrümmten Rücken ausharren mussten, versuchten durchschnittlich 10,78 Puzzleteilchen zusammenzusetzen. Dann gaben sie auf. Die *Aufrechten* (Gruppe B) nahmen deutlich mehr Teile in die Hand, nämlich durchschnittlich 17,11 Teilchen. Die Erklärung der Forscher lautete, dass die gekrümmte Haltung einen großen Einfluss auf ihre Motivation und Stimmung hatte. Die Versuchsteilnehmer waren hilfloser, mutloser und depressiver. Sie fühlten sich wie ein Versager und resignierten frühzeitig. Ihr innerer Text lautete: »Das schaffe ich sowieso nicht.« Die *Aufrechten* hingegen waren durch ihre vorher eingenommene sitzende Körperhaltung entschlossener, motivierter und beharrlicher. Sie wollten und konnten länger durchhalten und gaben erst sehr viel später auf. Ihr Motto war: »Das muss doch zu schaffen sein.«

Schüler sitzen den ganzen Tag – aber wie?

Dass dieser einfache Unterschied in der Körperhaltung einen solchen Einfluss auf die Leistung haben kann, hat sich in der breiten Öffentlichkeit noch nicht herumgesprochen.

Denn betrachtet man Schüler in ihrer Sitzhaltung sowohl in der Schule als auch zu Hause, sieht man deutlich häufiger eine hängende, nachlässige Haltung. Kopf und Schultern sind nach vorne geneigt. Zu Hause schaut der Kopf stundenlang nach unten aufs Display des Handys oder des Tablets. Wer *den Kopf hängen lässt,* fühlt sich jedoch niedergeschlagener, als wenn der Kopf aufgerichtet ist.

Lass den Kopf nicht hängen

Wissenschaftlich erwiesen ist mit den oben beschriebenen Experimenten natürlich nicht, dass das Schauen auf das Display und das Neigen des Kopfes zu ähnlichen Ergebnissen führen würde, wie in dem oben beschriebenen Experiment. Allerdings ist jedem längst an dieser Stelle des Buches klar, dass die stundenlange Körperhaltung einer Person, die *sich hängen lässt,* einen negativen Einfluss auf das Denken und Fühlen hat. Der Atem wird anders geleitet, kann nicht so tief in den Körper eindringen, da der Brustkorb eingeengt wird. Die Halswirbelsäule wird abgeknickt, die Muskeln in Schulter und Nacken angespannt. Bereits damals diskutierte die Forschergruppe, welche Konsequenzen sich aus dem Test ergeben. Sie empfahlen, dass man sich bei der Diskussion über Motivation und Gefühle viel stärker mit dem Körper beschäftigen sollte und nicht nur mit dem Verstand und den Denkprozessen. Ein Forscherteam um die Sozialpsychologin Amy Cuddy von der Harvard Business School wies nach, dass Probanden, welche sieben Minuten in einer »Power-Position« saßen oder standen, bei dem verschieden Körperteile ausgebreitet wurden, später bei einem fiktiven Job-Interview besser abschnitten.

Kein Eiskaffee für den Vorgesetzten

Lawrence Williams von der Universität Colorado und John Bargh von der Yale-Universität dachten sich ein ebenfalls sehr bekanntes sowie alltagstaugliches Experiment mit heißen Kaffeetassen aus. Sie wiesen nach, dass, wenn eine Testperson eine heiße Kaffeetasse in den Händen hielt, sie Fremde positiver, großzügiger beurteilten, als Testpersonen, die einen Eiskaffee in den Händen hielten. Körperliche Wärme erzeugt menschliche Wärme, so ihr Fazit.

Ein anderes Team fand heraus, dass Freiwillige die Temperatur in einem Raum kälter einstuften, wenn sie vorher sozial ausgegrenzt wurden, wenn andere ihnen die *kalte Schulter* gezeigt hatten. Zwischenmenschliche Kälte wurde als Kälte im Raum interpretiert. Bekannt ist auch, dass Menschen, die soziale Einsamkeit verspüren, vermehrt warm duschen oder baden. Ein etwas anderes Experiment befasste sich mit dem Phänomen des Aufräumens und Putzens. Putzen und Aufräumen kann dabei helfen, Schuldgefühle wegzuspülen und hat einen mildernden Einfluss auf das moralische Urteil von Menschen.

Body Feedback von Bewegungen

Neueste Forschungsarbeiten beschäftigen sich damit, welchen Einfluss Bewegungen auf das Feedback des Körpers haben. Sabine Koch von der Psychologischen Fakultät der Universität Heidelberg hat hierzu interessante Studien veröffentlicht. In einer Untersuchung aus dem Jahr 2014 zeigte ihr Team, dass Bewegungen einen direkten Einfluss auf das Empfinden haben. Probanden wurden gebeten, entweder Armbewegungen auszuführen, die jemanden heranlocken (»Komm her.«) oder die jemanden abwehren (»Geh weg.«). Diejenigen Studienteilnehmer, die die einladenden Gesten ausführten, fühlten sich nach dem Test deutlich besser, beschrieben eine positivere, friedliche, entspannte Stimmungslage. Die Gruppe, die die abwehrenden Bewegungen ausführen sollte, war angespannter und aggressiver.

Bekannt war vor Kochs Studie, dass starre Armhaltungen die Stimmung beeinflussen. In einem vielfach wiederholten Experiment sollten Testpersonen ihre flache Hand auf eine Tischplatte legen und die Hand nach unten drücken. Dies aktiviert Muskeln, die eine negative »Geh weg«-Haltung des Körpers bewirken. Die zweite Gruppe sollte die flache Handfläche unter dem Tisch gegen die Tischplatte drücken. Dadurch aktivierten sie die Muskelgruppen, welche wir für eine heranlockende Geste (»Komm her.«) benötigen. Die Personen der ersten Gruppe aßen in einem Setting weniger Kekse, die scheinbar zufällig auf dem Tisch platziert waren. Doch an dieser Stelle hatten die Wissenschaftler die Probanden absichtlich hereingelegt, denn die Besprechungskekse spielten die heimliche Hauptrolle in der Studie. Sinn des Experiments war gerade herauszufinden, wie beide Gruppen der kalorienreichen Versuchung widerstehen konnten. Die Gruppe, welche die ablehnende Muskelanspannung ausüben musste, konnte besser widerstehen. Sie aßen weniger Kekse als diejenigen, welche die Hand unter dem Tisch zu einer »Komm her«-Aktivität anspannten. Die Gruppe aß mehr Kekse, da sie eine positivere Haltung gegenüber den köstlichen Dickmachern hatte. Sabine Kochs Leistung bestand darin, nicht nur starre Körperhaltungen zu untersuchen, sondern ganze Bewegungsabläufe und ihren Einfluss auf den Körper und die Gefühle.

Dominanz des Denkens

So gab es in der Vergangenheit eine Fülle von Arbeiten, die den Zusammenhang zwischen Körperempfinden, Denken und Fühlen aus verschiedenen Blickwinkeln betrachtet haben. Tatsache ist, dass Forscher in der Regel danach gestrebt haben und heute noch danach streben, rationale Prozesse in den Vordergrund zu stellen. Der Verstand, so zahlreiche Wissenschaftler, lenkt als übergeordnete Instanz die »niederen« Gefühle und den Körper. Diese Sichtweise hat sich jedoch als großer Irrtum entpuppt. Die Sprache des Körpers, seine Botschaften und sein Einfluss auf alle lebendigen Prozesse unseres Seins, auf unser Denken, Fühlen und Handeln, unser gesamtes Erleben, ist heute offensichtlich.

Doch die Erkenntnis setzt sich nicht durch. Denn wäre sie allgemein verfügbar und verbreitet, gäbe es mehr Sportunterricht in

Schulen, mehr Zeit für Kinder in der Natur, um den Körper auszuprobieren. Es gäbe mehr Pausen auf Konferenzen, in denen die Konferenzteilnehmer aufstehen und sich strecken oder frische Luft schnappen können. Mehr Sporträume für Angestellte, in denen sie in der Mittagszeit trainieren könnten. Weniger Stress, der die Muskeln verkrampft.

Neurobiologie der verkörperten Gedanken und Gefühle

Der Neurobiologe und Wissenschaftsautor Gerald Hüther von der Universität Göttingen erklärte in zahlreichen Publikationen, welche neurobiologischen Prozesse Embodiment zu Grunde liegen. »Die Liste der Einflussmöglichkeiten körperlicher Veränderungen ist in den letzten Jahren immer länger und umfassender geworden«, schrieb er in einem Beitrag für das Buch »Embodiment«.

Relativ neu sei die Erkenntnis, dass auch im Darm und den inneren Organen Botenstoffe und Hormone produziert werden, die über den Blutkreislauf in das Gehirn gelangen. Dort beeinflussen sie psychische Zustände. Das sogenannte Bauchgehirn ist also nicht abgekoppelt vom Gehirn im Kopf, sondern beide beeinflussen sich gegenseitig.

Leider nicht immer zum Guten. Denn Hüther stellte fest, dass im Laufe der Erziehung häufig das natürliche Zusammenspiel zwischen Körper, Fühlen und Denken gestört wird. Wir verlieren eine Verbindung zum eigenen Körper. Wachsen wir nicht in einer sicheren Bindung auf, lernen wir früh, Gefühle wie Wut, Angst, Aggression, die auch im Körper stattfinden, zu unterdrücken.

»Die Abwehr von Gefühlen«, so Hüther, »geht mit muskulärer Anspannung einher. Je häufiger und früher dies geschieht, desto stärker werden die körperlichen Abwehrmuster verfestigt.«

Reiß dich zusammen!

Statt auf unseren Körper zu hören, eignen wir uns im Laufe unserer Kindheit und Jugend fragwürdige Vorstellungen, falsche Überzeugungen und unterdrückte Gefühle an, so Hüther. Das kann gravierende Auswirkungen haben: Ein Bekannter, nennen wir ihn Alfred, Priester und Professor an einer deutschen Universität, unterdrückte seine gesamte Kindheit über alle Gefühle. Als fünftes Kind seiner Mutter wünschte sich die glühende Katholikin sehnlichst einen Priester in der Familie. Überliefert ist, dass die Hebamme der Frau den neugeborenen Alfred mit den Worten in den Arm legte: »Hier bringe ich Ihnen Ihren Priester.« Einen Sohn der Kirche zu schenken war damals nicht unüblich. Alfreds Weg schien damit vorgezeichnet. Er wurde wie alle seine Brüder Messdiener, ging viel in die Kirche und schlug tatsächlich die Priesterlaufbahn ein. Über die Zeit im Priesterseminar berichtete er vor allem, dass er dort erstmals gemerkt habe, dass zahlreiche Priester schwul waren und im Seminar ihre Sexualität ausleben konnten. Homosexualität stand zu diesem Zeitpunkt in Deutschland ja noch unter Strafe. Doch Alfred war nicht schwul, er wollte zölibatär leben, was er auch erst versuchte. Für die Unterdrückung seines Selbst zahlte er einen hohen Preis, denn er hatte keine einzige Kindheitserinnerung.

Alfreds Gedächtnis war unumkehrbar gelöscht. Zu viele unterdrückte Gedanken, Wünsche und Gefühle dominierten sein Dasein. Er wurde Priester, schlug eine wissenschaftliche Laufbahn ein, wurde

Professor und heiratete später seine langjährige Lebensgefährtin, mit der er sehr glücklich wurde. Es kam allerdings zum Bruch mit der Kirche, er verlor seine Lehrerlaubnis als Theologe und arbeitete bis zu seiner Emeritierung weiter an einer anderen Fakultät.

Wer weiß, was eine katholische Kindheit mit einem Drang zur Dressur und Zwang bedeuten, kann dieses Extrembeispiel sicher gut verstehen und nachvollziehen, welche Macht unterdrückte oder verkümmerte Gefühle, die Drohung mit Schuld und Erbsünde auf unser Leben, unsere Biografie und unseren Körper haben.

Auch nicht religiöse Kindheiten können denselben Effekt haben, wenn das elterliche Regime sich nicht an der guten Beziehung und der Warmherzigkeit, sondern an anderen Maßstäben wie der Leistung des Kindes ausrichtet (»Du bist gut, wenn du in der Schule gut bist.«). Die frühe Erfahrung von mangelnder Verbindung und einem gesunden Selbstbewusstsein machen uns krank. Depressionen, Angsterkrankungen, unerklärte Rücken- oder Herzleiden und Essstörungen haben in den vergangenen Jahren dramatisch zugenommen.

Gute Laune ist ansteckend – schlechte auch

Wie bereits in den Kapiteln zu Mimik und Körpersprache beschrieben, können wir durch Nachahmen einer Mimik das Gefühl eines beliebigen Gegenübers erspüren. Ist jemand fröhlich und lächelt, fühlen wir uns auch gut. Beginnt jemand in einer Straßenbahn, laut zu lachen, lachen die anderen Mitfahrer auch nach einer gewissen Zeit. Gute Stimmungen sind ansteckend – über die Mimik, aber auch über die Körpersprache.

Schlechte Laune überträgt sich

»Entspann Dich mal«, sagen wir zu jemandem, der verkrampft neben uns sitzt. Nicht nur, damit diese Person sich entspannt, sondern auch, weil es schwer ist, neben jemandem entspannt zu sitzen, der seine Muskeln verkrampft.

Das lässt sich an dem folgenden Beispiel gut erläutern: Eine Firma erlebte jahrelange Einsparmaßnahmen und Kündigungswellen. Zahlreiche Mitarbeiter verließen das Unternehmen – freiwillig, mit einer Abfindung oder sie kündigten und suchten sich einen neuen Job mit besseren Aussichten. Der verbleibende Rest fand sich schließlich in Großraumbüros wieder und trauerte der Zeit nach, als jeder Mitarbeiter geschätzt wurde und über ein großes Zweier- oder sogar über ein Einzelbüro verfügte. Die Trennwände wurden während der Arbeitszeit und ohne große Ankündigung herausgerissen, die Stimmung war auf dem Nullpunkt. Der Streit um die besten Plätze entbrannte, denn wie in einem Kino ohne Platzkarten hieß es nun: Wer zuerst kommt, mahlt zuerst. Alle wollten Randplätze, die Reihenendhäuser unter den Großraumarbeitsplätzen. Eine Abteilung saß besonders eng, man sprach ironisch von einer Legebatterie und der nicht artgerechten Haltung von Mitarbeitern. In dieser Stimmung arbeitete jeder gegen jeden. Tauschten früher die Mitarbeiter mal ihre Feiertagsdienste, war nun jegliche Kulanz vorbei. Plötzlich waren die Mitarbeiter nicht mehr bereit, an Wochenenden mit Brückentagen für ihren Chef, den sie für das Bürodesaster verantwortlich machten, einzuspringen.

So musste der Vorgesetzte einen gebuchten Urlaub absagen. Er hatte die Brisanz der Schlacht um die besten Plätze unterschätzt.

Kleine Gefallen, die er früher von allen Kollegen abrufen konnte, wurden nun abgeblockt, nach außen hin natürlich mit größtem Bedauern und größter Höflichkeit. Die schlechte Stimmung hatte sich wie ein Virus ausgebreitet und lähmte nun mehrere Abteilungen.

Was die Sprache uns verrät

Wiederholt zeigen Beispiele, welche Redewendungen die Verkörperung von Gefühlen ausdrücken. Um noch mehr Begriffe und ihre Bedeutung auf der Körperebene wieder in unser Bewusstsein zu bringen, findet sich hier eine Liste:

Arme
jemandem unter die Arme greifen
jemanden am ausgestreckten Arm verhungern lassen
jemanden auf den Arm nehmen

Atem
den Atem anhalten
atemlos sein

Augen
jemandem die Augen öffnen
auf Augenhöhe

Bauch
Wut im Bauch
Das bereitet mir Bauchgrimmen

aus dem Bauch heraus
ein gutes Gefühl im Bauch

Beine
kein Bein auf den Boden bekommen
sich auf die Hinterbeine setzen
auf eigenen Beinen stehen

Essen
etwas in sich hineinfressen
etwas ist zum Kotzen
Die Sache ist gegessen

Finger
Mein kleiner Finger sagt mir, dass …
jemandem den kleinen Finger geben
jemanden um den Finger wickeln

Füße
jemandem auf die Füße treten
kalte Füße bekommen
jemandem den Boden unter den Füßen wegziehen
auf eigenen Füßen stehen

Gefühl
Ich habe ein gutes Gefühl
Mein Gefühl trügt mich nicht
erkaltete Gefühle

Hals

Ich habe so einen Hals
Er kriegt den Hals nicht voll
Etwas hängt mir zum Hals heraus
etwas in den falschen Hals bekommen

Haltung

Ich fühle mich niedergeschlagen (Depression)
jemand ist standhaft
einen Standpunkt einnehmen
einen schweren Stand haben

Haut

Etwas geht einem unter die Haut
Es ist zum aus der Haut fahren
mit Haut und Haar fressen

Herz

Mir wird warm ums Herz
kaltherzig
warmherzig
herzlos
Hand aufs Herz
jemandem etwas ans Herz legen
sein Herz auf der Zunge tragen
jemandem fällt ein Stein vom Herzen
jemandem sein Herz ausschütten
jemandem am Herzen liegen

Knie
nicht in die Knie gehen
in die Knie zwingen

Kopf
jemanden vor den Kopf stoßen
Das bereitet mir Kopfzerbrechen
(Kopfschmerzen)
verkopft
mit kühlem Kopf
jemandem den Kopf abhacken
jemanden einen Kopf kürzer machen
den Kopf hängen lassen
Das kann dich den Kopf kosten
Kopf hoch!
Hals über Kopf etwas tun
Ich weiß nicht, wo mir der Kopf steht
etwas aus dem Kopf schlagen
kopflos
den Kopf in den Sand stecken
die Hände über dem Kopf zusammenschlagen
jemandes Kopf verlangen
Da müssen Köpfe rollen

Lachen
aufgesetztes Lächeln im Hotel
etwas lacht mich an
Das Lachen bleibt mir im Halse stecken

Mimik
mit erstarrter Mine
gute Miene zum bösen Spiel machen

Mund
den Mund nicht zu voll nehmen
die Schnauze voll haben
Halt den Mund!

Nacken
Nackenschläge
Die Angst sitzt mir im Nacken

Nase
die Nase rümpfen
die Nase hoch tragen
Ich habe die Nase voll (Nebenhöhlenentzündung)
jemandem etwas unter die Nase reiben
auf die Nase fallen
blass um die Nase

Nieren
etwas geht einem an die Nieren

Rücken
jemandem den Rücken stärken
jemandem in den Rücken fallen
jemand steht mit dem Rücken zur Wand
etwas auf dem Rücken von jemandem austragen
Es läuft mir eiskalt den Rücken herunter

hinterrücks
jemandem den Rücken freihalten

Spannung
Ich bin gespannt
Ich bin entspannt
Er ist verkrampft
ein verkrampftes Gespräch

Beherzigen und bedenken

Die Liste ließe sich fortführen, doch der Gedanke wird bereits hier klar. Wenn wir bewusster auf das achten, was wir mit unserem Körper tun, wie wir sprechen, was wir denken und was wir fühlen, können wir unsere Motivation und Stimmung positiv beeinflussen. Wir senden nicht nur Botschaften mit unseren Worten aus, sondern maßgeblich auch nonverbal mit dem Körper und der Mimik. Wer dies bei seiner Kommunikation *beherzigt* oder *bedenkt,* wird besser kommunizieren. Es gibt Menschen, in deren Nähe man sich immer wohlfühlt. Aber auch Menschen, deren Nähe verstörend und stets anstrengend ist. Nicht jeder reagiert gleich sensibel auf diese Chemie. Ein gesundes Maß ist gefragt, denn wenn wir den ganzen Tag Schwingungen von anderen aufnehmen, kommen wir womöglich nicht mit unseren eigenen kommunikativen Zielen weiter.

Übung: Einstimmen auf das Gespräch

1. Angstkiller

Lampenfieber vor Präsentationen oder Vorträgen gehört zu den größten Problemen von Vortragenden. Ein Trick von Schauspielern und Musikern ist, vorher übungsweise eine Minute lang laut vor sich hin zu lachen. Denn das Gehirn kann nicht gleichzeitig lachen und Angst verspüren. Durch das Lachen verfliegt die Angst. Üben Sie dieses Anti-Lampenfieber-Lachen kontrolliert mehrfach zu Hause.

Stellen Sie am besten einen Spiegel auf, vor dem Sie einen Vortrag oder eine Präsentation halten, am besten den realen Vortrag. Führen Sie vorher die Anti-Lampenfieber-Übung aus. Was spüren Sie in Ihrem Körper? Lockern sich die Muskeln des Zwerchfells? Geht der Atem tiefer in den Bauch? Beruhigen sich die Nerven? Sind Ihre Knie noch weich oder haben Sie einen festeren Stand? Probieren Sie aus, ob Sie vor einem kleineren Publikum diese Übung etablieren können.

2. Power Position

Vor einem Gespräch, beispielsweise zu einer Gehaltserhöhung, müssen Sie sich in eine Stimmung bringen, die Entschlossenheit und Selbstsicherheit verkörpert. Erinnern Sie sich dazu an einen Moment, in dem Sie sich *großartig* gefühlt haben. Für Bergsteiger ist das etwa der Moment, wenn Sie auf Ihrem Lieblingsgipfel stehen. Für andere ist dies ein Sieg beim Tennis, wenn Sie nach einem langen Match den letzten Ball verwandelt haben und sie mit dem angewinkelten Arm die Siegerpose demonstrieren. Welche Situation Sie auch aussuchen, es sollte zu Ihnen passen.

Versetzen Sie sich intensiv in dieses Gefühl, so dass ihr ganzer Körper durchströmt wird von der Großartigkeit des Moments. Merken Sie sich das Gefühl. Üben Sie in verschiedenen Situationen, dieses Gefühl abzurufen, zum Beispiel mit einem Stichwort, »Berg«, »Tennis« oder einem anderen kurzen Wort, das Sie sich ausdenken. Kurz bevor Sie in ein wichtiges Gespräch gehen, nehmen Sie diese Power-Position ein und rufen das Gefühl von Selbstbewusstsein ab. Ihr Körper soll durchströmt werden und die innere Haltung von Power annehmen. Ihr Köper richtet sich auf, der Kopf ist hoch. Sie atmen tief und ruhig. Dann gehen Sie in den Raum hinein und bringen Ihr Anliegen durch.

3. Beruhigung

In dramatischen, aufregenden Situationen brauchen wir einen inneren sicheren Ort. Erinnern Sie sich an eine Begebenheit, in der Sie sich sicher und aufgehoben gefühlt haben. Das kann auch eine ausgedachte Situation sein. Hier fühlen Sie sich gut, die Umgebung beruhigt Sie. Wenn Sie Sicherheit suchen, stellen Sie sich dieses innere Bild vor, oder noch besser, Sie stellen sich einen inneren Film vor. Dies könnte zum Beispiel sein, dass Sie langsam zu Ihrem Lieblingsstrand gehen, erst das Meer rauschen hören, die Dünengräser und Strandsträucher riechen, das Salz auf Ihrer Haut spüren und dann, wenn Sie die Düne hinaufgegangen sind, schließlich das weite Meer und den langen Sandstrand erblicken.

Ihr Atem sollte ruhiger werden, das vegetative Nervensystem wird heruntergefahren. Wenn Sie sich einige Minuten den inneren Film vor Augen führen, kehrt innere Ruhe ein.

Kapitel III

Erfolgs- und Störfaktoren – Was wir im Gespräch beachten sollten

Genauso wichtig wie die Fähigkeit, das Gegenüber richtig einzuschätzen, ist es, ein Gespräch in die gewünschte Richtung lenken zu können. Es gibt Faktoren, die den Verlauf eines Gesprächs befördern und Faktoren, die ihn behindern. Bestimmte Menschen haben die fantastische Gabe, mit anderen schnell in Kontakt zu kommen und ihnen die unglaublichsten Geschichten zu entlocken. Geschäftsgeheimnisse, die streng vertraulich sind, Einschätzungen zu Sachthemen, mit denen der Ansprechpartner sonst nicht rausrücken würde oder sogar die eigene Biografie, deren Details bislang noch niemand kannte.

Welche positiven und welche störenden Einflüsse wirken auf den Gesprächsverlauf und die Gesprächspartner ein? Was befördert, was blockiert den guten Kontakt? Die Macht der Worte ist ein wesentliches Instrument im Konzert der Kommunikation. Wie Töne auf einer Geige, vermögen einzelne Begriffe die richtige Melodie oder eben auch unliebsame Missklänge im Ohr des Gegenübers anzustimmen. Vor einem wichtigen Gespräch gilt es also, genau zu wissen, welche Themen und Stichworte bei jemandem positiv besetzt sind, welche negativ, und welche komplett tabu sind.

Das folgende Beispiel illustriert, wie ein Thema, das gut beim Gegenüber ankommt, einen gesamten Gesprächsverlauf positiv beeinflussen kann.

Zauberwort Italien

Bei meinem Studium an der Universität Heidelberg gab es ein äußerst beliebtes Stipendium der Juristen, und zwar als Austauschstudent an die Universität Cambridge zu gehen, welche eine der

Partneruniversitäten von Heidelberg war. Ein Professor für internationales und ausländisches Privatrecht suchte als Leiter des Programms in intensiven Einzelgesprächen die Cambridge-Stipendiaten aus. Circa fünf Studenten gingen für einen Sommer, drei blieben ein Jahr. Unter den fünf Sommer-Studenten gab es auch hin und wieder einen Nicht-Juristen, da der Professor sich neben dem Recht auch für Sprachen, Kunst und Wirtschaft interessierte.

Da ich unbedingt nach Cambridge wollte, erkundigte ich mich, was ein guter Türöffner für mein Gespräch mit dem Professor wäre. Mein Gesprächspartner verriet mir, dass der Jurist gerne über Italien spräche, was mir angesichts der Tatsache, dass das Stipendium ja nun mal für England vorgesehen war, schwierig erschien. Ich versuchte es dennoch und sprach bei meinem Bewerbungstermin darüber, dass der Schriftsteller Lord Byron, der am Trinity College in Cambridge studiert hatte, eine Reise nach Italien antrat, um eine Zeit lang in Venedig zu wohnen. Weiter kam ich nicht. Denn als ich das Stichwort »Italien« aussprach, passierte das Unglaubliche. Der Mann war verzückt, erzählte glücklich von seinen Reisen in dieses großartige Land, von Ferrara, einer Universität, mit der er sich in engem Austausch befand, und von den zeitgenössischen Künstlern der Region, deren Kunst er sammelte. Ich erhielt das Stipendium für das Recherchethema: Lord Byron in Italien. Noch jahrelang lud der Professor alle Cambridge-Stipendiaten sämtlicher Jahrgänge zweimal im Jahr zu sich nach Hause ein, um den Austausch zu pflegen. Er ging an dem Tag, an dem die Einladung stattfand, auf den Markt, kaufte verschiedene Käsesorten und servierte erlesene italienische Weine. An seinen Wänden hingen die Werke italienischer Künstler, alte Zeichnungen und moderne Gemälde. Aus der Sammlung seiner Eltern präsentierte er uns zu unser aller Überraschung bei einem der Treffen beeindruckende Meisterwerke: einen verschollenen Oskar Kokoschka sowie ein wunderschönes Bild von Emil Nolde. Der Professor war mit moderner Kunst aufgewachsen, sein Vater ein Industrieller und Sammler. Das Land Italien und seine Künstler waren ihm ein Herzensthema, ein Sehnsuchtsort, der Schlüssel zu seinem Innersten. Das Wort »Italien« wirkte im Inneren wie das »Sesam, öffne dich«.

Die richtigen Fragen zur richtigen Zeit

Neben den passenden Schlüsselwörtern, lässt sich mit den richtigen Fragen die Richtung eines Dialogs lenken. Wer eine *Ja-Straße* bilden kann – mehrere Fragen folgen aufeinander, deren Antwort in jedem Fall »ja« ist – weiß auch, dass es leichter ist, ein »Ja« am Ende dieses Wegs zu bekommen, als in einem Moment, in dem das Gegenüber blockiert und mit Körper, Mimik und Worten »Nein«-Signale sendet. Jetzt weiß der erfahrene Kommunikator, dass er auf keinen Fall die wichtige Frage stellen darf, um die es ihm eigentlich geht. Sie wird in dem Kontext wohl mit einem »nein« beschieden werden.

Das wissen auch schon Kinder, wenn sie etwas von ihren Eltern wollen. Sie halten kurz das Thermometer in die familiäre Atmosphäre und wissen blitzschnell, wann der richtige Moment ist, um nach längeren Ausgehzeiten, Ausnahmen von häuslichen Regeln oder Geld für den Kinobesuch fragen zu können – und wann nicht. Wer das Momentum auf seiner Seite hat, kann viel erreichen.

Die Wahrheit und nichts als die Wahrheit

Neben den Strategien, die ein Gespräch in die richtige Richtung lenken können, gibt es auch Methoden, die zur Blockade führen. Lügen sind ein klassischer Gesprächskiller. Aber auch Halbwahrheiten, Unterbrechungen oder Sabotage können ein Gespräch nachhaltig stören. Manchmal kann die Wahrheit aber auch verletzen, es kommt stets auf den Zusammenhang an, und auf die Information an sich. Es ist immer leichter, einen Dialog zu blockieren, als ihn flüssig in Gang zu bringen und voranzutreiben. Deswegen haben Gesprächspartner, die gerne mit kommunikativen Stinkbomben werfen, leichtes Spiel.

Wie sehr ein Gesprächskiller den Gesprächsverlauf selbst über mehrere Wochen bremsen kann, zeigt folgendes Beispiel: Emma war lange Jahre auf der Suche nach einem neuen Lebenspartner. Nachdem die 39-jährige Werberin sich ausgiebig ihrer Karriere, Partys und diversen Fernreisen gewidmet hatte, fehlte ihr nun mit fast 40 Jahren das Pendant an ihrer Seite. Sie sprach häufig mit ihrer besten Freundin Lisa darüber, wie traurig sie sei, alleine zu leben und wie schwer es sei, einen guten Mann zu finden. Lisa lud Emma nun häufig samstags zum Essen ein – ein Abend, der sonst für die Familie reserviert war. Sie bekochte sie und stellte ihr potenzielle Partner aus dem weit verzweigten Bekanntenkreis vor.

Emmas Stimmung wurde jedoch immer düsterer. Bei den Abendessen flirtete sie zwar mit den von Lisa auserkorenen Kandidaten, traf sich auch hin und wieder mit einem, doch niemand interessierte sie nachhaltig. Die Samstagsrituale schienen nicht zu verhindern, dass Emma Monat für Monat verbitterter erschien. In mehreren Gesprächen versuchte Lisa herauszufinden, was Emmas Stimmung so beeinträchtigte. Doch sie stieß auf Granit. Während der Treffen mit Emma hatte Lisa das unbestimmte Gefühl, dass etwas nicht stimmte. Ihre somatischen Marker, das flaue Gefühl im Bauch, deuteten darauf hin, dass etwas im Argen lag. Was war mit ihrer Freundin los?

Erst sehr viel später löste sich das Rätsel. Emma hatte ihr in den Gesprächen über die einsamen Wochenenden und Feiertage etwas Wichtiges verschwiegen. Denn sie war gar kein Single. Sie hatte über Jahre eine Affäre mit einem verheirateten Mann, von dem im Freundeskreis niemand etwas wissen durfte. Die Treffen fanden zwar sporadisch statt, er rief sie aber häufiger an. Die deprimierte Stimmung an den Samstagen hatten ihren Ursprung in der Tatsache, dass der Mann seine Wochenenden mit Frau und Kindern verbrachte und keine Zeit für Emma hatte, auch nicht am Telefon. Das kränkte Emma mehr, als sie zugab. Das Gespräch zwischen den Freundinnen konnte keinen Gleichklang erreichen, da Lisa auf die falsche Fährte gelockt wurde.

Gegen die Wand

Eine halbe Wahrheit, eine verdrehte oder verschwiegene Tatsache wirkt wie eine Lüge. Sie steht zwischen den Gesprächspartnern und erzeugt eine Blockade. Jeder kennt das Gefühl, dass man zwar Worte wechselt, jedoch glaubt, man rede gegen eine Wand.

Nicht jedes Familienmitglied, jeder Geschäftspartner oder Nachbar meint es gut mit seinem Gegenüber. Einige lügen, demonstrieren ihre Macht, fallen anderen ins Wort, oder – wie im Beispiel oben – verschweigen etwas Wesentliches. Bei einem wichtigen Gespräch, in dem beispielsweise ein Problem erörtert werden soll (Emma: »Ich bin einsam.«), können solche Störfaktoren den Erfolg schmälern oder, wie im geschilderten Fall, komplett vereiteln. Auch andere Faktoren behindern das Gespräch, dazu gehören die klassischen Gesprächskiller Lügen, Unterbrechungen, Schweigen oder die Sabotage eines Gesprächs.

1. Die Macht unserer Worte

Begriffe bestimmen unsere Gedanken, Emotionen und unser Körpergefühl

Was wir denken, was wir fühlen, in welche Richtung wir uns entwickeln, ja selbst, ob wir uns gesund oder krank fühlen, wird durch Worte beeinflusst. Gedanken müssen konkret in unserem Gehirn verankert werden. Dies geschieht anhand von Begriffen. Das Wissen der Welt eignen wir uns über Worte an, indem wir lesen, nachdenken, mit anderen sprechen oder zuhören. Dialoge bestreiten wir, basierend auf den Worten, die wir austauschen.

Begriffe transportieren maßgeblich unsere Botschaften, aber auch was wir nicht in Worte fassen, was wir verschweigen, unsere Körpersprache, die Mimik, eine Stimmung ist Teil der Kommunikation. »Man kann nicht nicht kommunizieren«, sagte schon Sprachforscher und Autor Paul Watzlawick.* Denken wir nach, so geschieht das in einem wortbasierten, inneren Dialog. Worte vermögen zu

* Paul Watzlawick, Janet Beavin, Don Jackson: Menschliche Kommunikation. Formen, Störungen, Paradoxien. Huber, Bern 2000.

trösten, Liebe oder Hass zu transportieren, Worte können verletzten. Ist jemand »wortgewaltig«, steckt auch der Begriff »Gewalt« in dem Ausdruck, denn mit Worten kann psychische Gewalt ausgeübt werden. Eine abschätzige, kalte, negative Ausdrucksweise stellt auch eine Form der Misshandlung dar. Nicht mit jemandem zu sprechen ist Folter.

Experiment mit rumänischen Waisenkindern

Der Entwicklungspsychologe Charles Nelson, Professor an der Harvard University und am Children's Hospital in Boston, untersuchte die Gesundheit von rumänischen Waisenkindern, die Isolation ausgesetzt waren und mit denen nicht viel gesprochen wurde. Während er im Auftrag der rumänischen Regierung ein System für Pflegeeltern in Rumänien aufbaute, untersuchte er, wie sich Heimkinder im Vergleich zu Kindern in Pflegefamilien und normalen Familien entwickelten. Am stärksten unterschied sich ihre Sprache.

Keines der Waisenkinder, für das keine Pflegefamilie gefunden wurde und das deswegen im Heim blieb, erlebte eine normale Sprachentwicklung. »Wir hatten gedacht, dass der Intelligenzquotient am meisten beeinträchtigt war, doch wir mussten erkennen, dass die Sprache geradezu erschlagen war«, berichtete Nelson.* Intelligenztests ergaben für die Heimkinder einen Wert von 73 – am Rande einer geistigen Behinderung. Die Kinder der Kontrollgruppe hatten einen durchschnittlichen Intelligenzquotienten von

* Christine Brinck, Die Folgen der Isolation, 13.12.2012, Zeit online, zuletzt abgefragt am 13.3.2016.

103. Nach einer gewissen Zeit in den Pflegefamilien machte der IQ der Heimkinder einen Sprung von rund zehn Punkten nach oben.

Positive Stimmung

»Du siehst aber gut aus«, ruft ein Bekannter bei der Begrüßung, den wir länger nicht gesehen haben, schon fühlen wir uns großartig. »Sie haben fantastische Arbeit geleistet, vielen Dank dafür«, lautet das Lob des Chefs für ein komplexes Projekt. »Ihr Haus ist wunderschön, so geschmackvoll und gemütlich eingerichtet«, sagt ein Besucher, der auf eine Party kommt. »Ihr Kind ist richtig clever, haben Sie gesehen, wie schlagfertig es auf die Frage reagiert hat?«

Diese Sätze sind Balsam für die Seele, steigern das Selbstbewusstsein, freuen uns im Kern. Die Liste dieser Sätze könnte endlos fortgesetzt werden, denn jegliche Art von Anerkennung, Lob oder Wertschätzung vermögen Freude in uns auszulösen. Die Gefühle und Körpersignale, welche dieser Satz auslöst, reichen von einem warmen Gefühl im Herzen, über einen schöner Schauer, der über den Rücken läuft. Wir entspannen uns, atmen tief in den Bauch ein. Die Entspannung des vegetativen Nervensystems verbreitet sich nach und nach in Wellen in unserem Körper. Stress fällt von uns ab. Ein angenehmes Prickeln in der Magengegend signalisiert berauschende Glücksgefühle, die nur dieser eine Mensch bei uns auslösen kann.

Gute Nachrichten – schöne Gedanken und Gefühle

»Hiermit teilen wir Ihnen mit, dass Sie ab dem Herbstsemester 2016 einen Studienplatz an der Universität Heidelberg für das Fach

Medizin haben. Wir freuen uns, Sie als Erstsemester im September begrüßen zu dürfen.«
»Wir möchten Ihnen sagen, dass wir sehr angetan waren von Ihrem Bewerbungsgespräch. Sie haben den Job.«
»Wir haben die Angebote geprüft und fanden, Ihr Vorschlag war mit Abstand der beste. Deswegen freuen wir uns, Ihnen den Auftrag zu erteilen.«

Die Zusage für einen Studienplatz, einen Job oder ein Auftrag, lösen Glücksgefühle in uns aus. Die Aussicht auf eine verheißungsvolle Zukunft, in wenige Worte gekleidet, erfüllt uns mit Energie, Zuversicht und Tatkraft. Gleichzeitig spornen die positiven Botschaften uns an, beflügeln uns. Das Lob eines Chefs versetzt das Gehirn des Gelobten in einen Rauschzustand. Schon fliegen dem Mitarbeiter die nächsten guten Ideen zu.

Kettenreaktion in Kopf und Körper

Dies ist das Prinzip der Motivation. Positive Ansprache führt zu neuen Leistungen. Positive Botschaften rufen positive Gedanken hervor und ein gutes Grundgefühl im Körper. Sie mobilisieren physische Kräfte. Dieses »Embodiment«, die Wirkung von Gefühlen und mentalen Prozessen auf den Körper, gehört zu den neuen Forschungsfeldern der Neurobiologie.

Die Erkenntnis, dass das Gesagte nicht nur im Gehirn abgespeichert wird, sondern bei wichtigen Inhalten eine Wirkung auf den Körper hat, ist relativ jung. Bislang kam der Körper als Resonanzraum für das Gesagte nicht vor. Viele denken, Sprechen sei eine reine Frage der Kognition, als sei der Kopf vom Körper abgeschnitten. Doch die

Macht der Sprache, wissen Forscher heute, wirkt auch auf den Körper. In einem YouTube-Video wird dies auf eindrückliche Art und Weise verdeutlicht. In dem Film, der bei einem Sportfest von etwa siebenjährigen Kindern aufgenommen wurde, versucht ein kleiner Junge über einen hohen Bock zu springen. Er nimmt Anlauf, rennt in Richtung Sprungbock, und scheitert. Es gelingt ihm nicht, über den Bock zu springen. Der Lehrer, der an dem Bock steht und ihm Hilfestellung geben soll, ermutigt ihn mehrfach, den Sprung zu wiederholen. Doch der Junge kommt zwar jedes Mal ein bisschen höher, nicht jedoch mit dem gewünschten Sprung über das Hindernis hinweg. Als die anderen Kinder, welche im Zuschauerraum auf den Bänken um den Bock herum sitzend zugeschaut haben, merken, dass der kleine Junge zu scheitern droht, stehen sie wortlos auf, gehen zu dem jungen Turner und bilden einen Kreis um ihn herum. So wie man es aus Baseball- oder Fußballspielen kennt, wenn der Kapitän oder Trainer die Mannschaft im Kreis anfeuert. Die Kinder fassen sich an den Armen und rufen einen Schlachtruf. Was auch immer sie gerufen haben, es hatte den Subtext: »Du schaffst das.« Und dann passiert das Unglaubliche: Der kleine Junge geht ein viertes Mal zu seinem Startplatz auf der Matte und rennt los. Er kommt höher als die drei Male zuvor und springt mit weit nach rechts und links gestreckten Beinchen über den Bock. Die Kinder jubeln ihm zu. Er hat es geschafft.

Selbst erfüllende Prophezeiung

Der Forscher Robert Rosenthal und seine Mitarbeiter an der Harvard-Universität wiesen nach, dass Laborratten, von denen man annahm, sie seien besonders intelligent, wesentlich bessere Lernleistungen erzielten als Vergleichstiere, bei denen man gesagt hatte, sie seien dumm. Tatsächlich unterschieden sich die Ratten vor dem Experiment nicht. Einzig die innere Annahme, die eine Gruppe sein *sehr intelligent* und die andere *dumm,* veränderte die Lernleistung der Labortiere.

Wie genau die Tiere die Botschaft, sie seien dumm oder intelligent, aufnahmen, ist nicht beschrieben. War es die Körpersprache, die Stimme, die Haltung des Versuchsleiters? Ratten sind intelligente Tiere, so viel ist bekannt. Ebenfalls steht fest, dass Tiere die Stimmungen von Menschen spüren können, etwa, wenn ein Hund merkt, dass sein Herrchen krank oder traurig ist. Selbst Katzen spüren, wenn jemand krank ist und begeben sich in die Nähe ihrer kranken Halter, um sie zu trösten. Der angeborene Instinkt lässt sie die »inneren Texte« der Menschen entschlüsseln.

Es kann heute später werden, Schatz

Was wir Menschen sagen, hat eine Bedeutung. Die Worte, die wir austauschen, wirken auf verschiedenen Ebenen. Dabei kommt es auch auf die mitschwingende Bedeutung von Wörtern an, auf die sogenannten Konnotationen. Ein Begriff kann verschiedene Bedeutungen beinhalten, je nach Zusammenhang (Kontext) und Verwendung. Das folgende Beispiel illustriert, was Konnotationen bedeuten.

Ein Mann sagt zu seiner Frau am Telefon: »Heute Abend kann es später werden«. In einem neutralen Zusammenhang weiß die Frau nun, dass sie mit dem Abendessen nicht warten soll, dass ihr Mann beschäftigt ist und später nach Hause kommt. Die Konnotationen, die mitschwingen, sind: »Mein Mann hat viel Arbeit, eine längere Sitzung ist anberaumt. Ich esse ohne ihn zu Abend, hebe ihm gegebenenfalls etwas auf.« In einem anderen Szenario hat der Mann eine Affäre mit einer Geliebten, und seine Ehefrau hat dies vor Kurzem herausgefunden. Er selbst weiß aber noch nicht, dass sie über diese Affäre informiert ist. Dann schwingen bei dem Satz »Es kann heute später werden, Schatz« folgende Konnotationen bei der Ehefrau mit: »So eine Unverschämtheit, wahrscheinlich trifft er sich mit ihr. Er glaubt wohl, er kann mit ihr ins Bett gehen und dann hier nach Hause kommen, wie es ihm passt. Er hält mich wohl für blöd, als ob ich das nicht merke. Ich soll denken, dass er ein Meeting hat, dabei hintergeht er mich aufs Übelste.«

Der Satz »Es kann heute später werden, Schatz« hat nicht eine einzige *wahre* Bedeutung, sondern kann auf verschiedene Arten interpretiert werden, je nach Kontext.

Mosaiksteine der Bedeutung

Worte enthalten mehrere Bedeutungsbestandteile, die ihren Sinn erschließen, die sogenannten Seme. Ein Sem ist das kleinste Element, das eine Bedeutung beschreibt. So enthält das Wort »Vater« die Seme »menschlich«, »männlich«, »erwachsen«, »hat ein Kind«. In einem anderen Beispiel enthält der Begriff »Witwe« die Bedeutungsmosaiksteine »menschlich«, »weiblich«, »hat ihren Ehemann durch Tod verloren«, eventuell noch »trauert«.

Wenn wir die Bedeutung einer Botschaft erschließen und seine Konnotationen analysieren wollen, müssen wir diese inhaltlichen Komponenten der Begriffe, die Seme, bestimmen. Das gilt auch für Metaphern. So kann ein Autokäufer, der etwa einen Beschwerdebrief an eine Firma schreibt, eine sehr aggressive Sprache wählen, um einen Mangel zu beschreiben, wie im folgenden Beispiel. Es soll für die Verwendung von Metaphern, den Sprachgebrauch und die damit implizierte Bedeutung sensibilisieren.

Sehr geehrter Herr Schmitt,

vor drei Wochen habe ich einen Gebrauchtwagen bei Ihnen gekauft. Bereits nach einer Woche hatte die Karre einen Schaden. Es leuchteten mehrere Warnlampen am Armaturenbrett auf. Die Schrottlaube können Sie wiederhaben, sie ist eine einzige Katastrophe. Wenn Sie sie nicht auf der Stelle zurücknehmen, klage ich Sie in Grund und Boden und jage ich Ihnen die Behörden auf den Hals.

Mit freundlichen Grüßen
Armin Meier

Die Metaphern »Karre«, »Schrottlaube«, »in Grund und Boden klagen«, »die Behörden auf den Hals jagen«, bergen Abwertungen und Aggressionen in der Sprache. »Karre« hat eine negative Konnotation, es ist verwandt mit dem Begriff »Karren«, der einen nicht-motorisierten, funktionalen, einfachen Transportanhänger bezeichnet. Schrottlaube enthält das Wort »Schrott«, das aus der Wortfamilie »verschrotten«, »Schrottplatz« stammt und in Verbindung mit dem Begriff Auto nahelegt, der Wagen sei nichts mehr wert und könne nur noch entsorgt werden. In diesem Zusammenhang natürlich eine Übertreibung. »In Grund und Boden klagen« enthält die Konnotation, dass der Käufer rechtlich bereit ist, durch viele Instanzen zu gehen, den anderen juristisch anzugreifen oder zu vernichten. »Die Behörden auf den Hals jagen« enthält ebenfalls aggressive Sprachelemente. »Jagen« beinhaltet semantisch eine Verfolgungsjagd, die in der Regel mit dem Tod eines Tieres endet (Fuchsjagd etc).

So hingegen sähe ein unemotional formulierter Brief aus:

Sehr geehrter Herr Schmitt,

vor drei Wochen habe ich einen Gebrauchtwagen bei Ihnen gekauft. Bereits nach einer Woche hatte das Fahrzeug einen Schaden. Es leuchteten mehrere Warnlampen am Armaturenbrett auf. Das Auto würde ich gerne umgehend zurückgeben, es funktioniert nicht, wie gewünscht. Sollten Sie es nicht umgehend zurücknehmen, behalte ich mir vor, den Rechtsweg einzuschlagen.

Mit freundlichen Grüßen
Armin Meier

Die neutralen Begriffe »umgehend zurückgeben«, »Fahrzeug« statt »Karre, Schrottlaube«, »es funktioniert nicht wie gewünscht«, den »Rechtsweg einschlagen« enthalten keine Aggressionen, sondern weisen auf den Umstand hin, dass der Käufer das Fahrzeug nicht behalten möchte.

Worte als Waffen

Aus diesen Beispielen wird deutlich, dass Sprache und die Art, wie wir etwas sagen, Aggressionen transportieren und Gewalt ausüben kann. Ganz wichtig ist zu wissen, dass das einmal Gesagte nicht wieder zurückgenommen werden kann. Ein einziger Satz, bestimmte Worte können eine Beziehung schwer beschädigen oder sogar vernichten.

Der Kampf um Wörter in der Politik

Gute Gespräche sind auch der Stoff, aus dem politische Beziehungen und strategische Allianzen geknüpft werden. Wenn Politiker Parteifreunde, den politischen Gegner oder Journalisten für eine Idee, ein Parteiprogramm, einen Vorstoß gewinnen möchten, so geschieht das in unendlich vielen Unterredungen. Schlagworte können Wahlen entscheiden. Die Verwendung bestimmter Begriffe in der Politik ist keine Nebensache. Mit Worten machen Parteien und Politiker Wahlkampf. Worte sind also ein Kampfmittel, richtig eingesetzt wirken sie wie Machtverstärker oder lassen einen Gegenkandidaten machtlos erscheinen.

Doch es sind nicht die Worte allein. Bilder wirken mächtig auf den politischen Willensbildungsprozess ein. Ein richtiges Foto oder die richtigen Fernsehbilder zur rechten Zeit können wesentliche Botschaften transportieren. In diesem Kapitel soll es hauptsächlich um die Sprache in der Politik gehen, die Bildsprache schwingt aber hin und wieder mit.

Verwendung von Metaphern

Metaphern, wusste zum Beispiel der Linguist George Lakoff, vermögen eine politische Diskussion gezielt in eine Richtung zu lenken. So konstatierte der Forscher, dass George W. Bush mit dem Begriff »Krieg gegen den Terror« nach den Anschlägen des 11. September 2001 bereits den Weg für die Kriege im Irak und Afghanistan geebnet habe. Das Leben tausender Menschen endete in diesem »Krieg gegen den Terror«. Unter anderem das meines ehemaligen Kollegen Christian Liebig aus der Focus-Redaktion, der an dem Tag, an dem die US-Amerikaner auf Bagdad zumarschierten, mit einem spanischen Kollegen im Lager blieb. Er wurde 35 Jahre alt. Sie waren als »embedded journalists« (eingebettete Journalisten) im Krieg, um davon zu berichten. Die Entscheidung, an einem vermeintlich ungefährlicheren Ort zu bleiben – im Lager, statt mit den anderen nach Bagdad einzurücken, kostete die beiden jungen Männer das Leben. Eine irakische Rakete traf das US-Lager und tötete mehrere Menschen. Statt von Luftangriffen sprach man damals von »chirurgischen Operationen«, welche nahelegen, dass gezielt nur ein bestimmtes Gebiet »behandelt« wird, kein »Kollateralschaden« entsteht. Mit anderen Worten: Zivilisten werden nicht durch diese Angriffe getötet. Dass dies nicht der Fall war, belegen zahlreiche Beispiele, nicht zuletzt die fälschliche Bombardierung einer Hochzeit durch Oberst Klein, welche als die Kunduz-Affäre in die Geschichte einging.

Starke Worte, Schnelle Reaktion

Der Begriff »Krieg gegen den Terror«, den Bush schuf, enthält bereits die Rechtfertigung eines Gegenschlags, nachdem Terroristen die USA angegriffen hatten. Terror muss bekämpft werden, notfalls mit Krieg. Dass dies über Jahre politisch nichts gebracht hatte, sondern vielen Menschen das Leben kostete, wollte man damals nicht implizieren. Vielmehr galt es für die Bush-Regierung damals, unmittelbar nach dem Angriff auf das World Trade Center und das Pentagon, dem Entsetzen und dem tiefen Schock im Herzen der Nation etwas entgegenzusetzen. So begann zunächst die Bombardierung von vermuteten Aufenthaltsorten der Taliban, Unterstützer von Osama Bin Laden, in Afghanistan. 2003 griffen die USA den Irak an, da sie dort eine »smoking gun« vermuteten, Massenvernichtungswaffen unter Führung von Saddam Hussein. Eine derartig kriegerische Außenpolitik basierte im Inneren des Landes ebenfalls auf den Metaphern, welche die Bush-Regierung speziell für ihre Vorhaben erfand.

Begriffe wie Nebelbomben

Die »Operation Enduring Freedom«, übersetzt »Operation dauerhafte Freiheit«, welche am 7. Oktober 2001 in Kooperation mit den britischen Streitkräften begann, ist ein weiteres Beispiel für das manipulative, linguistische Metaphernarsenal der Regierung. Freiheit ist in allen Nationen ein Begriff mit durchweg positiven Konnotationen, also Assoziationen, welche in dem Begriff mitschwingen. Ähnlich wie Gleichheit, Vaterland, Solidarität oder Gerechtigkeit. Es sind die Grundbausteine jeder Demokratie. Begriffe mit sehr großer Strahlkraft. »Operation« umreißt ein präzises Vorgehen, welches in der Medizin gebraucht wird und Heilung verspricht. Krebs wird durch eine Operation entfernt, verkalkte Herzkranzgefäße wieder repariert – eine Operation verspricht Risiken und Heilung, mitunter als Notfallmaßnahme.

Dauerhafte Freiheit – wer will das nicht? Der Begriff »dauerhaft« legt nahe, dass Angriffe wie der am 11. September nie wieder passieren können, da ja von jetzt an die dauerhafte Freiheit durch die Notoperation eingeleitet werden soll. Dass weitaus mehr Menschen durch die »Operation Enduring Freedom« getötet wurden als am 11. September, ist schon oft beschrieben worden. So entpuppt sich der Begriff als Euphemismus, als ein Begriff, der die wahre Realität verschleiert und verharmlost.

Der verlorene Krieg

Inzwischen heißt die nächste Terrororganisation IS, der ursprünglich geplante Krieg gegen den Terror ist verloren. Afghanistan ein instabiles, unsicheres Land. Terror herrscht nun unter einem anderen Namen, er hat durch die Anschläge von Paris auch Europa und Terrorwarnungen für Hannover und an Silvester 2015 für München selbst Deutschland erreicht. Welche Metaphern auch verwendet wurden, um dieses Unterfangen »Krieg gegen den Terror« durchzubringen oder zu rechtfertigen, am Ende verlief dieser Krieg nicht wie eine *Operation,* war weder chirurgisch präzise noch heilend. Die Metapher *Krieg gegen den Terror* manipulierte die Öffentlichkeit der USA und die Öffentlichkeit in allen anderen Staaten. Sie mobilisierte Mehrheiten für Einsätze, die der Region weder Freiheit, Frieden noch Stabilität brachten.

Langzeitschäden der verbalen Bombardierung

Die Hoffnung der Menschen wurde enttäuscht. Die Schlagworte entpuppten sich als leere Worthülsen. Das ist nicht ungefährlich, denn Enttäuschung und Politikverdrossenheit vermögen das Heer der Protestwähler, Unzufriedenen und Zu-Kurz-Gekommenen mobilisieren. Ist die Anzahl derer, die sich zu den Verlierern einer Politik zählen zu groß, kommt es zu Phänomenen wie in den USA, wo sich der Unternehmer Donald Trump mit einer speziellen Rhetorik als Präsidentschaftskandidat der Republikaner bewirbt. Er beleidigt, pöbelt, lügt, verspricht Unmögliches, schreit und – erntet Jubel. Deswegen ist es wichtig, in der politischen Kommunikation die Bürger nicht mit weichgespülten Worten einzulullen und zu blenden. Wahlversprechen, die nicht eingehalten werden, können sich zu einem gefährlichen Bumerang entwickeln.

Das Patientengespräch

Ein anderes Feld, in dem ebenfalls das Vertrauen eine herausragende Rolle spielt, ist die Kommunikation zwischen Arzt, Patient und Angehörigen, denn sie fördert sowohl die Therapietreue als auch den Behandlungserfolg. Galt früher (und leider noch in vielen Kliniken heute) das alte Chirurgenprinzip »das Skalpell heilt«, bahnt sich nun, wenn auch zögerlich, die sprechende Medizin ihren Weg.

Natürlich gibt es Indikationen, wo ein schneller Eingriff Heilung bringt. Das Skalpell heilt, aber eben nicht alles. Es ist aber auch ein einschneidendes Erlebnis im Leben eines Menschen. Und manchmal schadet es auch mehr zu operieren, als einen anderen Weg einzuschlagen. Legendär sind die hohen Operationsquoten in Deutschland für Bandscheibenvorfälle, Knie- und Hüftimplantationen, Herzkatheter, um nur einige zu nennen.

In vielen Fällen kommt es jedoch auf etwa anderes an, das in der Medizin weder im Studium noch in der Assistentenzeit noch in der Facharztausbildung kaum gelehrt wird: die gute Kommunikationsfähigkeit des Mediziners. Da hierzulande viele Abiturienten mit einem Einser-Schnitt Medizin studieren, haben sie sehr gute kognitive Fähigkeiten. Aber hat ein Einser-Kandidat auch automatisch überdurchschnittlich gute kommunikative Fähigkeiten, ist er besonders einfühlsam? Meiner Erfahrung nach bilden diese Ärzte die Ausnahme. Von Notfallmedizinern, Herzchirurgen, Hirnchirurgen, Anästhesisten und vielen anderen brauchen wir diese kommunikativen Kompetenzen nicht übermäßig erwarten. Sie müssen schlichtweg schnell handeln und Leben retten. Aber in dem Bereich, wo neben dem Körper die Psyche mitspielt, also einem Großteil der Medizin, wäre dies eine wichtige Voraussetzung für gutes medizinisches Handeln. Menschen mit Burnout, unerklärlichen Herzschmerzen, chronischen Rückenbeschwerden, Kopfschmerzen oder Depressionen benötigen eine feinfühlige Medizin, in der die richtige Wortwahl auf dem Weg der Heilung eine wesentliche Rolle spielt.

In der Medizin ist bekannt, dass Worte heilen oder verletzen können. Wer als Kind mit einem Rückenleiden bereits gesagt bekommt, dass es später wohl mal im Rollstuhl landen würde, glaubt auch daran. Er hat dieses Horrorszenario vor Augen, vermeidet womöglich Belastungen, schont sich und hat Angst vor der Lähmung. Ein fester Glauben kann bekanntlich Berge versetzen, oder wie in diesem Fall, eine sich selbst erfüllende Prophezeiung darstellen. Der Satz: »Du kannst später mal im Rollstuhl landen« ist damit das Gegenteil eines Placebos, es ist ein Nocebo.

»Die Schmerzen kommen von der kaputten Bandscheibe«, ist ebenfalls eine Aussage, welche weitere Schmerzen wahrscheinlicher macht. Die Erklärung, dass eine kaputte Bandscheibe unweigerlich zu Rückenschmerzen führt, leuchtet den meisten Menschen ein. Erst nach einigen Gesprächen erfährt der Patient mit Glück, dass es genauso viele Patienten mit Schäden an den Bandscheiben gibt, die keinerlei Schmerzen verspüren. Der Glaubenssatz: Eine beschädigte Bandscheibe sei die Ursache von Rückenschmerzen, ist aber immer noch weit verbreitet. Gleichzeitig haben viele Menschen vergleichbare Rückenschmerzen ohne jegliche Auffälligkeiten an ihren Bandscheiben. Dennoch ist die Überzeugung, wie es zu den Schmerzen kommt, der Glaube an eine bestimmte Therapie entscheidend für das Wohlbefinden. Denn Worte bilden unsere Überzeugungen und unser Bewusstsein. Das Bewusstsein beeinflusst wiederum unser Sein. Wenn ich glaube, es würde weh tun, dann spüre ich auch den Schmerz. Bin ich davon überzeugt, es fehle mir nichts, geht es mir auch gleich schon besser.

Heilen mit Worten

Gespräche in der Psychotherapie helfen, Leiden zu lindern und die Gesundheit wieder zu stabilisieren. Dies geschieht über eine schrittweise Veränderung von Einstellungen und Emotionen, die durch Gespräche bewirkt werden können. Im Gehirn bilden sich durch die psychotherapeutische Intervention neue neuronale Netzwerke, die helfen, ein Problem besser verarbeiten und eine andere Reaktionsweise abrufen zu können, als jene, die vorher zur Verfügung gestanden haben.

Beruhigt der Arzt und gibt Hoffnung auf Heilung bei einer schwierigen Diagnose, reagieren wir anders, als wenn uns etwa eine verheerende Diagnose ohne jegliche Hoffnung vermittelt wird. Wir haben in ersterem Fall weniger Angst. Angst lähmt, Angst macht krank. Hoffnung hingegen beflügelt, aktiviert Kräfte.

Empathische Gesprächsführung

Die Macht der Sprache in der Medizin machen sich Ärzte heute öfter zunutze, als es früher der Fall war. So entstand beispielsweise ein Leitfaden für Orthopäden*, um ein empathisches Gespräch mit Schmerzpatienten zu führen. Die beiden Ärzte Marcus Schiltenwolf von der Universität Heidelberg und Peter Henningsen vom Klinikum rechts der Isar in München, haben es erarbeitet. Mit dem Manual erlernen Mediziner Formulierungen, mit denen sie ihr Mitgefühl für den Schmerzpatienten zum Ausdruck bringen. Ebenfalls beschreibt der Leitfaden Sätze, die sie lieber nicht verwenden sollten, da sich das Gegenüber sonst möglicherweise hilflos und alleingelassen fühlt. Ärzte werden instruiert, Patienten direkt anzusprechen, lieber Bilder als Fremdwörter zu benutzen, und Antworten zu geben, ohne zu werten. Sie sollten darauf achten, was nicht oder zwischen den Zeilen gesagt wird. Ebenfalls sollte der Gesprächsverlauf hauptsächlich vom Patienten geleitet werden, der Arzt sollte nur kurze Antworten formulieren. Angesichts der enormen Zahl von Betroffenen mit unspezifischen Rückenschmerzen wird aber klar, dass mit den Mitteln einer positiven, wohlwollenden Kommunikation ein guter Kontakt zum Patienten hergestellt werden kann. Im besten Fall ermutigt dies einige dazu, ihre *Haltung* im wahrsten Sinne des Wortes zu ändern. Eben nicht passiv zu bleiben, zu erwarten, dass alle Heilung vom Arzt kommen

---

* Marcus Schiltenwolf, Peter Henningsen, Muskuloskelettale Schmerzen, Umgang mit Patienten, Schattauer, 2016, in press.

möge, sondern aus ihnen heraus durch Verhaltensänderungen, Sport, einer verbesserten Stressverarbeitung und ausgeglichenen Sozialkontakten mehr Schmerzfreiheit, Balance und Freude in ihr Leben zu bekommen.

Dieser stark verkürzt geschilderte Prozess kann Monate dauern, vielleicht sogar Jahre. Der Weg ist mühsam, aber lohnenswert. Denn wenn Worte die Menschen bewegen, in Bewegung bringen, bewegt sich auch sonst etwas in deren Leben.

Worte der Hoffnung, Hoffnung auf Heilung

Sprache kann aber auch positiv wirken in der Medizin, kann heilen. Der Placeboeffekt ist hierfür ein Beweis. Gibt ein Arzt einem Patienten eine Scheinbehandlung, ohne es ihm zu sagen, mit dem Hinweis, diese Therapie würde helfen, hilft sie wirklich.

Eindrucksvoll wurde dies unter anderem an Patienten bewiesen, die eine Schein-Kniespiegelung erhalten haben. Ein Team um den Amerikaner Bruce Moseley veröffentlichte 2002 im renommierten Fachjournal New England Journal of Medicine diese spektakuläre Studie. Das bedeutet, Ärzte hatten Kniepatienten unter Narkose nur einen oberflächlichen Schnitt in die Haut am Knie geritzt. Gleichzeitig hatte man sie in dem Glauben gelassen, man habe den Eingriff, welcher das Knie heilt, ausgeführt. Nach ein paar Wochen empfanden diejenigen, die eine Scheinbehandlung erhalten hatten, genauso wenig Schmerzen wie die Betroffenen, die tatsächlich eine Arthroskopie bekommen hatten. Das bedeutet, dass Worte wie »Das hilft Ihnen bestimmt!« eine mächtige Wirkung entfalten können. Das bedeutet auch, dass eine Arthroskopie bei

Knieschmerzen nicht so wichtig ist, wie vor der Veröffentlichung der Studie behauptet. In der Medizin müssen Worte mit Bedacht gewählt werden. Wie sonst im Leben auch.

Mentaler Besuch in der Zahnarztpraxis

Machen Sie ein kleines Experiment und versetzen sich geistig in eine Zahnarztpraxis. Sie haben zwei Tage lang starke Schmerzen erlitten und bei ihrem Zahnarzt einen Nottermin ergattert. Sie gehen direkt in das Behandlungszimmer und nehmen Platz. Ihr Zahn hat gepocht, sie haben zahlreiche Schmerzmittel geschluckt, um Schlimmeres zu verhindern. Auf dem Programm steht eine mehrstündige Wurzelbehandlung, von der Sie nicht wissen, wie sie ausgeführt wird. Der Zahn soll gerettet werden, so viel steht fest.

In dem einen Szenario teilt Ihnen der freundliche Arzt mit: »Die Behandlung wird weitgehend schmerzfrei vonstattengehen, Sie bekommen eine Anästhesie. Aber es wird wohl ein paarmal drücken, das kann ich leider nicht verhindern.«

Ihre Reaktion: pure Panik. Damit haben Sie nicht gerechnet! Minütlich warten Sie nun auf das Drücken, fühlen sich in ihren Kiefer hinein. Sie können an nichts anders mehr denken und verkrampfen sich im Behandlungsstuhl. Ihr Puls schnellt in die Höhe, sobald Sie meinen, etwas zu spüren. Das Nocebo wirkt, zumindest auf ihr Herz und ihren Blutdruck.

In dem zweiten Szenario wählt der Arzt eine andere Strategie. Er sagt: »Die Behandlung wird für Sie schmerzfrei sein, denn Sie bekommen eine Anästhesie. Sollte es dennoch leicht drücken, sagen Sie Bescheid, dann erhöhe ich die Dosis der Betäubung.«

Seine Aussage ist zwar leicht geschönt, denn der Arzt kann in der Tat ja nicht genau wissen, ob Sie zwischendurch einen Schmerz spüren oder nicht. Dennoch weiß er, dass er Sie, wenn er Sie mit der nackten Wahrheit konfrontiert, verängstigen könnte. Deswegen wählt er die Strategie der Beruhigung, welche Sie insgesamt zugänglicher und ruhiger werden lässt. Der Arzt kann Sie so schneller behandeln. Wenn Sie dennoch einen Schmerz spüren, melden Sie sich. Er erhöht die Anästhesie, beruhigt Sie weiter. Sie lauern nicht auf einen potenziellen Schmerz, sondern versuchen sich zu entspannen, so gut man sich bei einer Wurzelbehandlung eben entspannen kann.

Nach der Behandlung kann er Sie mit folgenden Worten entlassen. Er kann sagen: »Vielleicht tut es noch zwei Tage weh, dann nehmen Sie eine Schmerztablette.« Oder er gibt Ihnen die Worte mit auf dem Weg: »Der Zahn ist jetzt ruhig. Sie werden wohl keine Schmerzen mehr spüren. Wenn es trotzdem wehtun sollte, nehmen Sie eine Tablette.« Was glauben Sie, wer hat wohl eher Schmerzen?

2. Warum wir lügen

Täuschen und getäuscht werden

Lügen gehören zum Alltag. Während einer zehnminütigen Konversation lügen wir durchschnittlich mindestens ein Mal, meist, ohne dass es uns bewusst ist. Zu diesem Ergebnis kommt der amerikanische Psychologe Robert Feldman von der Massachusetts-University. Es sind laut Feldman vor allem kleine Details, die verdreht werden. Der Psychologe erforscht seit 25 Jahren die Wissenschaft der Täuschung und des Getäuscht-Werdens. Lügen können Störer in Gesprächen und in Beziehungen sein, denn sie können die Grundlage für ein gelungenes Gespräch, das Vertrauen zerstören. Sie können aber auch, etwa in Form einer Notlüge, der Kitt in der Freundschaft und der Gesellschaft sein.

Eine im unpassenden Moment ausgesprochene Wahrheit kann eine Atmosphäre vergiften. Hat ein Mann etwa eine breite Nase und leidet unter seiner anatomischen Besonderheit, sollte man ihn nicht unbedingt mit der Wahrheit konfrontieren, wenn er fragt: »Findet ihr nicht, dass meine Nase breit ist?«

Früh übt sich

Kleine Kinder lernen das Lügen schon im Alter von drei Jahren. Dies geschieht meist aus harmlosen Gründen. Werden sie von den Eltern gefragt, wer etwa mit dreckigen Schuhen im Haus herumgelaufen sei und Fußabdrücke hinterlassen habe, antworten sie automatisch »War ich nicht!«, um sich einen kleinen Vorteil zu verschaffen. Sie können aber in jungen Jahren bereits eine Notlüge benutzen, um sich sozial adäquat zu verhalten. In einem Experiment untersuchten die Forscher eine Gruppe von 80 Kindern im Alter von fünf bis elf Jahren. Dabei stellten sie ihnen eine Aufgabe, die Fingerspitzengefühl und möglicherweise eine Notlüge erforderte. Eine Frau ließ die Kinder in dem Experiment Bilder betrachten, die sie gemalt hatte. Sie zeigten ihre offensichtlich gescheiterten Versuche, ein Haus, ein Tier oder eine Blume zu zeichnen. Brachte die Frau zum Ausdruck, sie sei traurig darüber, dass sie nicht malen könne, reagierten die Kinder viel häufiger mit einer gut gemeinten Lüge. Sie beteuerten, das Bild sei schön. Gab die Probandin jedoch zu verstehen, ihr sei es egal, ob die Bilder schlecht gemalt seien, logen die Kinder seltener. Dass soziale Verträglichkeit also vor der Wahrheit steht, wissen schon kleine Kinder. Sie flunkerten jedoch nur, wenn sie die Gefühle der Frau schonen wollten. War dies nicht nötig, blieben sie bei der Wahrheit.

Kulturell geprägtes Schwindeln

In Kulturen wie China, wo der Gruppenzusammenhalt eine größere Bedeutung hat als das Individuum, sind Lügen als sozialer Schmierstoff noch deutlicher ausgeprägt als in der westlichen

Welt. So baten Forscher Ende der 1990er Jahre in einem Experiment zur Häufigkeit von Lügen sowohl Hongkong-Chinesen als auch Amerikaner, Aussagen in einem Gespräch zu bewerten. Die Menschen darin antworteten entweder ehrlich, ausweichend, offensichtlich oder scheinbar falsch oder unterschlugen eine Information. Tatsächlich empfanden die Versuchspersonen aus Fernost weniger Antworten als geschwindelt als die US-Amerikaner. Nur falsche und überflüssige Nachrichten machten sie argwöhnisch. Verschwieg der Sprecher offensichtlich eine Information und verfälschte damit die Wahrheit, fanden sie es nicht so schwerwiegend wie die westlich geprägten Probanden.

Frauen lügen anders als Männer

Laut einer Studie des Täuschungsexperten Feldman lügen Frauen und Männer auf verschiedene Art und Weise. Während Frauen tendenziell bei den Lügen offenbar dafür sorgen wollen, dass sich der andere wohlfühlt, wollen Männer sich eher selbst ins bessere Licht setzen. So würde eine Frau auf die Frage, ob der neue, teure Anzug wirklich gut aussehe, zum Beispiel behaupten, er sähe fantastisch aus, auch wenn sie den Schnitt unvorteilhaft fände. Ein Mann würde eher lügen, um seine Rolle bei einem beruflichen Projekt besser dastehen zu lassen. Ein Bekannter behauptete mir gegenüber zum Beispiel, sein Vater sei Zahnarzt und seine Mutter habe im Krankenhaus gearbeitet. Mit dieser Lüge wollte er offenbar seine Biografie aufbessern. In Wahrheit bekleidete der Vater keine besondere Position, sondern war Hilfsarbeiter. Die Mutter arbeitete nicht als Krankenschwester sondern als Reinigungskraft im Hospital.

Robert Feldman stellt heraus, dass wir positiven Lügen unkritischer gegenüberstehen, weil wir ihnen glauben wollen. Eine falsche Schmeichelei könnte daher eine Win-win-Situation für Lügner wie für den Belogenen darstellen – wenn der beidseitige Betrug nicht auffliegt.

Das ABC der Lügen

Es gibt verschiedene Arten von Lügen. Von der Notlüge über die Halbwahrheit, die Selbstlüge bis hin zur skrupellosen Lüge der Hochstapler, die gezielt eingesetzt wird, um andere zu täuschen, unterscheiden sie sich grundsätzlich in Hinblick auf ihre Motivation. Zwischen einer gut gemeinten Notlüge und der gezielten Täuschung liegen jedoch Welten. Eine Notlüge behindert einen Dialog nicht. Mit einem notorischer Lügner zu reden ist jedoch zu jedem Zeitpunkt ein Drahtseilakt.

Notlügen schonen den anderen

Eine Notlüge wird zum Beispiel in Geschäftsbeziehungen oder im Freundeskreis eingesetzt, um den anderen nicht zu verletzen oder Unheil abzuwehren. Wenn die Schwiegermutter an Weihnachten zur Christmesse ihren altmodischen Hut aufsetzt und sie fragt, ob er schön sei, konfrontiert man sie nicht mit der Wahrheit, um ihr den Abend nicht zu verderben.

Wenn bei einem Geburtstagsabendessen das Gemüse versalzen war, aber die Köchin sich viel Mühe gegeben hat, werden auf die Frage »War zu viel Salz im Gemüse?« die Gäste wohl einstimmig mit »Nein« antworten. Niemand möchte die Gastgeberin bloßstellen, eine Notlüge hilft über den Fauxpas hinweg.

Bei der Notlüge geht es nicht um die »eigentliche« Wahrheit eines Details. Ob eine Gemüsespeise versalzen ist oder nicht, ändert nichts an der Beziehung der Menschen zueinander. Es ist schlichtweg unwichtig. Die Stimmung an einem solchen Abend zu verderben und die Gefühle der Gastgeberin zu verletzen wäre hingegen gemein. Nach Abwägung beider Güter ist es hier bedeutsamer, dass sie sich wegen ihres Missgeschicks nicht schlecht fühlt. Den leicht versalzenen Geschmack des Gemüses vergisst man schon am nächsten Tag. Eine vergiftete Stimmung beim Abendessen bleibt meist länger in Erinnerung und belastet die Geschäftsbeziehung oder die Freundschaft.

Selbstbetrug – sich etwas in die Tasche lügen

Man kann nicht nur andere belügen, sondern auch sich selbst. Wer sich selbst etwas vormacht, muss tiefliegende Gründe dafür haben. Der Selbstbetrug, die sogenannte kognitive Dissonanz, ist eine besondere Form des Gesprächs mit uns selbst, um das es auch im folgenden Kapitel geht.

Der US-Anthropologe Robert Trivers von der Rutgers-Universität analysierte die verschiedenen Ursachen dafür, warum sich Menschen selbst belügen. Der Selbstbetrug kann eine Möglichkeit sein, um andere besser täuschen zu können. Denn wenn ich einen Umstand vor mir selbst leugne, zeige ich gegenüber anderen auch keine Zeichen einer Lüge in Stimmlage und Körpersprache. So berichtet Trivers davon, dass er als eine Art Marotte notorisch Stifte, Feuerzeuge und kleine nützliche Gegenstände von anderen mitgehen ließ, ohne sich dieses Diebstahls bewusst zu sein. Hätten ihn andere direkt nach der »Tat« danach gefragt, wo der Stift wäre, hätte er dies nicht sagen können. Erst mit den Jahren wurde ihm bewusst, dass sich seine Taschen ständig mit fremden Kleingegenständen füllten. Dieser Selbstbetrug war ihm später zwar bewusst, er konnte ihn aber nicht willentlich unterdrücken. Trivers berichtete auch, dass er nie Dinge aus einem leeren Büro mitgehen ließ, sondern stets nur in Anwesenheit des Besitzers, möglicherweise in der unbewussten Annahme, dass er unter den Augen des Besitzers eine schweigende »Erlaubnis« bekam, den Gegenstand mitzunehmen.

Dennoch analysierte der Forscher dieses Beispiel als perfekten Selbstbetrug, da er das Mitgehenlassen der Stifte nie gegenüber sich selbst als Diebstahl einordnete, sondern aus seinem Bewusstsein verdrängte. Selbstbetrug, so Trivers, funktioniert, wenn wir die wahren Fakten aus unserem bewussten Nachdenken verdrängen und uns davon überzeugen, etwas sei ganz anders.

Grandiose Selbstüberschätzung

Als eine weitere Ursache für einen Selbstbetrug nennt Trivers unsere Tendenz, uns selbst besser dastehen zu lassen, als wir sind. Fragten US-Forscher in einer Studie beispielsweise Oberstufenschüler von der Highschool, wie sie ihre Leistungen einschätzen, waren 80 Prozent der Auffassung, sie gehörten zu den Besten. Ähnlich verhielt es sich auch mit einer anderen Untersuchung, bei denen Hochschulprofessoren ihr Können einordnen sollten. Auf die Frage, ob sie sich auf einer Skala von 1 bis 100 zu den ersten 50 Top-Professoren zählten oder den 50 schlechteren, antworteten 94 Prozent der Professoren, dass sie zu der Spitzengruppe gehörten. Diese Form von Selbstbetrug und Selbstüberschätzung ist allen Menschen zu eigen. Schüler glauben meist, dass sie bessere Noten bekommen, als sie tatsächlich nachher im Zeugnis erreichen. Statt an ihrer Intelligenz oder ihrem Fleiß zu zweifeln, glauben sie, dass der Lehrer sie nicht mag, sie einen schlechten Tag hatten oder der Stoff zu schwer war. Wer hat nicht schon einmal zu Hause den Satz gehört: »Die anderen fanden die Arbeit auch zu schwer.«

Stimme der Eltern

Selbstbetrug kann auch seine Ursache darin haben, dass wir, lange nachdem wir ausgezogen sind, die laute Stimme eines Elternteils in uns hören. Sätze, die wir als Kinder oft gehört haben, können sich auf destruktive Art und Weise zu Glaubenssätzen entwickeln und uns ein Leben lang beeinflussen. Natürlich können das auch ermunternde, konstruktive Sätze sein, die unser Selbstbewusstsein stärken. Die folgende Begebenheit zeigt jedoch, wie stark die elterliche Stimme in uns wirken und zur Verzerrung des Selbstbildes beitragen kann.

So berichtet Robert Trivers von einer Frau, die schüchtern in eine Therapiestunde kam, um eine Behandlung zu beginnen. Die Frau erzählte, dass sie als Kind von der Mutter misshandelt worden sei, entschuldigte aber im gleichen Atemzug das Handeln ihrer Mutter. Sie, die Mutter, habe es selbst schwer gehabt, lautete einer der Ausflüchte, welche die Patientin vorbrachte. Der Forscher Craig LeCroy geht davon aus, dass misshandelte Kinder sich übermäßig mit dem Täter identifizieren und sich ihm wie auch anderen dominanten Menschen gegenüber oft unterwürfig und hilfsbereit zeigen. Ebenfalls spielen sie die Übergriffe herab und entschuldigen sie. So hätten sie häufig ein negatives Selbstbild. Sie empfinden sich als schlecht, die Täter-Mutter als gut. Dieser Selbstbetrug kann die gesamte Identität eines Menschen verzerren.

Trivers weist in seinem wissenschaftlichen Artikel noch darauf hin, dass die Spaltung zwischen Realität und Bewusstsein, zwischen bewussten Inhalten und unbewussten Dingen nicht absolut sei. Manchmal würden wir nur einen Teil der Wahrheit vor uns selbst verbergen.

Eigene Wünsche in dem anderen sehen

Eine weitere Kategorie des Selbstbetrugs ist die Projektion eigener Gefühle auf einen anderen. Eine Frau liebt einen Mann und projiziert in ihn hinein, dass er sie ja auch liebt. Oder: »Er wird sich sicher bald trennen« – wer hat diesen Satz nicht schon aus dem Mund einer Freundin gehört, die sich mit einem verheirateten Mann trifft. Diese klassische Selbstlüge kann zum Verhängnis werden, wenn man zu lange an ihr festhält, wie das folgende Beispiel zeigt.

Eine 35-jährige Frau aus Wuppertal, welche für ein Modehaus arbeitet, traf sich ein Jahr mit ihrem Freund, der mit einer anderen Frau verheiratet war. Durch Zufall lernte sie den Mann auf einem Kongress kennen und verliebte sich heftig in ihn. Seitdem treffen sich beide heimlich. Der Mann war seit zehn Jahren mit seiner Frau verheiratet. Seine beiden Kinder lebten noch zu Hause. Immer wieder thematisierte die Freundin, dass er sich nun bald trennen würde, es sei nur gerade nicht der richtige Zeitpunkt. Monat um Monat verging, aber nichts passierte.

Niemand aus dem Freundeskreis würde etwas einwenden, wenn die Freundin glücklich gewesen wäre. Die Selbstlüge, die Lügen ihres Partners gegenüber seiner Familie, die einsam verbrachten Weihnachtsfeiertage, Ostern, Pfingsten und verregneten Sonntage im November ohne ihn zermürbten sie. Ein Gespräch über dieses Thema verbot sich im Laufe der Zeit, die Selbstlüge stand stets zwischen ihr und ihrem Umfeld. Wenn die vertrauten Freundinnen ihr gegenüber bezweifelten, dass er sich trennen würde, da ja schon zwei Jahre vergangen waren, wollte die Frau die Aussagen nicht hören, denn sie standen im Gegensatz zur Lüge des Geliebten (»Ich werde mich bald trennen.«) und zur Selbstlüge der Frau (»Er entscheidet sich für mich.«). Es hat in diesem Fall keinen Sinn, wiederholt die Freundin auf die Dissonanz in ihrem Leben anzusprechen. Ein, zwei gute Gespräche zeigen, ob sie die Sichtweise der Außenwelt als hilfreich empfindet und darüber nachdenkt, oder ob sie die Einschätzungen abwehrt.

Lügen aus Angst

Lügen aus Angst vor den Konsequenzen einer großen Entscheidung ist weit verbreitet. Bill Clinton bestritt das Verhältnis mit der damaligen Praktikantin Monica Lewinski und wurde öffentlich der Lüge überführt. Uli Hoeneß log, als er angab, keine Steuern hinterzogen zu haben. Seine fehlerhafte Selbstanzeige, die strafbefreiend gewesen wäre, brachte den Bayern-Manager ins Gefängnis. Die Angst, entdeckt zu werden, ob wegen Steuerbetrugs, eines außerehelichen Verhältnisses, einer Straftat oder des Übertretens seines Verbots, ist weit verbreitet. Die Gefahr, sich mit einer Lüge möglicherweise noch tiefer in die Angelegenheit zu verstricken, statt reinen Tisch zu machen, ist groß.

Kindliche Lügen

Kinder und Jugendliche lügen häufig aus Angst vor den Konsequenzen ihres Handelns. Sie überblicken nicht, dass ein Vertrauensverlust schwerer wiegt als ihre Tat, was auch immer sie angerichtet haben. Wenn ein Kind verschwiegen hat, dass es das Fußballtraining geschwänzt und stattdessen im Einkaufszentrum die neuesten Handys angeschaut hat, schmerzt die Eltern die Lüge des Kindes mehr als das Schwänzen an sich. Denn Eltern wünschen sich ein enges Vertrauensverhältnis zu ihren Kindern. Besonders in der Pubertät, wenn die Fronten ohnehin aufeinanderprallen, können Lügen Vertrauen zerstören und so den Kontakt zwischen Eltern und Jugendlichen massiv stören.

In der Psychologie existieren verschiedene Hypothesen zur Lüge. Die »Will-Hypothese« besagt, dass Ehrlichkeit die Fähigkeit ist, der Versuchung zum Lügen zu widerstehen. Im Gegensatz dazu, geht die »Grace-Hypothese« davon aus, dass viele ehrliche Menschen erst gar nicht in Versuchung kommen zu lügen, und sie folglich auch nicht dagegen ankämpfen müssen.

Ehrlichkeit oder Schwindel?

Die US-Hirnforscher Joshua Greene und Joseph Paxton von der Harvard-Universität in Cambridge haben diese beiden Hypothesen mit Experimenten und bildgebenden Verfahren untersucht. Sie ließen in einer Studie Probanden den Ausgang eines Münzwurfs vorhersagen. Lagen diese mit ihrer Vorhersage richtig, erhielten sie ein paar Dollar. Dabei hatten sie jedoch auch die Möglichkeit, zu lügen und einfach zu behaupten, den Wurf richtig vorhergesagt zu haben. Die Gehirnaktivität der Probanden zeigte eine klare Unterscheidung in zwei Gruppen: Bei ehrlichen Menschen gilt die »Grace«-Hypothese, denn es war bei ihnen keinerlei Hirnaktivität im präfrontalen Cortex, dem Kontrollzentrum für die Handlungssteuerung, erkennbar, die auf einen inneren Zwiespalt oder auf ein aktives Ankämpfen gegen eine Versuchung hinwies. Bei Testpersonen, die in den Versuchen mal die Wahrheit sagten und mal logen, zeigte sich eine Hirnaktivität, die auf einen solchen Widerstreit schließen ließ. Und zwar sowohl, wenn sie die Wahrheit sagten, als auch wenn sie betrogen. Ständig überlegten sie, ob die Wahrheit oder eine Lüge ihnen einen Vorteil verschaffen würde.

Bei der Angstlüge steht der Lügner ständig in genau diesem Konflikt. Entscheidend ist demnach, dass es ehrliche Menschen gibt, die dann mit der unangenehmen Wahrheit rausrücken und unehrliche Menschen, die aus Angst die Fakten verdrehen, selbst, wenn diese Lügen sehr leicht auffliegen.

Felix Krull und die krankhaften Lügner

Anders als bei den Menschen, die zur Notlüge greifen, sich selbst belügen oder aus Angst lügen, verhält es sich mit den krankhaften Lügnern. Dies ist eine extreme Form des Lügens, bei der es den Protagonisten darum geht, im Zentrum der Aufmerksamkeit zu stehen und sich in ein besseres Licht zu rücken. Der Schweizer Psychiater Anton Delbrück prägte den Begriff »Pseudologia phantastica« (krankhaftes Lügen) im Jahr 1891. Landläufig kennt man dieses Phänomen auch unter den Begriffen Hochstapler- oder Münchhausen-Syndrom.

Dem krankhaften Lügner geht es darum, sich selbst zu exponieren, um sein gesteigertes Geltungsbedürfnis zu befriedigen. Meist haben die ausgeschmückten Geschichten einen wahren Kern, sind aber in ihren Details erlogen. Im Laufe der Zeit strickt der Betroffene ein ganzes Lügengebäude und schmückt seine Geschichten immer weiter aus. Nach einiger Zeit kann es dazu kommen, dass die Protagonisten selbst beginnen, ihre erfundenen Geschichten zu glauben. Je öfter sie sich einen bestimmten erlogenen Umstand aus der Vergangenheit vor Augen führen, desto felsenfester sind sie davon überzeugt, dass es sich so zugetragen hat. Während es bei Notlügen die Situation ist, die den Anlass zur Notlüge gibt (Abendessen mit versalzenem Gemüse), braucht der notorische Lügner keinen Anlass. Sein Geltungsdrang ebbt nie ab, die Selbstinszenierung ist ein Dauerprogramm, das keine Pausen kennt.

Lord Gernegroß im Maserati

Ein Bekannter fuhr stets mit einem Maserati zur Arbeit und im Kollegenkreis rätselte man, wie er sich in seiner normalen Position ohne Chefgehalt so einen Wagen leisten könne. Der Mann war etwas dicklich und litt darunter. In seinem Büro hing ein großes Gemälde, sein Zimmer unterschied sich dadurch von denen seiner Kollegen, auch benutzte er leicht veränderte Briefbögen, die nach mehr aussahen, als das herkömmliche Briefpapier, das alle anderen verwendeten. Aberwitzige Geschichten kreisten um den Mann, die er zum Teil selbst verbreitete. So berichtete er den erstaunten Zuhörern, er stamme aus einem italienischen Adelsgeschlecht, könne den Titel eines Conte tragen, verzichte aber darauf.

Nach mehreren Jobwechseln und einer teuren Scheidung flogen seine Lügengeschichten mehr und mehr auf. Zu oft hatte er die unglaublichsten Storys erfunden, von Jobangeboten aus dem Ausland und bevorstehenden Deals. Am Ende berichtete ein Bekannter, dem Mann stehe finanziell das Wasser bis zum Halse, er habe sich aber wieder in einen neuen Job retten können.

Das krankhafte Lügen gilt heute als Symptom der narzisstischen Persönlichkeitsstörung. Diese psychiatrische Störung kennzeichnet Menschen, die drei dominante Wesenszüge aufweisen: die Großartigkeit in der Fantasie und im Verhalten, der Geltungsdrang sowie ein Mangel an Empathie. Solche Menschen schaffen es mit dieser Kombination an Charakterzügen nicht selten bis hoch in die Chefetagen von Banken, Versicherungen und weltweit agierenden Konzernen. Das krankhafte Lügen kann ein Symptom der narzisstischen Persönlichkeitsstörung sein. Nicht selten verstricken sich diese Menschen im Laufe ihrer Berufstätigkeit in dieses Netz und erleben einen tiefen Fall, wenn sie als Hochstapler enttarnt werden.

Einen krankhaften Lügner charakterisieren seine ausgeprägten schauspielerischen Fähigkeiten, ein gutes Gedächtnis, eine geschliffene Rhetorik und ein sympathischer, gewinnender Außenauftritt. Weicht diese Freundlichkeit und äußere Verbindlichkeit in bestimmten Situationen jedoch dramatisch ab und zeigt sich das zweite Gesicht des Pseudologen, entsteht der Eindruck, man habe eine vollkommen andere Person vor sich.

Krankhafte Lügner erfinden typischerweise Teile ihres Lebenslaufs, behaupten, sie leiden unter einer schweren Krankheit (Krebs) oder hätten eine lebensbedrohliche Krankheit überlebt. Oder sie berichten, sie seien Opfer einer dramatischen Verfolgung geworden, die sie tatsächlich selbst aber nie erlebt haben. Bekannt sind auch Pseudologen, die behaupten, das uneheliche Kind einer berühmten Persönlichkeit zu sein. Gerne erfinden die krankhaften Lügner auch einen Doktor- oder Adelstitel, wie der Mann aus dem oberen Beispiel.

Charakteristisch ist, dass es für die erfundenen Fakten keine Zeugen gibt. Dass sich Fakten widersprechen und die Lügner nicht in der Lage sind, eine Geschichte in nicht chronologischer Reihenfolge zu erzählen. Denn die Erzählung ist einstudiert, nicht erlebt, und kann so auch nicht als innerer Film gesehen und aus jeder Perspektive wieder hervorgeholt werden. Erinnerungen können in x-beliebiger Reihenfolge immer neu erzählt werden, erfundene »biografische Erlebnisse« nicht. Typisch für Hochstapler sind auch ausweichende Antworten bei konkreten Nachfragen.

Der wohl berühmteste Pseudologe: Felix Krull

Der in der Literatur berühmt gewordene Hochstapler Felix Krull, geschaffen zwischen 1910 und 1913 sowie 1950 bis 1954 von Thomas Mann, trägt die typischen Charakteristika des Pseudologen. Felix Krull, Spross aus einer verarmten Schaumweinhersteller-

Familie, lernte schon als Kind, dass er über ein bemerkenswertes schauspielerisches Talent verfügt. Der Hausarzt der Familie kapitulierte mehrmals vor seinen diversen Versuchen, Krankheiten zu simulieren, die er nicht hatte, um nicht zur Schule gehen zu müssen.

Bei seiner Musterung zum Militär spielte er gekonnt einen epileptischen Anfall vor, da er zuvor dessen Symptome genauestens einstudiert hatte, und wurde ausgemustert. Durch gekonntes Stehlen finanziert sich Krull einen ausschweifenden Lebensstil, bis er sich später auf einer Reise – aufgrund eines Rollentauschs mit dem Marquis de Venosta – für einen Adeligen ausgibt. Sein Freund, der Marquis, vergnügt sich derweil ohne das Wissen seiner strengen Eltern mit seiner Pariser Freundin aus der Halbwelt, der Sängerin Zaza.

Thomas Mann verarbeitete in seinem Roman mehrere Charakteristika des krankhaften Lügners. Die erfundenen Krankheiten, der Adelstitel, die Biografie. Die Persönlichkeit von Felix Krull, könnte man meinen, entstamme einem Lehrbuch der Psychiatrie.

3. Der innere Dialog

Das Parlament in Kopf und Körper

In jedem von uns stecken verschiedene Bedürfnisse, Wünsche und Ideen, wie wir auf eine Situation adäquat reagieren sollten. Bei einem Gespräch oder einer Entscheidung existiert meist nicht nur eine einzige innere Stimme, die uns sagt, was wir machen sollten. Vielmehr diskutieren verschiedene Parteien und suchen nach einer Lösung. Das kann harmonisch sein, weil alle Stimmen ihren Platz haben und demokratisch zu Wort kommen. Es kann aber auch ein Durcheinander von widerstreitenden Parteien sein. Denn viele Menschen fühlen sich oft zwischen verschiedenen Polen hin- und hergerissen.

In diesem Kapitel geht es darum, etwas zu einem der wichtigsten Gespräche zu erfahren, nämlich über das Gespräch mit sich selbst. Denn dieser innere Dialog stellt die unmittelbarste Kommunikation dar, die es gibt. Es beginnt morgens, noch bevor wir aufstehen, und endet abends, wenn wir schlafen gehen. Bei einigen geht es nachts weiter, wenn sie nicht schlafen können und die Gedanken kreisen. Die Mechanismen des inneren Dialogs aufzuzeigen ist eine wesentliche Voraussetzung dafür, mit sich selbst und mit anderen in Kontakt zu treten. Anhand eines Beispiels ist es leichter, sich vorzustellen, worum es hier geht.

Wenn wir eine relativ einfache Tätigkeit ausführen wollen, zum Beispiel eine neue Lampe für den Esstisch kaufen, diskutieren bei jedem Modell mehrere »innere Personen« mit. Das Ensemble der mitspielenden Personen könnte aus folgenden Figuren bestehen:

- Ein Designkenner, der die schönste Designerleuchte finden möchte und dafür ein paar Wochenenden lang die verschiedenen Lampengeschäfte und Kataloge durchkämmt.
- Der Onkel, ein Innenarchitekt, der im Kopf bei Designfragen mitspricht. Er hat in der Jugend maßgeblich den eigenen Geschmack beeinflusst. Auch wenn er physisch nicht da ist oder befragt wird, spricht er doch innerlich mit. Was würde er sagen? Natürlich das teure Original kaufen, auf keinen Fall den günstigen Nachbau, hört man ihn sagen.
- Der Perfektionist, der die Wahl möglichst optimal gestalten möchte. Die neue Leuchte soll schließlich zu allen Möbelstücken passen und lange hängen. Man könnte sich auch etwas zur Probe hängen lassen.

Problematisch wird es, wenn diese inneren Stimmen auf folgende Stimmen beim Partner stoßen, der ganz andere Maßstäbe an den Kauf der Lampe setzt. Der Partner denkt innerlich vielleicht so:

- Der Spontane, der in einem Geschäft eine Lampe gesehen hat und nun unbedingt »nur die« haben möchte. Warum vergleichen, wenn es doch »die« fantastische Lampe gibt.

- Der Pragmatiker, der schnell eine passable Lampe ohne viel Zeitaufwand kaufen möchte. Hauptsache, die Sache ist erledigt.
- Der Sparsame, der nicht viel Geld ausgeben möchte. So viel muss eine Lampe nicht kosten, lieber das Geld sparen und ein Schnäppchen machen. Im Möbelhaus XY gibt es gerade 40 Prozent Rabatt wegen einer Geschäftsauflösung.

Konzert der Stimmen

In jedem von uns stecken ein paar von den Stimmen, eigene und fremde, die uns beeinflussen, an die wir bei einer bestimmten Entscheidung denken. Eine fremde Stimme ist in diesem Beispiel der Onkel, ein Innenarchitekt, der mit sehr viel Geschmack stets gefühlt mitredet, dessen Meinung aber im Zweifelsfall auch einmal teurer sein könnte. Jenseits des Lampenbeispiels ist es deswegen wichtig zu wissen, wer gerade spricht, wenn wir uns mit anderen unterhalten. Nur wer versteht, zwischen welchen Polen er pendelt, kann sich den Argumenten der anderen zuwenden. Das hört sich einfacher an, als es ist. Bei dem Beispiel der Lampe geht es nur um einen Gegenstand, um ein Objekt. Wenn der Kauf misslingt und die Lampe nicht passt, kann man sie problemlos umtauschen.

Die Entscheidung, wie wir uns bei schwierigen Situationen verhalten sollen, wie wir argumentieren, die inneren Argumente für oder gegen einen Job, für oder gegen einen Berufsweg, einen Umzug in eine neue Stadt, eine Scheidung, die Betreuung der alten Eltern in Absprache mit den Geschwistern, fallen deutlich komplexer aus. Aufgrund der endlosen Möglichkeiten, die heute vielen Menschen offenstehen, reden die Stimmen in uns durcheinander.

Wenn wir eine Familie gründen, können wir die Kinder nicht mehr umtauschen. Wer ein Haus kauft, muss sich in der Regel über 20 Jahre an einen Kredit binden. Viele Entscheidungen treffen wir jedoch, ohne uns vorzustellen, wie das Leben in fünf bis zehn Jahren sein könnte. Veränderungen von außen beeinflussen die inneren Stimmen und zwingen uns, flexibel auf sie zu reagieren, wie dieses komplexere Beispiel zeigt. Hier geht es nicht um eine Lampe, sondern den Umgang mit dem Beruf, Jobwechsel, Ortswechsel, mit den Beziehungen in unserem Leben, mit der Ursprungsfamilie und den Anforderungen, die sie stellt.

Wie immer ans Meer fahren oder nicht?

Das folgende Beispiel illustriert, wie verwirrend des Konzert der Stimmen werden kann: Peter aus Köln erlebte im Beruf im vergangenen Jahr eine nervenaufreibende Zeit. Sein Team arbeitete an einem wichtigen Großauftrag und war zerstritten, Sparmaßnahmen lähmten zudem das Fortkommen der Firma. Die Stimmung war im Keller. Gleichzeitig erzog Peter seine 13-jährige Tochter alleine, seine Zeit war knapp.

Peters Eltern, drei Geschwister und diverse Tanten, Onkel und Cousins lebten in einem Dorf in Schleswig-Holstein, 500 Kilometer von ihm entfernt. Doch sie besuchten ihn nie in Köln. Aus Gewohnheit raffte sich immer Peter auf und nahm die Autofahrt mit seiner Tochter auf sich. Selbst bei seinem Umzug vor eineinhalb Jahren rückte kein Familienmitglied bei ihm an. Die Großfamilie lebte glücklich auf ihrer Scholle, nahe der Ostsee, und machte sich keine Gedanken um Peter und das weit entfernte Köln. Ihre Einstellung war: Unsere Heimat am Meer ist so schön, was sollen wir in der Großstadt?

Aufgrund der verschiedenen Stressfronten (Job, Teenagerbetreuung) überlegte Peter nun in einem Sommer, ob er wieder den Besuch in das heimatliche Dorf antreten solle. Sein innerer Dialog sah folgendermaßen aus:

Eigeninteresse: Lass doch mal die Eltern oder eines der Mitglieder der Großfamilie kommen. Sie könnten auch einmal die Wohnung sehen. Ich habe so viel Stress, Eltern, Tanten und Onkel sind in Rente und haben mehr Zeit zur Verfügung als ich.

Pflichtgefühl: Man kann den alljährlichen Sommerbesuch am Meer doch nicht einfach absagen und alles auf den Kopf stellen. Schließlich ist es ja immer so gewesen. Die Familie rechnet fest mit dir.

Gekränktes Ich: Niemand hat mir hier beim Umzug geholfen, dabei ist mein Onkel doch ein geschickter Handwerker. Wenn er mal mit den älteren Cousinen kommt, könnten sie mir auch mal helfen, das Zimmer meiner Tochter vom Kinder- in ein Jugendzimmer umzugestalten.

Pflichtgefühl: Sie haben doch selber alle Hände voll zu tun und kümmern sich auch um deine Eltern. Die Tante mangelt ihnen seit Jahren die Wäsche, und der Onkel erntet immer die Äpfel im Garten.

Eigeninteresse: Ja, aber zu mir nach Köln kommt niemand. Ich bin ja schließlich auch noch da. Dieses Jahr fahre ich nicht.

Pflichtgefühl: Rede mal mit ihnen, wenn du im Sommer da bist und erkläre deine Situation ganz in Ruhe.

In Peters Innerem diskutierten die beiden widerstreitenden Parteien, das Eigeninteresse als Innenminister für seine eigenen Belange und der Familienminister, der das Pflichtgefühl gegenüber seiner Ursprungsfamilie und seiner Tochter (sie möchte zu den Cousins und Cousinen ans Meer) vertrat. Das Pflichtgefühl siegte – wie immer. Peter gab nach, ärgerte sich aber, dass niemand aus seiner Ursprungsfamilie ihm beim Möbeleinkauf helfen wollte, beim Aussuchen, Tragen und Aufbauen. So würde er wieder auf sich gestellt sein.

Das Kabinett der Stimmen

In uns ringt eine ganze politische Versammlung von Ministern und Interessensbeauftragten mit widerstreitenden Stimmen. Das innere Kabinett tagt immer, unablässig überlegen wir, wägen wir ab, fühlen uns einig mit uns selbst oder ambivalent, je nachdem, wer gerade etwas zu sagen hat. Der Innenminister vertritt, wie im obigen Beispiel von Peter, unsere ureigenen Interessen, unsere Selbstsorge. Der Familienminister repräsentiert die Interessen der eigenen sowie der Familie, der Außenminister die Kommunikation und Darstellung in der Welt. Der Finanzminister behält die Ressourcen im Auge, der Gesundheitsminister achtet darauf, dass wir nicht krank werden. Und so geht es weiter. Meist regiert der Arbeitsminister dominant mit, weil er die Karriere im Visier hat.

Interessant wird es, wenn wir in uns schauen und neben den Ministern diejenigen »Abgeordneten« identifizieren, die uns voneinander unterscheiden. Sie machen unsere Persönlichkeit aus, indem sie ganz bestimmte Gefühle und Bedürfnisse in uns vertreten:

- Der Controller, der alles kalkuliert und kontrolliert.
- Der Ehrgeizige, der seine Leistung als das Wichtigste überhaupt sieht.
- Die Begeisterungsfähige, die auf jede Idee gleich aufspringt.
- Die nörgelnde Pessimistin, für die das Glas immer halb leer ist und die ihre Unzufriedenheit innerlich auslebt.
- Der Statusorientierte, der nach außen einen perfekten, coolen Eindruck machen will.
- Der Bequeme, der gerne noch ein paar Stunden auf dem Sofa herumliegen möchte, anstatt etwas zu unternehmen.

Wer ist der Chef?

Es ist ein großes Durcheinander, und daher ist es wichtig, dass eine Stimme die Führung übernimmt. Dieser Regierungschef hört die Minister an, räumt den verschiedenen Interessensvertretern genügend Redezeit ein, hört Bedenkenträger wie Befürworter und lenkt das Gespräch in eine bestimmte, sinnvolle Richtung. Dann trifft er eine Entscheidung. Wie im richtigen Leben gibt es Abgeordnete, die sich lautstark nach vorne drängeln und Hinterbänkler, die vielleicht leise sind, aber zu vielen Sachverhalten etwas Entscheidendes beizutragen haben.

Der Hamburger Kommunikationspsychologe Friedemann Schulz von Thun hat das Konzept vom »inneren Team« entwickelt. In seiner Buchreihe zur Kommunikation »Miteinander reden«, befasst er sich im dritten Band ausführlich mit diesem Thema. Er rät, den inneren Stimmen bestimmte Namen zu geben, je nachdem, welchen Inhalt sie transportieren. So können etwa eine »Selbstbedachte«, die »große Schwester«, die »Habgierige« und die »gesellschaftlich Engagierte« gegeneinander kämpfen, je nach Situation. Für jeden inneren Konflikt, so Schulz von Thun, gilt es, die inneren Stimmen zu benennen. Dieses System ist sehr aufschlussreich. Mit etwas Übung gelingt es aber, die inneren Stimmen kennenzulernen, zu sortieren und ihnen einen bestimmten Platz zuzuweisen.

Wesentlich sei, sie erst einmal zu Wort kommen zu lassen, und zwar ungestört und ungezwungen – »ohne Diskussion, ohne Zwischenrufe, Beifalls- oder Missfallenskundgebungen.« Es gehe darum, eine freie Diskussion anzuregen und wertvolle Stimmen zu identifizieren. Erst am Ende sollte der Chef des Teams eine Stellungnahme nach außen geben, die alle Stimmen möglichst integriert. So kann man sicherstellen, dass auch leise Stimmen und sogenannte »Spätmelder« ebenfalls zu Wort kommen können, wie das folgende Beispiel zeigt.

Ausartende Shoppingtouren eindämmen

Rainer ging gerne samstags in der Stadt einkaufen. Er liebte modische Trends, wusste, in welchen Läden er gute Hosen, edle Pullover oder Schuhe bekommen konnte. Er begeisterte sich für Jacken und hatte zu Hause eine beachtliche Kollektion teurer Exemplare hängen. Sein Problem bestand darin, dass er sonntags meist bereute, zu viel gekauft zu haben, wenn er die neuen Teile in den Kleiderschrank hängte. Dann wünschte er sich, etwas weniger Geld ausgegeben zu haben. Diese innere Stimme, die maßvolle, meldete sich aber nicht beim Einkaufen, sondern immer erst am nächsten Tag. Dann quälte sie Rainer und machte ihm ein schlechtes Gewissen. Früher hatte er diese Stimme unterdrückt, die Teile einfach weggehängt und sich eingeredet, dass alles gut passe und er die Kleidung brauche. Mit der Zeit und einem berstenden Kleiderschrank änderte er jedoch seine Einstellung. Ihm wurde samstags klar, dass sich sonntags seine alte Bekannte wieder melden würde. Deswegen ließ er nun nach drei Kleidungsstücken alle weiteren Teile im Geschäft bis abends zurücklegen und ging erst mal einen Kaffee trinken. Im Café befragt er die Sonntagsstimme:

Shopping-Lust: Diese Jacke, die ich zurückgelegt habe, ist in der neuesten Modefarbe. Auf der nächsten Party mache ich darin bestimmt eine gute Figur.

Maßvolle Sonntagsstimme: Wie viele Teile brauchst du eigentlich für die neue Saison? Schon wieder eine Jacke? Du hast doch ein tolles Hemd in der Modefarbe gekauft sowie zwei T-Shirts. Reicht das nicht erst einmal für den Sommer?

Shopping-Lust: Ja, aber gerade dieser Schnitt steht mir gut. Die Jacke ist eng geschnitten, so etwas gab es bislang nicht. Ich muss diese Jacke haben.

Maßvolle Sonntagsstimme: Hast du die Designerjacke aus Bozen vergessen, die du vor drei Jahren gekauft hast? Die ist doch ähnlich gearbeitet und sieht immer noch wie neu aus. Sie passt auch zum neuen Hemd. Eine teure Jacke in der auffälligen Modefarbe ist nächstes Jahr überholt. Lass sie lieber hängen. Sonst ärgerst du dich morgen wieder, dass du zu viel eingekauft hast.

Shopping-Lust: Stimmt. Es reicht für heute.

Willkommene und unliebsame Stimmen

Warum ist es so wichtig, die widerstreitenden Stimmen zu entwirren? In uns werden auch Stimmen laut, die unangenehm, peinlich und unerwünscht sind. Sie passen nicht zu dem Selbstbild, das wir von uns haben. Wer souverän mit sich umgeht, kennt diese Stimmen. Es steckt möglicherweise ein Kleingeist, ein Spießer, ein Geizhals, ein Erbsenzähler oder ein Langweiler in uns. Sie mindern unser Selbstbewusstsein, denn wir wollen stark, großzügig, offen, modern, optimistisch und spannend wirken.

Wer souverän ist, geht wohlwollend mit den unliebsamen Stimmen um oder schmunzelt innerlich. Niemand hat nur gute und angenehme Seiten. Besser, man kennt seine kleinen und großen Schwächen. Doch bis dahin ist es meist ein langer Weg.

Heimliche Gegner

Denn die meisten schmunzeln nicht, sondern reagieren verärgert auf diese Stimmen. Nur die wenigsten Menschen werden gerne an ihre Schwächen erinnert. Der ewig Unpünktliche findet ständig neue Ausreden, warum er es nicht zur verabredeten Zeit geschafft hat. Die Palette der lauwarmen Kommentare reicht von »Der Kunde hat angerufen«, »Ich habe keinen Parkplatz gefunden«, über »Wir waren doch nur lose verabredet« bis hin zu »Ich habe es nicht früher geschafft«. Die innere Stimme im Unpünktlichen, welche zur Eile mahnt, wird gerne dauerhaft zum Schweigen gebracht.

Manche Menschen mögen den unliebsamen Stimmen gar nicht zuhören, und so wirken diese Stimmen im Verborgenen. Sie werden auf die letzten Bänke zurückgedrängt oder ganz weggesperrt. Ab jetzt kann es gefährlich werden. Denn diese Stimmen melden sich trotzdem und erzeugen ein unbestimmtes Störgefühl in uns. Wenn wir sie so lange weggedrängt haben, bis wir *taub* gegenüber diesen Stimmen werden, können sie negative Wirkungen entfachen. Dann kann ein *inneres Taubheitsgefühl* entstehen, sodass wir nichts mehr spüren. Nimmt der Zustand überhand, entsteht eine *innere Leere,* aus der sich beispielsweise Depressionen entwickeln können.

Blind an bestimmten Stellen

Viele haben einen sogenannten blinden Fleck. Eine Stelle, an der wir von Natur aus nichts sehen. Der blinde Fleck ist nicht bei jedem gleich geartet, sondern erklärt sich aus den Erfahrungen, die wir gemacht haben. Während es für Außenstehende ins Auge springt, dass etwa ein Freund sich immer in die falschen Frauen verliebt, die ihn ausnutzen und nicht hinter ihm stehen, bleibt dem Freund das selbst verborgen. Es gibt auch Menschen, die immer wieder eine Arbeit annehmen, bei der sie nach einiger Zeit mit dem Chef in Konflikt geraten, da dieser egozentrisch und manipulativ ist. Trotzdem scheinen sie diese Art von Chefs magisch anzuziehen. An dieser Stelle hat derjenige seinen blinden Fleck. Sie sind innerlich taub und haben kein Bauchgefühl oder Selbstgespür mehr für diese Situationen und diese Menschen, wie das folgende Beispiel zeigt.

Immer neue Auftraggeber

Matthias erlebte viele berufliche Schwierigkeiten mit seinen jeweiligen Auftraggebern. Als Selbstständiger konnte er frei agieren, war jedoch darauf angewiesen, dass die Aufträge regelmäßig reinkamen. Er konnte sich nicht erklären, warum er immer wieder in Konflikte geriet und das Arbeitsfeld nach und nach wechseln musste. Stets sah er das Problem in den jeweils anderen, die sich unmöglich verhielten. Doch eines Tages hatte Matthias den zündenden Gedanken: Er bemerkte, dass wann immer ein Auftraggeber autoritär, streng oder auch wütend reagierte, er anfing, in ihm einen Feind zu sehen, den er ab dem Zeitpunkt heftig bekämpfte. Das führte regelmäßig dazu, dass die Auftraggeber sich zurückzogen. Er hatte ein großes Problem mit Autoritäten. Hätte er diese innere Stimme in sich erkannt, er hätte weniger Probleme im Job gehabt.

Man kennt dieses Phänomen von Menschen die auf ihrem Weg nicht einen Geisterfahrer sehen, sondern hunderte. Statt zu erkennen, dass sie selbst der Geisterfahrer sind, halten sie lieber an dem Glauben fest, sie seien in der richtigen Richtung unterwegs.

All diese Faktoren, die in dem Kapitel des inneren Dialogs beschrieben wurden, beeinflussen das Gespräch mit anderen. Denn unsere Außenkommunikation setzt eine Auswertung der inneren Stimmen voraus. Im besten Fall ist die Außenkommunikation mit der inneren Kommunikation kongruent. Menschen, die sagen, was sie denken, wirken authentisch. Sie haben eine starke Ausstrahlung und wirken überzeugend. Menschen, die etwas anderes sagen, als sie wirklich denken, wirken in der Regel gekünstelt, distanziert, manchmal sogar falsch, wenn die Inkongruenz sehr offensichtlich ist. Es gibt eine Ausnahme: Psychopathen vermögen ihre wahre Einstellung so gut zu verbergen, dass selbst Könner unter den Menschenlesern ihnen nicht auf die Schliche kommen.

Innerer Dialog vor äußerer Kommunikation

Bevor jemand Meister in der Kommunikation mit anderen werden möchte, sollte er den inneren Dialog beherrschen und einen Chef bestimmt haben. Dieser sortiert die widerstreitenden Stimmen in einfachen, aber auch in sehr komplexen inneren Konflikten.

Hier liegt ein Geheimnis guter Gespräche: Menschen, die souverän sind, können sich mit viel Energie einer anderen Sache oder einer anderen Person zuwenden, denn sie haben innerlich eine Mannschaft aus versierten Ministern, Interessensvertretern und Sonderbeauftragten, die wissen, was ihre Aufgabe ist. Sie wissen, an welchen Werten und Motiven sie sich orientieren und wechseln ihre Haltung nicht mit einer neuen Mode, neuen Freunden oder einem neuen Job. Gleichzeitig bleiben sie flexibel, da ja alle inneren Stimmen zu Wort kommen.

4. Gesprächskiller

Schweigen ist nicht immer Gold

Auch Schweigen ist Kommunikation. Es kann in einer Situation angemessen sein, etwa wenn eine Schweige- oder Trauerminute eingelegt wird. Zwischen vertrauten Menschen kann sich Schweigen ganz selbstverständlich und beruhigend anfühlen. Je nach Zusammenhang kann es aber auch ein gefährlicher Gesprächskiller sein.

Wenn in einem Meeting eine Person schweigt, so beurteilen die Kollegen dies nicht immer wertneutral. Es bedeutet, dass der Kollege nichts beiträgt, sich nicht mit den Argumenten der anderen auseinandersetzt, um das Thema weiterzubringen. Dennoch ist Schweigen eine beliebte Strategie in Meetings. Einfach in der Runde sitzen und die anderen reden zu lassen, entsteht aus mehreren Motiven. Zum einen meinen die Schweiger, sie könnten so nichts Falsches sagen. Strategisches Schweigen kann sinnvoll sein, wenn der Schweiger der Meinung ist, die anderen würden das Thema, um das es geht, in eine bestimmte Richtung lenken wollen, mit der er nicht einverstanden ist, und er sie darauf nicht aufmerksam machen möchte. Vielleicht will er aber auch die anderen vor eine Wand laufen lassen. Der Gesprächskiller Schweigen hat hier die Funktion, das Projekt in den Händen der anderen scheitern zu sehen. Ein anderer Grund ist Schüchternheit. Kluge, introvertierte Mitarbeiter haben es in den Meetings viel schwerer als extrovertierte, die sich gerne reden hören. Hier ist es an dem Chef, eine bessere Balance herzustellen und die Stillen dahingehend zu motivieren, sich einzubringen. Bei ausgeprägter Schüchternheit ist dies problematisch, und es kann nötig sein, hier besondere Schulungen anzubieten, die dazu beitragen, die Zurückhaltung in professionellen Zusammenhängen abzulegen.

Schweigen kann aber auch Faulheit verbergen. Jemand, der ständig unvorbereitet ist, weil er den Stoff nicht vorbereitet hat oder auch ansonsten nichts Kluges beizutragen weiß, kann dies mit Schweigen je nach Größe der Runde sehr lange verbergen.

Warum meldest du dich nicht?

In der privaten Kommunikation kann einseitiges Schweigen die Beziehung schwer belasten. Einen Gesprächsfaden wiederaufzunehmen, wenn lange Pausen dazwischen liegen, kann zu einer Entfremdung führen. Je nach Typ haben Menschen aber ein sehr unterschiedliches Bedürfnis nach Kontakt. Kommunikative Typen leben von den Beziehungen und den regelmäßigen Gesprächen, es ist für sie die Luft zum Atmen.

Sachliche Typen brauchen deutlich weniger Gespräche. Sie sind ganz mit sich im Reinen, wenn sie von ihrer Umwelt nichts mitbekommen. Sie leben in der Welt der Arbeit, der Zahlen, der Projektpläne, der Sachbücher, der Kunst, je nachdem, was sie interessiert.

Sie rufen selbst ihren besten Freund nur selten an, würden ihm womöglich auch nichts von ihren Gefühlsregungen berichten. Sie behalten Privates meist für sich. Selbst in ihrer partnerschaftlichen Beziehung ist es schwer für sie, sich emotional zu öffnen. Für sie herrscht kein Schweigen in einer Beziehung, sondern sie haben einfach dem anderen nichts zu sagen, was ihnen wichtig erscheint. Schweigen ist also relativ.

Spärliche Kommunikation

Ein Freund aus Essen litt darunter, dass seine Freundin ihn wenig an ihrem Gefühlsleben teilhaben ließ. Vom Typ her war sie attraktiv, blond und kühl – er flog immer auf solche Frauen. Mit Anfang 40 wollte er gerne eine Familie gründen, doch sie zeigte kein Interesse daran, wollte lieber ihrem Beruf als Bankerin nachgehen. Sie schoben das Thema immer wieder vor sich her. Wann immer es sich ergab, fragte er mal nach. Doch weder schloss sie kategorisch aus, eine Familie zu gründen, noch konnte sie sich dazu durchringen, seinem Wunsch nachzukommen. Der Freund konnte in den spärlichen Gesprächen auch nicht herausfinden, ob sie insgesamt keine Kinder wollte, nur zum aktuellen Zeitpunkt nicht oder grundsätzlich nicht mit ihm. Ihr Innenleben blieb ihm ein Rätsel.

Kurz vor ihrem 35. Geburtstag erkrankte die Mutter der Bankerin schwer an Herzrhythmusstörungen. Die Besuche im Krankenhaus nahmen sie sichtlich mit. Der Freund begleitete und tröstete sie. Die Krankheit der Mutter erinnerte seine Freundin daran, dass ihre Mutter auch nicht ewig leben würde und es schade wäre, wenn sie es nicht erleben würde, ein Enkelkind zu haben. Als sie den Entschluss gefasst hatte, Mutter zu werden, sprach sie mit ihrem

Freund. Er war überglücklich. Ein Jahr später kam ihre Tochter zur Welt. Seine Frau wurde letztlich nie der mitteilsame Typ, doch als Mutter erlebten sie Freunde und Kollegen als viel emotionaleren Menschen.

Schweigen als Strafe

Bekannt ist, Schweigen als Strafe in Beziehungen einzusetzen – mit verheerender Wirkung. Nach einem Konflikt lösen die Streitparteien das Problem nicht, indem sie miteinander sprechen und die Angelegenheit klären, sondern einer entschließt sich, den anderen durch Schweigen zu bestrafen. Dieses Schweigen kann über Tage gehen und ist eine Machtprobe. Meist ist es bei Paaren eingespielt, dass dann immer dieselbe Person nachgibt und sich zum Beispiel entschuldigt, um den Schweiger wieder ins Boot zu holen.

Verschweigen

Beim Verschweigen scheiden sich die Geister, ob es als Gesprächskiller oder gar als Lüge einzuordnen ist. Die Wahrheit ist, dass es auf den Kontext ankommt. Etwas Wichtiges in einem Gespräch zu verschweigen und das Gegenüber damit in die Irre zu leiten unterscheidet sich nicht von einer Lüge. Das Gegenüber wird bewusst getäuscht, ob mit Worten oder mit dem Weglassen von Informationen, spielt für das Ergebnis in der Kommunikation keine Rolle. Es mag das Gewissen des Verschweigers erleichtern, dass er nicht mit Worten gelogen hat. Man muss aber sehr gut in der Selbsttäuschung sein, um sich hier besser zu fühlen als ein Lügner, wie das folgende Beispiel zeigt:

Emilia entdeckte die Affäre ihres Mannes und stellte ihn zur Rede. Nach einigem Hin und Her entschloss sich der Mann, mit seiner Geliebten zu brechen und bei seiner Familie zu bleiben. Er versicherte seiner Frau, jeglichen Kontakt zu ihr abzubrechen. Dennoch schrieb er der Geliebten weiterhin Nachrichten mit einem gesonderten Telefon, von dem seine Frau nichts ahnte. Doch Emilia spürte, dass die Krise nicht überstanden war und fragte ihren Mann, ob er die Frau immer noch sehen würde. Er verneinte dies und glaubte, nicht zu lügen, da er sie im Wortsinne ja nicht *sah,* sondern »nur« Messages austauschte und hin und wieder mit seiner Affäre telefonierte. Seiner Frau verschwieg er jedoch, dass er in regem Kontakt mit ihr stand und nicht auf die heißen Flirts am Telefon verzichten wollte. Damit brach er das gegebene Versprechen und verletzte seine Frau, da der Betrug kein Ende nahm.

Sabotage

Es gibt verschiedene Methoden, wie jemand ein Gespräch blockieren kann. Gerade in Konfliktsituationen, oder wenn grundlegende Veränderungen anstehen, die in einem Gespräch besprochen werden sollen, tauchen Widerstände auf. Die Sabotage eines Dialogs kann eine Abwehrreaktion oder auch ein Angriff sein. Mittel zur Sabotage stehen zur Genüge zur Verfügung. Verbale Sticheleien, süffisante Bemerkungen, die Ärger hervorrufen, versteckte und offene Beleidigungen sind Mittel und Wege, mit Worten ein Gespräch zu unterminieren und den Gesprächspartner zu irritieren.

Betont gelangweilt

Aber auch Gesten und die Körpersprache können von versierten Saboteuren eingesetzt werden, um ein Gespräch zum Entgleisen zu bringen. So kann jemand ein Meeting nachhaltig stören, wenn er sich ostentativ gelangweilt in seinem Stuhl fläzt und die Beine nach vorne ausstreckt wie auf dem heimischen Sofa. Störend ist auch, wenn eine Person ständig während einer Konferenz aufs Handy schaut und so nur mit halben Ohr zuhört. Wer hier die Oberhand über das Gespräch wiedergewinnen möchte, sollte vor dem nächsten Meeting klarstellen, dass Smartphones für die Dauer der Konferenz nicht benutzt werden sollten.

Eine Körpersprache, die Desinteresse oder gar Feindseligkeit ausdrückt, abfällige Gesten oder leere Redewendungen, die das Gegenüber auflaufen lassen, sind beliebte Mittel zur Sabotage.

Umgang mit Widerstand

Es hat keinen Zweck, jemanden zu einem Konfliktgespräch zu zwingen, wenn er oder sie partout keine innere Bereitschaft hat. Eine schwierige Situation zu besprechen verlangt von beiden Seiten zumindest einen minimalen Willen und auch die Einsicht, dass dieses Gespräch wichtig ist. Liegen diese beiden Merkmale nicht vor, empfiehlt es sich, die Ursache für die Blockade herauszufinden und, wenn möglich zu beheben. Zunächst gilt es, die Sabotage-Methode zu erkennen. Das kann bisweilen schwierig sein, da geübte Saboteure ihr Handeln als normales Verhalten tarnen.

Passiver Widerstand – die nur vorgespielte Einsicht

In Konfliktsituationen wird sich meist eine Gruppe von Menschen dafür entscheiden, so zu tun, als verstehe sie die vorgebrachten Argumente und schließe sich ihnen an. Allerdings nur an der Oberfläche. Im Inneren sind diese Menschen keineswegs davon überzeugt, dass die Argumente schlüssig sind. Sie ändern trotzdem nichts an ihrer Haltung, sondern schlucken nur das Gesagte, ohne es zu verdauen. Sie fühlen sich einfach nicht stark genug, um offen Nein zu sagen, da sie die negativen Konsequenzen ihres Handelns fürchten.

Ein Beispiel: Im zehnköpfigen Team einer Zeitungsredaktion störte ein Mitarbeiter immer wieder durch seine überheblichen und zynischen Kommentare die Wortmeldungen seiner Kollegen. Er glaubte, alles besser zu wissen, und hielt seine Kollegen für dumm. Sein Vorgesetzter führte deshalb mehrere Krisengespräche mit seinem Mitarbeiter, er drohte ihm sogar mit einer Abmahnung, sollte er weiter das Team mit seinen Verbalinjurien schwächen.

Nach dieser Drohung veränderte der Kollege immerhin sein Verhalten, störte nun das Team nicht mehr durch seine Kommentare in der Morgenkonferenz. Die Änderung seines Verhaltens war jedoch nur oberflächlich, denn nach einiger Zeit wurde klar, dass er weiter erbitterten inneren Widerstand leistete. Mal erschien er nicht zu den Sitzungen, mal machte er keine Vorschläge oder meldete sich häufig krank, wenn ihm in Ermangelung eigener Ideen unliebsame Aufgaben übertragen wurden. Am Ende nahm er ein großzügiges Abfindungsangebot an. Nur langsam erholte sich das Team von dem Giftzwerg.

Offener Widerstand

Andere versuchen, das Gespräch mit offenem Widerstand zu sabotieren. Statt eines Austauschs von Argumenten, die besprochen und abgewogen werden können, stößt man auf eine Mauer. Lautstark und entschlossen werden alle Vorschläge abgebügelt, es heißt einfach immer wieder »Nein«. Das Gegenüber ist verständlicherweise verärgert oder schlichtweg uneinsichtig. Keine Kompromisse, keine Annäherung, kein Zuhören oder Verständnis – hier scheint die Kommunikation am Ende.

Anders als beim passiven Widerstand ist es hier immerhin möglich, mit dem Widerstand zu arbeiten. Denn offene Ablehnung ist auch eine Form der Willensäußerung, nur weniger subversiv als die gespielte Einsicht der Jasager. Menschen, die mit einem entschiedenen »Nein« auftreten, äußern zumindest ehrlich ihre Einstellung. Diese gilt es nun mit Argumenten zu überzeugen. Mit Widerständlern kann man offen kommunizieren, wenn man auf ihre Argumente eingeht.

Sabotage durch Schuldzuweisung

Ein Gespräch lässt sich auch blockieren, indem einem anderen die Schuld für einen Missstand in die Schuhe geschoben wird. Das heißt, statt über die Analyse einer schwierigen Situation konstruktiv zu reden und Lösungswege aufzuzeigen, beharrt das Gegenüber darauf, dass jemand anders schuld sei. Dabei weigert sich das Gegenüber, einen eigenen Anteil an einer Situation zu erkennen und anzunehmen. Wer ein geringes Selbstwertgefühl hat, hält es mitunter nicht aus, Einsicht zu üben, seinen Anteil an einer problematischen Situation anzuerkennen und sein Verhalten zu verändern.

Veraltetes Wissen

Eine Chef-Layouterin in einer Hamburger Werbeagentur, circa Ende 50, hatte es versäumt, Fortbildungen zu besuchen und sich mit Webdesign zu beschäftigen. Ihr Tagesgeschäft bestand zwar in der klassischen Werbung, dem Erstellen von Broschüren, Flyern und Plakaten. Doch zunehmend wuchs die Abteilung für Internetauftritte und Social Media, in der sich junge Nachwuchstalente tummelten, die ein Drittel des Gehalts der Chef-Layouterin verdienten. Die Frau war eine verdiente Größe in der Agentur, der Chef hielt viel von Ihrem Rat und Ihren Designs. Doch dann kündigte der größte Kunde. Die große Agentur musste Einsparungen vornehmen, entließ Mitarbeiter, reduzierte die Privilegien und kam wieder auf die Füße. Kurze Zeit später warb der Kunde, der gekündigt hatte, den Chef der Agentur ab und bot ihm eine lukrative Stellung als Marketing-Vorstand des Unternehmens an.

Der neue Chef in der Agentur legte die Abteilungen nun zusammen. Webauftritte und Printprodukte wurden jetzt gleichermaßen bearbeitet. Die Layouterin war über Nacht von der erfahrenen Kreativfrau zur Anfängerin mutiert. Sie machte das Unternehmen dafür verantwortlich, sie nicht genügend weitergebildet zu haben und beharrte auf ihrer Position und Privilegien als Chef-Layouterin. Der erlösende Anruf ihres ehemaligen Chefs kam zur rechten

Zeit, da die Spannungen im Team zunahmen. Er holte die Kreative in sein neues Unternehmen und übertrug ihr die Designleitung für die Produkte, mit denen sie jahrelang gearbeitet hatte. Doch eine solche Geschichte geht nicht immer gut aus …

Unterbrechungen

Eine beliebte Methode, um ein Gespräch zum Stocken zu bringen oder den Gesprächspartner zu verunsichern, sind Unterbrechungen. Generell gilt: Lassen Sie sich nicht unterbrechen. Prägen Sie sich einige höfliche Standardfloskeln ein, die es ihnen erlauben, weitersprechen zu können.

Besonders für Frauen in männerdominierten Domänen gilt: Wenn eine Herrenrunde es schafft, Ihre Präsentation mehrfach zu unterbrechen, haben Sie schon verloren. Rettungssätze können lauten: »Ich führe das kurz zu Ende«, oder: »Ein interessanter Gedanke, den ich nachher gerne aufgreife.« Einfach lächeln und unbeirrt im Vortrag fortfahren, hat sich ebenfalls häufig bewährt.

Ich bin so wichtig

Sitzen Sie in einer Zweierkonstellation mit Ihrem Gesprächspartner, stellen Sie sicher, dass er oder sie nicht ständig ans Telefon geht. Vereinbaren Sie, wie Sie mit Telefonaten umgehen werden. Das augenblickliche Beantworten des Telefons ist zum großen Teil Wichtigtuerei des Gegenübers, um seine Bedeutung zur Schau zu stellen. Sehr störend kann auch sein, wenn jemand Ihnen etwas berichten möchte, sich aber an ein Detail nicht erinnert und mal *schnell im Smartphone nachschauen will.* Bei Ihrem Einwand, es sei nicht so wichtig, sollte der Gesprächspartner einlenken und nicht mit dem Satz »Ich hab's gleich« Ihre Nerven strapazieren.

Persönlicher Angriff

Sehr unschön ist es, wenn ein Gesprächspartner einen anderen in einer Runde persönlich angreift und diskreditiert. Das kommt häufig vor, denn damit soll die angegriffene Person an Glaubwürdigkeit verlieren und verunsichert werden. Manchmal geht es auch nur darum, jemanden zu demütigen, um die Machtverhältnisse zu verschieben, wie im folgenden Beispiel: In einer Konferenz der Chefärzte im Krankenhaus sollte über die mögliche Entlassung eines Kollegen, des Assistenzarztes Herrmann, gesprochen werden, der mit seinen Aufgaben überfordert war. Ein Kollege verteidigte ihn und schlug vor, ihn auf eine andere Position zu setzen, in der er mehr Zeit zum Lernen hatte. Statt sachlich zu argumentieren, erwiderte ein Kollege: »Ich frage mich, warum Sie Herrn Dr. Herrmann so sehr in Schutz nehmen. Haben Sie nicht letztes Jahr die Entlassung der Kollegin Müller befürwortet? Die mochten sie nicht. Nun verteidigen Sie Herrn Dr. Herrmann, weil sie befreundet sind.« Ein solcher Angriff soll die Autorität des Redners untergraben. Entscheidend ist, sich auf solche Provokationen nicht einzulassen. Stehen sie über diesen Angriffen und beziehen Sie sich auf die Sachebene des Gesprächs.

Schlusswort

Ein Buch über die Kunst, gute Gespräche zu führen, verändert den Blick auf die Kommunikation. Während der Recherche und des Schreibens wurde ich zur Beobachterin vieler Gespräche, denn meine Wahrnehmung lag auf diesem Thema. So wie wir, wenn wir ein neues Auto kaufen möchten, vermehrt beim Fahren auf die verschiedenen Modelle und Farben achten. Vielleicht geht es dem ein oder anderen Leser auch so. Plötzlich fallen einem Dinge auf, die wir vorher nicht gesehen haben. Vielleicht entdecken wir mit dem Wissen über die Typologie von Persönlichkeiten einen wertvollen Zuhörer im Kollegenkreis oder enttarnen jemanden, der sich in jedem Meeting unangemessen in den Vordergrund spielt und den anderen Gesprächsteilnehmern ins Wort fällt, als Blender.

Vertrauen, Empathie, Aufmerksamkeit und Wertschätzung, die Grundlagen für Gespräche, sind auch die Grundlagen für gelungene Beziehungen. Meine Recherchen haben ergeben, dass zahlreiche Menschen diese Grundsteine für Kommunikation zwar im privaten Umgang erleben, aber viele diese vor allem am Arbeitsplatz schmerzlich vermissen. Das Absurde daran ist, dass ohne gute Kommunikation und fairen Umgang miteinander in der Arbeit keine Spitzenleistung, Innovation oder Kreativität möglich sind und mittelfristig der Erfolg damit ausbleibt. Millionen werden vernichtet, wenn in Firmen die Unternehmenskultur nicht vom kommunikativen Miteinander, sondern von starren hierarchischen Strukturen dominiert wird. Wer Kinder hat, weiß, dass die »Du-machst-was-ich-Dir-sage-Strategie« zwar ein paar Jahre mehr schlecht als recht funktionieren mag, dann aber spätestens in der Pubertät auf erbitterten Widerstand stößt. Wer seine Kinder von Anfang an ernst nimmt, mit ihnen spricht und ihnen zuhört, bekommt später in der Pubertät auch die Chance, weiter mit dem Teenager im Gespräch zu bleiben. So ähnlich ist es auch in Unternehmen. Mitarbeiter emanzipieren sich, entwickeln eigenen Vorstellungen von ihrer Aufgabe, wollen wichtig sein und sich weiterentwickeln. Bleiben sie ewig an der gleichen Stelle, suchen sie sich woanders neue Herausforderungen. Eine mangelnde Gesprächskultur macht eine Firma anfällig für den kommunikativen Kollaps von innen, auf den im Zweifelsfall der wirtschaftliche folgt.

Für eine gute Kommunikation müssen wir das Gegenüber verstehen. Dies bedeutet, auch versteckte Botschaften richtig entschlüsseln zu können. Die Sprache des Körpers, die Mimik und Gestik, speist sich aus dem Unbewussten und spricht die Wahrheit. Das gilt auch für den eigenen Körper. Was zieht uns an, was stößt uns ab. Nach welchen Begegnungen fühlen wir uns beschwingt und bereichert, nach welchen leer, ausgelaugt und unzufrieden? Wir sollten diese Botschaften unseres eigenen Empfindens sehr ernst nehmen und die richtigen Schlüsse daraus ziehen.

Gleichzeitig können wir mit dem neuen Wissen unsere eigene Körpersprache besser reflektieren. Frauen sollten keine unterwürfigen Gesten im Job zeigen, wenn sie ernst genommen werden wollen. Hier sind dominante Körperbotschaften gefragt. Männer sollten sich von ihren Geschlechtsgenossen nicht so leicht durch raumgreifendes Verhalten beeindrucken lassen. Nur weil sich jemand am Konferenztisch breitmachen kann, heißt das noch nicht, dass sein Großhirn auch eine entsprechende Bandbreite besitzt. Wahrscheinlich hat der Kollege, der immer in der zweiten Reihe sitzt und die klugen Zwischenfragen stellt, viel mehr auf dem Kasten.

Übung macht den Meister – deswegen lohnt es sich, immer wieder das Gespräch zu suchen, auch wenn es in bestimmten Situationen mal schwierig wird. Denn mit Worten lassen sich Missverständnisse unter Kollegen und Freunden aus dem Weg räumen, Unstimmigkeiten und Probleme klären. Dies funktioniert vor allem, wenn sich die stetige Kommunikation eingespielt hat und zulässt, dass auch einmal Probleme angesprochen werden. Mit einem »Was-ich-dir-immer-mal-sagen-wollte«-Ansatz kann man eine endgültige Abrechnung einleiten, nicht jedoch ein kommunikatives, versöhnlicheres Miteinander im Job oder in der Familie schaffen. Dafür bedarf es der Übung. Niemand kann aus dem Stegreif schwierige Gespräche führen. So wie Geiger oder Klavierspieler, die 10000 Stunden üben müssen, um exzellent zu sein, müssen wir die kommunikativen Fähigkeiten trainieren. Zuhören, Empathie zeigen, Vertrauen aufbauen, die Aufmerksamkeit schärfen, Gesprächskiller entschärfen, all das können wir lernen.

Neben dem Dialog mit anderen behandelt ein Kapitel eines der wichtigste Gespräche überhaupt: den Dialog mit uns selbst. Nur, wenn wir Harmonie in das Konzert der verschiedenen inneren Stimmen bringen, können wir authentisch mit anderen kommunizieren. Wir sollten überlegen und festlegen, wer der Dirigent sein soll im inneren Orchester, wer die erste Geige spielt, wer wann ein Solo hat oder gerade nicht dran ist. Denn der innere Dialog sollte kein Durcheinander der wiederstreitenden Stimmen sein, sondern ein harmonisches Konzert der verschiedenen Gesprächsteilnehmer.

Kommunikation gestaltet die Beziehungen zwischen Menschen. Wenn sie gelingt, können verlässliche Bindungen entstehen – in der Arbeit, in der Familie, zwischen Freunden und zwischen Lebenspartnern. Wer solche Beziehungen in seinem Leben pflegt, lebt glücklicher. Denn nach einem guten Gespräch sind wir zufriedener, klüger, entspannter und spüren einen Sinn in unserem Tun.

Ausgewählte Literatur

Peter Michael Bak, *Zu Gast in Deiner Wirklichkeit. Empathie als Schlüssel gelungener Kommunikation*, Springer Spektrum 2016.

Ulrike Bartholomäus, *Die Politische Rede. Textlinguistische Analyse ausgewählter Reden von Jacques Chirac*, Diplomarbeit am Institut für Übersetzen und Dolmetschen der Universität Heidelberg, 1990.

Tiziano Bruno, Gregor Adamczyk, Wolfgang Bilinski, *Körpersprache und Rhetorik*, Haufe 2014.

Amy Cuddy, *Dein Körper spricht für dich. Von innen wirken, überzeugen, ausstrahlen*, Mosaik 2015.

Andreas Edmüller, Thomas Wilhelm, *Manipulationstechniken. So wehren Sie sich*, Haufe 2014.

Hans Eicher, *Die verblüffende Macht der Sprache. Was Sie mit Worten auslösen oder verhindern und was Ihr Sprachverhalten verrät*, Springer Gabler 2015.

Nicholas Epley, *Machen wir uns nichts vor. Wie wir erkennen, was andere wirklich denken*, Ullstein 2014.

Anselm Grün, *Achtsam sprechen, kraftvoll schweigen, für eine neue Gesprächskultur*, Vier Türme Verlag 2015.

Thorsten Havener, *Ohne Worte. Was andere über Dich denken*, Rowohlt 2014.

Gerald Hüther, *Die Macht der inneren Bilder. Wie Visionen das Gehirn, den Menschen und die Welt verändern*, V&R 2014.

Jesper Juul, Peter Hoeg, *Miteinander. Wie Empathie Kinder stark macht*, Belz 2012.

Jesper Juul, *Leitwölfe sein. Liebevolle Führung in der Familie*, Belz 2016.

Sven Korndörfer, Liane Scheinert, *Ihre Werte, bitte*, Springer Gabler 2012.

Judith Kamphues, *Mach mal Stimmbildung*, Zwiebelbookverlag 2011.

Marshall Rosenberg, *Gewaltfreie Kommunikation. Eine Sprache des Lebens*, Junfermann 2013.

Gerhard Roth, Nicole Strüber, *Wie das Gehirn die Seele macht*, Klett-Cotta 2016.

Gerhard Roth, *Bildung braucht Persönlichkeit. Wie Lernen gelingt*, Klett-Cotta 2015.

Beat Schaller, *Die Macht der Sprache*, Signum Wirtschaft 2005.

Christine Scharlau, Michael Rossié, *Gesprächstechniken*, Haufe 2014.

Friedemann Schulz von Thun, *Miteinander reden 1. Störungen und Klärungen, Allgemeine Psychologie der Kommunikation*, rororo 2014.

Friedemann Schulz von Thun, *Miteinander reden 2. Stil, Werte und Persönlichkeitsentwicklung, Differenzielle Psychologie der Kommunikation*, rororo 2014.

Friedemann Schulz von Thun, *Miteinander reden 3. Das »innere Team« und situationsgerechte Kommunikation*, rororo 2014.

Maja Storch, Wolfgang Tschacher, *Embodied Communication. Kommunikation beginnt im Körper, nicht im Kopf*, Huber 2014.

Maja Storch, Benita Cantieni, Gerald Hüther, Wolfgang Tschacher, *Embodiment. Die Wechselwirkung von Körper und Psyche verstehen und nutzen*, Huber 2011.

Robert Trivers, *Betrug und Selbstbetrug. Wie wir uns selbst und andere erfolgreich belügen*, Ullstein 2013.

Paul Watzlawik, Janet Beavin, Don Jackson, *Menschliche Kommunikation. Formen, Störungen, Paradoxien,* Huber 2011.

Register